Storia Pittorica Della Italia Del Risorgimento Delle Belle Arti Fin Presso Al Fine Del Xviii Secolo...

Luigi Lanzi

COMPARTIMENTO

DI QUESTO TOMO QUARTO

DELLA STORIA PITTORICA

DELLA ITALIA SUPERIORE

LIBRO SECONDO

SCUOLE LOMBARDE

CAPITOLO PRIMO

SCUOLA MANTOVANA

CAPITOLO II

SCUOLA MODENESE

CAPITOLO III

SCUOLA DI PARMA

CAPITOLO IV

SCUOLA CREMONESE

CAPITOLO V

SCUOLA MILANESE

DELLA

STORIA PITTORICA

DELLA ITALIA SUPERIORE

LIBRO SECONDO.

DELLE SCUOLE LOMBARDE.

Considerando io i principj, e i progressi della pittura nella Lombardìa ho fermato meco medesimo, che la sua storia pittorica dovesse distendersi con un metodo affatto diverso da tutte le altre. La scuola di Firenze, quelle di Roma, di Venezia, e di Bologna possono riguardarsi quasi come altrettanti drammi, ove si cangiano ed atti e scene, che tali sono l'epoche di ogni scuola; si cangiano anche attori, che tali sono i maestri di ogni nuovo periodo; ma la unità del luogo, ch'è una medesima città capitale, si conserva sempre; e i principali attori e quasi protagonisti sempre rimangono se non in azione, almeno in esempio. Ha, è vero, ogni capitale il suo Stato, e in esso deon ricordarsi le varie città, e le vicende di ognuna; ma queste sono d'ordinario così connesse con quelle della metropoli, che facilmente si riducono alla stessa categorìa, o perchè gli statisti hanno appresa l'arte nella

Tom. IV.   A

città primaria, o perchè in essa l'hanno inse-
gnata, come nella storia della veneta scuola si
è potuto vedere: e i pochi, ch'escon fuor d'ordine, non alterano gran fatto la unità della
scuola, e la successione de' racconti. Diversamente interviene nella storia della Lombardìa,
che ne' miglior tempi della pittura divisa in
molti dominj più che ora non è, in ogni Stato
ebbe scuola diversa da tutte le altre; e contò
epoche pur diverse; e se una scuola influì nello stile dell'altra, ciò non intervenne o sì uni-
versalmente, o in tempo così vicino, che un'
epoca istessa possa convenire a molte di loro.
Quindi infino dal titolo di questo libro ho io rinunziato al comun modo di favellare, che nomina scuola lombarda, quasi ella fosse una sola; e potesse rassomigliarsi, per figura, alla
veneta, che in ogni luogo tenne per sovrani
maestri prima i Bellini, quindi Tiziano, e i miglior contemporanei, di poi il Palma; e formò
in oltre certi caratteri di disegno, di colorito,
di composizione, di maneggio di pennello, che
facilmente la distinguono da ogni altra scuola.
Ma in quella, che dicon lombarda, la cosa è
altramente. Troppo son diversi per ridurgli ad
un gusto e ad un'epoca istessa que' fondatori, Leonardo, Giulio, i Campi, il Coreggio.
So ch'essendo il Coreggio lombardo di nascita, e inventore di un nuovo stile, che a moltissimi di questa parte d'Italia servì di esempio, si è dato nome di scuola lombarda a' seguaci delle sue massime; e per suoi caratteri
si son fissati i contorni pieni, i volti alquanto
ridenti, l'impasto de' colori lucido e forte, la
frequenza degli scorti, lo studio specialmente
del chiaroscuro. Ma limitata così la scuola,

ove riporremo noi i mantovani, i milanesi, i
cremonesi, i tanti altri, che, nati pure in Lombardìa, e quivi fioriti, e oltre a ciò educatori
di molta posterità, meritan pur luogo fra'lombardi?

Per queste considerazioni ho creduto meglio
di trattar separatamente di ogni scuola, fer-
mandomi dove più e dove men tempo, secondo che il numero de' professori e delle notizie
loro consiglieranno. E di alcune di queste scuole sono state separatamente compilate già le notizie; avendo de' pittor cremonesi scritto lo
Zaist, e de' modenesi il Cav. Tiraboschi; benemerito perciò de' pittori, come fu per più
vasta opera benemeritissimo de' letterati, raro
uomo, e della cui perdita portiamo ancora fu-
nesto l'animo. Nelle altre scuole il Vasari, il
Lomazzo, le Guide delle città, alcuni autori da
citarsi a convenevol tempo, le osservazioni che
ho fatte, e i ragguagli presi in ogni luogo mi
forniranno i materiali; onde la storia pittorica
di Lombardìa, che fra quelle d'Italia è la meno cognita, acquisti per mio mezzo qualche
maggiore schiarimento.

CAPITOLO I

SCUOLA MANTOVANA.

EPOCA PRIMA.

IL MANTEGNA E I SUOI SUCCESSORI.

Antichi prima del Mantegna. Ordisco da Mantova, da cui ebbon origine le due scuole quasi gemelle, la modenese e la parmigiana. Chi volesse risalire al monumento più antico, che l'arte del colorire abbia in quello Stato, potria rammentare il celebre Evangeliario, che si conserva a S. Benedetto di Mantova; dono della Contessa Matilde a quel monistero, ch'ella fondò, e che lungamente n' ebbe le ossa, trasferite nel passato secolo al Vaticano. Sono in quel libro, che dal dotto e gentile P. Ab. Mari mi fu mostrato, certe picciole istorie della vita e morte di N. Donna, che non ostante la barbarie de'tempi mostrano tuttavia qualche gusto, nè credo aver veduta di quella età altra opera che l'eguagli. Al qual proposito non è inutile l'osservare, che in secoli meno barbari, e a noi più vicini l'arte del miniare ebbe in Mantova assaissimi coltivatori, tra'quali un Gio. de Russi, che circa il 1455 miniò per Borso Duca di Modena la Bibbia Estense in gran foglio, ch'è uno de'più rari pezzi di quella insigne raccolta. Ma in genere di pittura non mi è noto artefice, che ivi fiorisse innanzi al Mantegna; e solo si può far menzione di qualche opera anonima de' secoli XIV, e XV vivuta fino a' dì nostri. Del primo di questi secoli vidi nel chiostro di S. Francesco un sepolcro eretto nel 1303, e sopra esso una Madonna fra varj Angioli, figure rozze e sproporzionate; colorite però con sì forti e vivaci tinte, che mi parve una maraviglia: nè dubito di fondare in tal monumento una prova della pittura risorta in Lombardìa per ingegno de' nazionali, dacchè e la sua età è anteriore all'epoca de' giotteschi sparsi per l'Italia, e il suo stile è diverso. Del secolo XV vidi altra Madonna sopra un altare similmente di S. Francesco: chiunque ne fosse l'autore, mostra che l'arte era a que' dì uscita già dalla infanzia, non però era giunta a quel grado a cui la condusse il celebre Andrea Mantegna, del quale altre due volte ci è caduto in acconcio di scrivere nel corso dell'opera; ed ora de' farsi di bel nuovo.

Comunque la gloria di aver prodotto al mondo il Mantegna non possa più contrastarsi a Padova, come si è fatto in altri tempi; la sua scuola fu in Mantova, dove sotto gli auspicj del Marchese Lodovico Gonzaga si stabilì con la sua famiglia, non lasciando però di operare altrove, e segnatamente in Roma. Esiste, ancorchè guasta dal tempo, la cappella che per Innocenzio VIII dipinse nel Vaticano; e si conosce che la imitazione dell'antico, sempre da lui tenuta, in quella città per la molteplicità degli esemplari divenne migliore. Egli non cangiò mai la maniera, che già descrissi quando lo considerai in Padova scolare dello Squarcione; andò sempre perfezionandola. Restano a Mantova alcune opere degli ultimi suoi

ANDREA MANTEGNA.

anni, e trionfa sopra tutti il quadro in tela della Vittoria. Nostra Signora nel mezzo di varj SS., fra' quali S. Michele Archangelo e S. Maurizio che le tengono il manto, accoglie sotto di esso Francesco Gonzaga ivi genuflesso, e distende sopra lui la mano in segno di protezione: alquanto indietro compariscono due protettori della città, S. Andrea, e S. Longino; e innanzi al trono S. Giovanni fanciullo, e S. Anna, come han creduto il Vasari e il Ridolfi poco esatti nella descrizione di questa pittura; perciocchè il rosario, che ha in mano, la fa ravvisare per la Principessa moglie del Marchese di Mantova genuflessa ivi col marito. Mantova non ne ha forse altra, che sia visitata ugualmente e ammirata da' forestieri. Fatta nel 1495 porta egregiamente i tre secoli, che ha già compiuti. È una maraviglia a vedere carnagioni sì delicate, armature sì lucide, vesti sì ben cangianti, frutte aggiunte per ornamento freschissime e rugiadose. Ogni testa può servire di scuola per la vivacità, e pel carattere, e alcune anco per la imitazione dell'antico; il disegno tutto sì nel nudo, sì nel vestito ha una pastosità, che smentisce l'opinione più comune, che stil mantegnesco e stil secco siano una stessa cosa. Vi è poi un impasto di colore, una finezza di pennello, e una grazia sua propria, che a me pare quasi l'ultimo passo dell'arte prima di giugnere alla perfezione, che acquistò da Lionardo. La tela lavorata a opera fa ricordare di quello squisito gusto, a cui lo abituò lo Squarcione, facendogli venir quadri in tela da varj luoghi; e tutto il resto della pittura lo scuopre un pittore, che non risparmia nè colore, nè tempo per far cosa che contenti prima il suo cuore, poi l' occhio altrui.

Tuttavia il suo capo d' opera, secondo il giudizio del Vasari, fu il trionfo di Cesare in varj quadri, che, predati dai tedeschi nel sacco della città, sono iti a finire in Inghilterra. Erano in una gran sala del palazzo di S. Sebastiano, che *fu perfezionata*, dice l' Equicola scrittore delle cose patrie, *da Lorenzo Costa pittore eccellentissimo, aggiungendovi quella pompa che solea seguire il trionfante, e gli spettatori che vi mancavano.* Perite queste pitture di Andrea, restano altre considerabili sue reliquie in un salone del castello, che il Ridolfi chiama la camera degli sposi. Vi si trovano copiose composizioni eseguite a fresco; ed in esse alcuni ritratti della famiglia Gonzaga tuttavia in buon essere, e alcuni Genj sopra una porta così gaj, agili, festosi, che nulla più. Nelle quadrerie è più raro che non si crede; e i veri suoi quadri non si conoscono solamente dalla sveltezza, o dalle pieghe rettilinee, o dal paese gialliccio, e sparso di certi sassolini minuti e tagliati; ma dalla perizia del disegno, e dalla finezza del pennello. Nè credo ch' egli conducesse moltissimi quadri da stanza, occupato in opere maggiori di pittura, e in moltissime d'incisione. Vi è chi ha contate di lui oltre a cinquanta stampe, in gran parte assai folte di figure; opere che dovettero torgli una gran parte della sua età migliore. Ora, come dissi, vuol restringersi il loro numero; se a ragione o a torto, i posteri forse il sapranno.

Andrea influì molto nello stile di quel secolo; e se ne veggono imitazioni anche fuori del

la sua scuola, che in Mantova fu molto florida. Fra' migliori allievi si contano Francesco,
e un altro suo figlio. Vi è una lor carta, in
cui promettono di terminare la camera del castello poc' anzi lodata, ove Andrea non avea
dipinto che le pareti. Essi vi aggiunsero il bello sfondo della volta. Chiunque lo esamina
dee confessare, che la scienza del sotto in su,
di cui si fa autore il Melozio, per opera del
Mantegna e de' suoi crebbe, e quasi giunse a
perfetta età. In questo lavoro sono alcuni putti leggiadrissimi in vedute diverse, che scorta-
no mirabilmente; nè si scambierebbono con
quei del Melozio; quantunque il suo Paradiso
fatto alla chiesa de' SS. Apostoli fosse poi se-
gato e posto nel gran palazzo Quirinale. Gli
stessi giovani Mantegni, in una cappella lor
gentilizia alla chiesa di S. Andrea, ove il padre
avea fatta la tavola dell' altare, aggiunsero i
quadri laterali; e quivi pure a lui ersero un
bel deposito nel 1517, che tortamente si è creduto da molti l'anno ultimo di sua vita, quando costa da' libri autentici, ch'egli nel 1505 a-
vea chiuso l'estremo giorno.

Morto il Mantegna tenne il primato in quella corte Lorenzo Costa, di cui più largamente
si tratterà nella scuola bolognese. Ornò di varie storie il palazzo, e di varie tavole le chiese; continuandovi la sua dimora sotto Francesco, e poi sotto Federigo fin dopo il 1525,
in cui dipinse il quadro della cappella sua
gentilizia. In essa a somiglianza del Mantegna
voll'esser deposto. All'esempio pure di lui stabilì in Mantova la famiglia; e i suoi discenden-
ti saran prodotti in epoca più moderna. I giovani Mantegni non deon rimoversi da questa

più antica; e con loro dee computarsi Carlo del Mantegna, il quale stato con Andrea
lungamente, avea ottimamente appreso il suo
stile, che poi recò in Genova come vedremo.
Credesi che Carlo avesse parte ne' lavori del
palazzo e della cappella riferiti di sopra, e in
altri che si ascrivono a' mantegnesi; fra' quali son due istorie dell' Arca nel monistero di
S. Benedetto di Mantova, ove si rivede la maniera di Andrea ampliata alquanto, ancorchè
di forme men belle. Ma di costoro è raro trovarne cosa certa; confuse le opere loro da' di-
lettanti con quelle del caposcuola per la somiglianza del gusto, e del nome. Così pure è
avvenuto in un punto istorico molto interes-
sante. Perchè il Coreggio studiò, come sembra, sotto Francesco Mantegna, si è creduto
scolar di Andrea, morto quando l' Allegri non
contava che dodici anni.

Più celebri de' precedenti furono Gianfrancesco Carotto, e Francesco Monsignori veronesi.
Il primo si avanzò tanto, che Andrea manda-
va fuori le opere di lui per di sua mano. Fu
ritrattista insigne, e compositor buono non meno in piccioli quadri che in grandi; adoperato
da' Visconti di Milano e nella corte di Monfer-
rato, e più che altrove nella sua patria. Comunque operasse ne' primi tempi, in certe tavole si direbbe più armonioso e più grande
che non fu Andrea; come nella gran tavola
di S. Fermo a Verona, e nell'altare degli Angioli a S. Eufemia, i cui laterali han due Vergini con manifesta imitazione di Raffaello. Non
dee confondersi con Gio. Carotto suo fratello
e scolare, che gli è di gran lunga inferiore.
Francesco Monsignori non è da conoscersi in

Verona, ma in Mantova, ove si stabilì, onorato dal Marchese Francesco della sua confi-
denza, e rimeritato con larghi premj. Ancor
questi se non arriva alle belle forme e alla
purità del disegno che fu nel maestro, si avvicina maggiormente al gusto moderno; contorni più pieni, panneggiamento men trito,
morbidezza più ricercata. Ne' ritratti anche
degli animali fu lo Zeusi del suo tempo; fino
ad aver fatto inganno a un cane vivo con un
cane dipinto. È ottimo prospettivo; e nel refettorio de' Francescani si vede N. S. fra gli
Apostoli con un' architettura, che quantunque
ritocca non lascia di far grand' effetto. Nel
pulpito della lor chiesa è un S. Bernardino
con un S. Lodovico, una delle opere sue più
belle; e altrove gradi con figurine che pajono
miniature. Ebbe un fratello Girolamo dell' ordine di S. Domenico assai valente. È sua fat-
tura il Cenacolo, ch' esiste nella gran libreria
di S. Benedetto, ch' egli copiò in Milano da
quel di Leonardo, e si tiene da alcuni la miglior copia, che ci rimanga di quel miracolo
dell' arte. Di alcuni vicentini scolari di Andrea ho scritto altrove; e di un cremonese
pur suo discepolo scriverò a suo tempo. Nè
perciò sarà compiuta la serie di questa scuola;
rimanendone sempre molti più ignoti, de' quali
qua e là per Mantova duran pitture a fresco
nelle facciate, nelle chiese, e nelle Gallerie
quadri a olio, che più si avvicinano a' difetti
del Mantegna che alle sue virtù.

*Fra Gi-
rolamo
Monsi-
gnori.*

✱✱✱✱✱✱✱✱✱✱✱✱✱✱✱✱✱✱✱✱✱✱✱✱✱✱✱✱✱✱✱✱✱✱

EPOCA SECONDA

GIULIO ROMANO E LA SUA SCUOLA.

Estinta in Mantova la scuola de' mante-
gneschi, un' altra più bella e più rinomata ne
sorse ivi, che potè a Roma stessa destare invidia. Era succeduto a Francesco il Duca Federigo, principe di una grandezza d' animo, e
di un amore per le belle arti, che ad eseguir
le sue idee niun artefice mediocre saria basta-
to. Per mezzo di Baldassar Castiglione, già
grande amico di Raffaello, fu impegnato Giulio
Romano a recarsi in Mantova ingegnere in- Giulio Romano.
sieme e pittore di Federigo. Il primo incarico
l' occupò più che il secondo. La città danneggiata dalle acque del Mincio, le fabbriche o
malsicure, o male ideate, le architetture infe-
riori alla dignità di una capitale gli porsero
continua materia di esercitare il suo talento, e
di divenire quasi un nuovo fondatore di Mantova; fino a poter dire il Sovrano per un trasporto di gratitudine, che Giulio era più pa-
drone della città che non n' era egli stesso.
Queste opere sono stesamente riferite in più libri di architettura. L' ufficio che richiedesi alla mia penna è far riflettere, ch' egli forse u-
nico in tutta la storia, dopo avere innalzate
fabbriche grandiosissime e bellissime di palagj,
di ville, di tempj, ne dipinse e ornò una con-
siderabile parte per sè medesimo; e in tale occasione si formò in Mantova de' suoi ajuti e

de' suoi allievi una scuola pittorica, che continuò per lunghi anni a far onore alla patria e alla Lombardìa.

Opere di Giulio e metodo in insegnare. Noi considerammo Giulio nella scuola romana come scolare ed erede, e continuatore delle opere di Raffaello: qui dee comparire come maestro, che siegue il metodo del suo caposcuola in operare e insegnare. Venne in Mantova, e vi trovò una dovizia di antichi marmi, che poi si andò sempre accrescendo; della quale non son che piccoli avanzi le statue, i busti, i bassirilievi, che ora si custodiscono nell'accademia. A tal suppellettile adunata da' Gonzaghi si aggiungeva la sua propria. Ricchissimo era di disegni non meno copiati dall'antico in Roma, che fatti da Raffaello. Nè poca ricchezza erano i suoi proprj studj; non vi essendo stato disegnatore, che abbia meglio congiunta la fecondità delle idee con la sceltezza, la celerità con la correzione, la dottrina della favola e della storia con una certa popolarità e facilità di trattarle. Dopo la morte del maestro cominciò a secondar più liberamente il suo naturale, che inclinavalo meno al leggiadro che al fiero; e lo conduceva a operare più coll'uso acquistatosi in molti anni di esercizio, che col consiglio preso dalla natura e dal vero. Fu dunque per lui un giuoco il ridurre il palazzo di Mantova, e il gran suburbano del Tè (per tacer di tante altre opere) a quel grado che il Vasari descrive, e che in parte vedesi a' nostri dì. Tante camere con soffitti dorati, tanti stucchi e sì belli, che ne son cavate le forme per istruzione della gioventù, tante storie e capricci così bene ideati e legati fra loro, tanta varietà di lavori adattati a sì varj luoghi e soggetti formano un complesso di maraviglie, la cui gloria Giulio non divide con altro artefice: egli ideò sì vaste opere, egli le condusse, egli le perfezionò.

. Era solito di preparare i cartoni, e, fattigli eseguire dagli scolari, ripassava poi col suo pennello tutto il dipinto, n'emendava i difetti, e improntava da per tutto la immagine del suo gran carattere. Questo metodo aveva egli appreso da Raffaello; e dal Vasari è lodato come il migliore per far grandi allievi. Sventura di Giulio è stata, che le sue pennellate al Tè furon poi ricoperte da pennelli moderni; onde la gentile favola di Psiche, le morali rappresentanze della umana vita, e quella terribil guerra de' Giganti con Giove, ove parve sfidar Michelangiolo nella robustezza del disegno, presentan oggi la composizione e il disegno di Giulio, ma non la sua mano. Meglio si conosce questa alla R. corte nella guerra di Troja, nella storia di Lucrezia, e ne' piccioli gabinetti, che ornò di grotteschi e di capricci ingegnosissimi. Quivi or si direbbe un Omero che tratta armi, ora un Anacreonte che rappresenta ebrietà ed amori. Nè poco s'impiegò anco in soggetti sacri particolarmente pel duomo, che per commissione del Cardinal Gonzaga, fratello di Federigo e tutore del picciol nipote, non solo edificò, ma ornò ancora in parte; dico in parte, perciocchè morte gli vietò di veder compiuta la insigne opera. Le pitture, che condusse in altre chiese da sè medesimo, e senza opera di ajuti, non sono moltissime; e per tali si additano particolarmente le tre istorie della Passione colorite a fresco in S. Marco; e quel S. Cristoforo nel maggior altare della sua chiesa, ov'è rappresentato pieno di robustezza, e tuttavia gemente sotto il peso del Signore dell'universo, che in figura di fanciullo porta su gli omeri; racconto originato dal nome stesso di Cristoforo. Veniamo alla scuola di Giulio in Mantova. Ella non occuperà molte pagine: perciocchè non mescolò, come altrove si è fatto, la maniera di Giulio con altre estere: fu attaccatissima al suo capo; e in ogni volto, per così dire, si riveggono le sue sembianze istesse, ritratte però disugualmente.

Si contano in essa alquanti esteri, fra' quali IL PRI- il più celebre riuscì il Primaticcio, che Giulio MATICCIO. adoperò assai negli stucchi; e invitato egli a' servigj del Re di Francia lo mandò in sua vece: ciò basti per ora, dovendo egli più compiutamente conoscersi fra' bolognesi. I veronesi, che nella piazza dell'erbe conservano un ALBERTO bello affresco col nome di Alberto Cavalli sa- CAVALLI. vonese, han creduto questo pittore scolar di Giulio, ma senz'altro fondamento che d'uno stile negl'ignudi somigliantissimo a quello del Pippi. È cosa strana che di sì valent'uomo in Italia non si conosca nè altra opera, nè altra memoria per quante ricerche ne sian fatte: nè saria inverisimile ch'egli ancora cangiasse cli- BENEDET- ma, e morisse in paese estero. Benedetto Pa- TO PAGNI. gni da Pescia erasi abilitato già in Roma insieme con Bartolommeo da Castiglioni, col Paparello da Cortona, con Gio. da Leone; uomini de' quali non so che ci avanzi altro che il mero nome: ove il Pagni venuto con Giulio in Mantova è stato dal Vasari considerato a par di qualunque altro. Di sua mano, oltre ciò che ne resta in patria, è in S. Andrea di Man-

tova un S. Lorenzo degno di tanta scuola.
Compagno di questo nelle tante opere del Tè
fu Rinaldo Mantovano, il più gran pittore di
quella città a giudizio del Vasari, che ne com-
piange più volte il breve corso di vita. La tavola di S. Agostino alla Trinità lo qualifica
grande fin dalla giovanezza: vero è che il disegno di quell'opera par sopra la sua età, e
se ne crede da alcuni autore il maestro. Più
lungamente visse Fermo Guisoni, che colorì in
duomo la Vocazione di S. Pietro e di S. Andrea da un cartone il più studiato e il più bello che facesse Giulio. Se ne veggono altre o-
pere parte disegnategli dal Bertani, parte anco
del tutto sue; com'è una Crocifissione a S. Andrea, opera per disegno e per forza di colorito commendatissima.

Il Vasari ha omesso in questa serie non pochi altri, che i mantovani han ricuperati alla
scuola di Giulio, e alla patria loro; fra' quali
un Teodoro Ghigi, o Teodoro mantovano,
com'egli soscrivesi; disegnator grande, e così
pratico della maniera del caposcuola, che lui
morto ne compiè in servigio del Principe alcuni lavori in città e in villa. Ippolito Andreasi dipinse similmente molto su i cartoni di Giulio, e fece quadri di merito in S. Barbara e
altrove. Di un Francesco Perla si additano in
duomo due freschi alla cappella di S. Lorenzo; di un Gio. Batista Giacarolo una tavola a
S. Cristoforo; l'uno e l'altro men celebri in
questo ruolo. Raffaello Pippi fu figlio del caposcuola: non ne avanza se non la memoria
onorata pe' lietissimi principj della sua carrie-
ra, acerba per l'immatura sua morte.

Dopo Giulio continuò a operare e ad istruire

Margin notes:
RINALDO MANTOVANO.

FERMO GUISONI.

TEODORO GHIGI.

IPPOLITO ANDREASI.

FRANCESCO PERLA.

GIO. BATISTA GIACAROLO.

RAFFAELLO PIPPI.

GIO.BATI-
STA BER-
TANI. il Cav. Gio. Batista Bertani di lui allievo, come si dice, e compagno ne' viaggi di Roma;
grande architetto, scrittor buono in questa facoltà, e pittore a un tempo di abilità non vol-
DOMENICO gare. Insieme con un fratello, per nome Do-
BERTANI. menico, dipinse alcune stanze nel castello di
corte; e nel duomo fabbricato da Giulio, e in
S. Barbara ch' è opera del Bertani stesso, ed
in altre chiese fece dipingere varie tavole a diversi pittori; e di alcune egli medesimo diede
il disegno. Questi fu quasi il Giulio del Duca
Vincenzio, ma con differenza notabilissima. Perciocchè non solo è vero ciò che il Vasari ne
scrive, non aver lui nel sapere uguagliato Giulio; ma è vero altresì, che i suoi ajuti lo hanno per la maggior parte avanzato. Suoi ajuti
furono Gio. Batista del Moro, Geronimo Mazzuola, Paol Farinato, Domenico Brusasorci,
Giulio Campi, Paol Veronese; le opere de'
quali collocate in quel duomo, o nella sagrestìa di esso, onorano non meno il santuario,
che la città. Ciò sia detto senza pregiudizio
del suo merito che fu grande, specialmente in
disegno; e lo mostra quella S. Agata martoriata
da' manigoldi, che, fatta con disegno del Bertani da Ippolito Costa, assai più si avvicina al
far di Giulio, che altre opere d'Ippolito fatte
di sua invenzione.

IPPOLITO
COSTA. Vi è ragione di credere che Ippolito fosse
della stirpe di Lorenzo Costa, insieme con Luigi e un altro Lorenzo, ammendue Costa e
mantovani. D'Ippolito asserisce l'Orlandi che
fosse scolare del Carpi. Il Baldinucci lo annovera nella scuola di Giulio, o perchè frequen-
tasse la sua accademia, o perchè in altra maniera si giovasse della sua direzione e de' suoi
esem-

esempj : e veramente il suo stile ne dà qualche indizio. Il Lamo, che scrisse de' pittor cremonesi, ce lo descrive come un maestro, che circa il 1538 istruiva Bernardino Campi; e con ciò ne dà luogo ad argomentare, che ancora Luigi suo fratello fosse iniziato da lui nell' arte. Luigi riuscì pittor debole, e la maggior sua celebrità la trae dal cognome. Lorenzo Costa mantovano è nominato dal Vasari fra gli ajuti di Taddeo Zuccari circa il 1560, ed è verisimile che nascesse da Luigi, o da Ippolito, e che tal nome gli fosse imposto, come costumasi, in memoria dell' altro Lorenzo Costa suo avo, o per qualsia modo ascendente. Leggesi più volte nella *Guida* di Mantova scritta dal Cadioli, che la tale o tal pittura è de' Costa senza indicazione di nome proprio; e par veramente che costoro lavorando in un medesimo studio avessero un certo stil di famiglia non accurato molto, nè dotto, ma formàto di pratica. Ha qualche vaghezza di teste, e qualche studio di tinte; nel resto è minuto; non esatto, non ombrato a bastanza; manierato sul fare di chi vorrebbe imitare la leggiadrìa di Giulio, non di chi ne vorrebbe emular la forza. I Costa son tenuti in Mantova gli ultimi seguaci della grande scuola; nè altro allievo so che facessero dal Fachetti in fuora, che tutto si diede a' ritratti.

Giovami qui rammentare, che Giulio a imitazione di Raffaello formò col suo gusto grandi artefici in altre professioni. Erano in lui quelle idee generali della proporzione e del bello, da cui traea le particolari direzioni di ogni lavoro; condizìone invidiabile di quel secolo, in cui i grandi uomini erano tutto insieme pittori, plastici, e architetti; e influivano dalle grandi opere dell'arte fino a' piatti di majolica, e alle cornici di legno. Non so se in genere di verzure e di frutti si formasse Giulio qualche Gio. da Udine a norma di Raffaello: so

CAMILLO MANTOVANO.

che Camillo mantovano, che dal Vasari fu detto *in far verdure e paesi rarissimo* (a), fiorì circa a questo tempo. Di costui resta qualche fresco in patria; ma più che ivi par che lavorasse in Venezia, in Urbino, e a Pesaro nel palazzo Ducale; dove in una camera, cangiata poi in uso di scuderìa, è un bosco di Camillo lavorato con tanto amore, che negli alberi si conterebbe ogni fronda. Si formò sicuramente Giulio il suo Perino per gli stucchi; e fu, oltre il Primaticcio, un Gio. Batista Bri-

GIO. BATISTA MANTOVANO.

ziano, comunemente detto Gio. Batista Mantovano; e in lui pure ebbe il suo Marcantonio, che intagliò in rame molte pitture del maestro, e di altri valentuomini di quella età. A

GIORGIO GHISI.

lui dee aggiungersi Giorgio Ghisi, o Ghigi, che fiorì contemporaneamente. Succedette a

DIANA MANTOVANA.

costoro Diana figlia di Gio. Batista (b), celebre per le sue incisioni, e molti anni continuò fra' mantovani questa lode introdottavi da quel grande artefice.

Un altro genere di belle arti, cioè la miniatura, ebbe la sua perfezione da uno scolare di

D. GIULIO CLOVIO.

Giulio, e fu D. Giulio Clovio di Croazia, Canonico Regolare Scopetino, tornato poi al secolo con dispensa del Papa. Questi avea da principio rivolto l'animo alla maggior pittura;

(a) Nella *Vita* del Genga.
(b) Si trova chiamata *civis Volaterrana* per l'aggregazione a quella città; esemplo da non trascurarsi quando diversi scrittori a un pittor medesimo assegnano diverse patrie.

ma Giulio, che in lui scorse un talento singolare
per le figure picciole, volle che a queste si ap-
plicasse; e prima che niun altro gl' insegnò in
Roma il modo di adoperar le tinte e i colori a
gomma e a tempera; fu promosso poi nell'arte
di miniare da Girolamo da' Libri veronese. È
tenuto principe in questa professione. Il suo
disegno mostra dello studio in Michelangiolo,
e nella scuola romana, ma più si avvicina alla
pratica di un buon naturalista; graziosissimo
nel colorito, e maraviglioso in perfezionare le
cose anche più minute. Gran parte de' suoi
lavori furon fatti per Sovrani e per Principi,
nelle cui biblioteche trovansi libri da lui miniati con una verità e vivezza, che par vedere
quegli oggetti impiccoliti in una camera ottica
piuttosto che dipinti. Nota il Vasari che alcune delle sue figure in un uffizio della Madonna
fatto pel Card. Farnese non eccedevano la misura di una picciola formica; e che nondimeno
ogni parte vi era puntualmente distinta. È pregio dell' opera leggere presso quell'istorico tutta la descrizione delle miniature quiv' inserite,
nelle quali scelse anche temi da abbondare in
figure, come la processione del *Corpus Domi-
ni* di Roma, e la festa del Monte Testaceo: fu
opera di nove anni, e fu distribuita in 26 picciole istorie. Per privati lavorò ritrattini in
gran numero (nella qual'arte è dal Vasari u-
guagliato a Tiziano) ed anche qualche quadretto. Questi però son rarissimi nelle raccolte. N'esiste una Deposizione nella librerìa de'
PP. Cisterciensi a Milano, pittura di un fare o-
riginalissimo, ma che spira in tutto il gusto
dell'aureo secolo. Non sono alieno dal credere che Giulio promovesse in Mantova questo

medesimo studio; avendo io quivi vedute bellissime miniature, quantunque d'incerte mani.
È anche da notar col Vasari, che per opera di
Giulio migliorarono le arti non in Mantova solamente, ma in tutta la Lombardia, voce che
nel suo linguaggio include anche porzione dell'
odierno veneto Stato. Ciò abbiamo veduto in
parte; e in parte vedremo nel corso di questa
istoria.

EPOCA TERZA.

DECADENZA DELLA SCUOLA E FONDAZIONE DI UN' ACCADEMIA PER AVVIVARLA.

Dopo i tempi di Giulio la scuola di Mantova non mise nuovi germogli, che valessero a par de'primi. Il genio di que'Sovrani fu sempre più disposto a invitare altronde pittori di grido con sicurezza di esser subito ben serviti, che a promovere nella gioventù suddita uno studio tardo a fruttificare, facile a disperdersi. Ne abbiam contato un buon numero trattovi dal Duca Vincenzo per l'ornamento delle sue chiese; di alcuni de'quali si valse anche pe' palazzi. Vi ebbe di poi in qualità non men di architetto che di pittore Antonmaria Viani detto il Vianino, cremonese di patria e scolar de' Campi. Sul loro stile è il fregio che cinge la Gallerìa di corte, ove in fondo d'oro scherza fra lieti festoni una turba di fanciulletti graziosissimi dipinti a chiaroscuro. Su lo stesso gusto de'Campi fece varie pitture sacre; come il S. Michele a S. Agnese, il Paradiso alle Orsoline; e, dopo il Duca Vincenzo, servì i tre suoi successori, morto in Mantova, e stabilitavi la famiglia. ANTONMARIA VIANI.

Dopo breve corso di tempo fu ivi dichiarato pittor di corte Domenico Feti romano, la cui educazione avuta dal Cigoli altrove descrissi. Ferdinando prima Cardinale, poi Duca di Mantova, lo avea di Roma condotto in sua corte, DOMENICO FETI.

ov'ebbe agio di vieppiù crescer nell'arte, studiando ne' migliori lombardi, e ne' veneti ancora. Dipinse per tempj e per gallerìe molti quadri a olio; un de' quali rappresentante la Moltiplicazione de' pani è ora nell'Accademia di Mantova; pieno di figure veramente grandi piuttosto che grandiose; ma variate, scortate, colorite da buon maestro. Più copiosa opera condusse nel coro del duomo; ancorchè ne' lavori a fresco, siccome pure intervenne al Cigoli, abbia men lode che in quegli a olio. Fra molte virtù, che regnano nelle sue composizioni, ha il difetto di esser troppo simmetrico nell'aggruppare; onde pari a pari si corrispondano con un ordine, che in architettura contenta l'occhio e la mente, non così in pittura. I disordini giovanili tolsero alla pittura in Venezia questa bella indole nel suo miglior fiore. S'impiegarono anche in servigio di quella corte, ove il gusto delle belle arti fu quas'ingenito, Tiziano, il Coreggio, il Genga, il Tintoretto, l'Albani, il Rubens, il Gessi, il Gerola, il Vermiglio, il Castiglione, Lodovico Bertucci, ed altri valentuomini or chiamativi per qualche particolare commissione, or tenutivi stabilmente per lungo tempo. Quindi quella città divenne una delle più ornate d'Italia; e quantunque saccheggiata nel 1630 abbia perduto un tesoro di pitture ch'erano nel palazzo Ducale, ed ora son distratte in più luoghi; ritiene nondimeno in privato e in pubblico quanto basta a trattenere per molti dì la curiosità de' colti forestieri.

Nè ella intanto lasciò di produrre ingegni abili alla pittura, siccome furono il Venusti, il Manfredi, e il Facchetti; de' quali tre dipinto-

ri, perchè vivuti in Roma, si parlò in quella
scuola; e nella parmigiana altresì avrà luogo
Giorgio del Grano, creduto di Mantova, e
nella cremonese Andrea Scutellari, che in quella si stabilì. Un di quei che vissero in patria
è Francesco Borgani, il quale dalle pitture del   FRANCE-
Parmigianino trasse una maniera plausibile,   SCO BOR-
GANI.
con cui condusse non pochi quadri in S. Pietro, e in S. Simone, in S. Croce, e in più
altri luoghi, degno veramente di esser noto
più che non è. Fiorì questi fin dopo la metà
del passato secolo.

Circa i medesimi anni venne di Parma ancor
giovinetto e in Mantova si stabilì Gio. Canti,   GIO. CAN-
il cui merito vuol cercarsi nelle Gallerie, ove   TI.
sono i suoi paesi e le sue battaglie; non nelle chiese, ove sono le sue tavole veramente
mediocri; uomo che riponeva la sua bravura
nella prestezza. Fu suo scolare lo Schiveno-   LO SCHI-
glia, o sia Francesco Rainieri, e valse pari-   VENOGLIA.
mente in battaglie e in paesi, superiore al
maestro nel disegno, inferiore nel colorito.
Buon paesista similmente e più ne' freschi che
a olio fu Gio. Cadioli, scrittore delle pittu-   GIO. CA-
re di Mantova, che in questo secolo fondò   DIOLI.
ivi l'Accademia del disegno, e ne fu il primo
direttore.

Gio. Bazzani allievo del Canti sortì miglior   GIO. BAZ-
indole che il maestro per la pittura, e miglior   ZANI.
fondamento si fece coltivando l'animo con la
erudizione, ed esercitando il pennello nel copiare ottimi esemplari. Più che in altri studiò
in Rubens, le cui vie s'ingegnò di battere fin
che visse. Ha lavorato non poco in Mantova,
e nella vicina Badìa specialmente a fresco, e
sempre d'una maniera immaginosa, facile, spi-

ritosa, che fa onore al suo ingegno. Tutti consentono che lo avesse grandissimo; ma perchè storpio e cagionoso non potè esercitarlo come avria voluto; senzachè la fretta appresa dal Canti scemava per lo più il pregio alle sue opere.

GIUSEPPE BOTTANI. Giuseppe Bottani cremonese, dopo fatti a Roma i suoi studj sotto il Masucci, si stabilì in Mantova, e vi acquistò riputazione di buon paesista sul far di Poussin, e di figurista ancor buono sul far del Maratta. I migliori suoi quadri son fuor di quella città; e in una chiesa milanese, dedicata a' SS. Cosma e Damiano, è di sua mano una S. Paola, che si congeda da' domestici; pittura non inferiore a quella del Batoni che le sta appresso. Felice lui se avesse operato sempre con pari impegno: si vedrebbe in ogni sua composizione un buon seguace della scuola di Roma. Ma per la fretta non fu simile a sè stesso; e nella città ove insegnava si contano appena in pubblico una o due pitture, fra le molte che vi ha fatte, da paragonarsi alla milanese. Il lettore può oggimai aver notato nel corso di questa istoria, che lo scoglio più fatale alla riputazione de' pittori è la fretta. Pochi sono che possano far presto e bene.

L' Accademia di Mantova non solo sussiste, ma fornita da' Principi di Casa d' Austria di splendida abitazione, di scelti gessi, di altri sussidj per comodo della gioventù, è da computarsi fra le belle Accademie d' Italia (a). Dal

---

(a) Nello stabilimento della Rep. Italiana, secondochè recentemente mi scrive il ch. P. Pompilio Pozzetti Scolopio pubblico bibliotecario di Modena, le Accademie sono ridotte

ch. Sig. Volta, che n'è degno Socio, furono
pubblicate fin dall'anno 1777 compendiose e
scelte notizie su gli artefici mantovani; saggio
di una più lunga opera che speriamo dalla sua
penna abilissima ad appagarci. Di queste notizie, e di altre comunicateci a voce da quel
degno letterato, abbiamo sparso il presente capitolo. Abbiamo anche avuti davanti gli occhi
i due *Discorsi delle Lettere e delle Arti Man-*
tovane recitati nell'Accademia, e poi resi pubblici dal Sig. Ab. Bettinelli; ove così appare
copioso oratore, com'è diligente istorico nelle
note che vi ha aggiunte.

te a due; l'una è in Bologna, l'altra in Milano: nelle altre città son rimase scuole di belle arti. A queste e a
quelle studiosamente favorisce il Governo non altramente, che
alle lettere, oggetti ambedue interessantissimi della pubblica
educazione. Ora con l'unione degli Stati veneti si è con-
fermata ed accresciuta di maestri quella di Venezia già nel
1724 con decreto del V. S. instituita.

CAPITOLO II.

SCUOLA MODENESE.

EPOCA PRIMA

GLI ANTICHI.

Lo Stato di Modena com'è ora riunito sotto il felice governo della Casa Estense sarà il soggetto di questo capitolo; nè altra parte della mia opera si potrà dire vagliata meglio di questa. La storia pittorica di tutto il Dominio, dopo i deboli tentativi del Vedriani, e di altri scrittori più volonterosi che sagaci, è stata recentemente illustrata da un grande storico, come dissi dal bel principio. Io non deggio altro, che ridurla al mio usato metodo; sceverandola anco di varj nomi, che o per la mediocrità, o per le smarrite opere, o per altro rispetto non impegnano gran fatto i lettori.

L'antichità di questa scuola potria ripetersi fin dal 1235, se com'è certo che nel castello di Guiglia è un S. Francesco dipinto dal Berlingeri lucchese nel prefato anno, così fosse certo che il pittore facesse allievi nello Stato di Modena; il che può recarsi in dubbio. Un' altra immagine sacra spetta pure ad un modenese: è una B. Vergine fra due SS. militari, trasferita da Praga nella Imp. Galleria di Vien-

BERLIN-
GERI.

na; e vi si leggono di antico carattere questi
due versi:

> *Quis opus hoc finxit? Thomas de Mutina,*
> *pinxit*

> *Quales vides Lector Rarisini filius auctor;*

ove si de' correggere *Barisini* e perchè Monsig.
Garampi peritissimo dell'antica scrittura così
vi lesse, e perchè questo nome più si avvicina agli altri, che comunque alterati, pur si
leggono del padre di Tommaso, così in Modena come in Trevigi. Quivi non so che ne
avanzi altro che il nome; qui resta una vastis-
sima opera nel capitolo de' PP. Predicatori. Vi
rappresentò i SS. e i Letterati dell'Ordine, e
vi scrisse il suo nome e l'anno 1352 (*a*). Il
disegno è ragionevole secondo que' tempi, siccome appare dai rami che ne ha fatt' incidere il P. M. Federici Domenicano, che su le antichità trevigiane ci ha data una dotta opera.
È sua scoperta che il padre di Tommaso per
nome *Borasino*, o *Bizzarrino*, abbreviato, dic'
egli, da *Buzzaccarino* fu ascritto alla cittadinanza, e al notariato pubblico di Trevigi nel
1315, e che la sua famiglia fu cognominata *di
Modena*, come quella di Girolamo Ferrarese
era cognominata *di Carpi*. In vigor di tali documenti può forse Trevigi disputare a Modena
la gloria di sì onorato pittore. Io non pren-
derò partito in tal quistione. Rifletterò solamente, che la soscrizione non dice *Thomas de
Mutina*, onde raccorre che Modena sia il cogno-

(*a*) Si credeva tempo fa che tal pittura fosse fatta nel
1297, perchè così leggevasi presso il quadro, e perchè così
avea pubblicato il Sig. Mechel nel *Catalogo della Galleria
Imp. R. di Vienna*. Se ora vi sia più questa memoria, non
so dirlo; so che più non vi dee stare.

me della famiglia; ma dice *Thomas pictor de Mutina pinxit istud*; onde concludere, ch'egli ivi segnò la sua vera patria; o perchè fosse nato in Modena, o perchè indi originario ne ritenea la cittadinanza; e più gradiva di comparir modenese, che trevigiano. Comunque siasi, è grande onore per la Italia l'aver dato alla Germania un artefice, da cui gli storici di quella inclita nazione, che per equivoco lo supposero di Muttersdorff, hann' ordito la serie de' lor pittori; facendol maestro di Teodorico da Praga, a cui succedono gradatamente Wmser, Schoen, Wolgemut, Alberto Durero.

BARNABA DA MODENA. Dopo le pitture di Tommaso dee ricordarsi una tavola di Barnaba da Modena, che si conserva in Alba con nome dell' autore, e con data del 1377; opera anteposta da uno scrittore a quelle di Giotto; e in oltre un' an-

SERAFINO DE' SERAFINI. cona, come dicono, di Serafino de' Serafini da Modena, che contiene varj busti e figure intere, col nome pur del pittore, e con l'anno 1385. Sta nel duomo della città; e il soggetto principale è la Incoronazione di N. Signora. La composizione è somigliantissima a quella che tenne Giotto, e la sua scuola; a cui più che ad altra conformasi tutto lo stile della pittura; sennonchè le figure sono più grosse, e, per così dire, più ben pasciute che le fiorentine. Se alcuno cerca la origine di tale rassomiglianza, rifletta che Giotto operò non solo nella vicina Bologna, ma anco in Ferrara, città che insieme con Modena fu in que' tempi in poter degli Estensi; talchè l'una città potè facilmente fornire l'altra di precetti, e di esempj.

Il Vasari avvertì a Modena alcune pitture antiche a S. Domenico (e ne avrebbe potuto vedere presso i PP. Benedettini e altrove) onde raccolse che *vi erano stati in ogni tempo artefici eccellenti.* I lor nomi ignoti al Vasari sono stati in parte raccolti da' MSS. e sono un Tommaso Bassini (*a*), di cui non è certa epoca, nè opera alcuna; e alquanti quattrocentisti, la cui età toccò anche il miglior secolo. V' ebbe un Andrea Campana, un' opera del quale, ascrittagli ora per le iniziali del nome, è a Colorno villa del Serenissimo Duca di Parma: contiene geste di S. Pier Martire, ed è graziosa molto e ben colorita. Bartolommeo Bonasia eccellente in tarsìa fu pittore ad un tempo, e ne lasciò memoria in un quadro ch' è nel convento di S. Vincenzo. Vi son pur memorie in Sassuolo di Raffaello Calori modenese che incominciano nel 1452, e finiscono nel 1474; e ne resta ivi a' Cappuccini una N. Signora di ottima maniera per quei tempi,

TOMMASO BASSINI.

ANDREA CAMPANA.

BARTOLOMMEO BONASIA.

RAFFAELLO CALORI.

(*a*) Questa notizia tratta dal Tiraboschi non favorisce il sistema del ch. P. Federici. Questi dice, che nel secolo XIV i nomi si stroppiavano, e ne adduce più esempj (*vol. I p. 53*). Così spiega che *Buzzaccarino* sia divenuto *Bizzarrino*, *Barisino*, *Borasino*, e non so quale altro più brutto vocabolo in Trevigi. Ora perchè in Modena non potea divenir *Bassino?* E se leggendosi *Tommaso di Bassino da Modena* ne' monumenti del Tiraboschi, ognun vi ravvisa il nome del pittore, quello del padre, quel del paese, di cui l' artefice vuol essere; perchè leggendosi nelle pitture *Tommaso di Barisino o Borisino da Modena*, si dovrà credere che quest' ultimo sia nome di famiglia; tanto più che rare erano allora le famiglie, che per cognomi si distinguessero? Tommaso dunque voleva esser tenuto di *Modena*; e se questo divenne un cognome che distinguesse la sua famiglia in Trevigi, ciò fu ne' seguenti anni, ed egli stesso non ne seppe novella.

ne' quali servì al Duca Borso. Più tardi fo-
rì Francesco Magagnolo morto circa i principj del secolo XVI, uno de' primi che dipingesse volti in maniera che sembrassero guar-
dare lo spettatore in qualunque punto ov' ei si
trovasse. Suoi contemporanei par che fossero

Cecchino Setti, di cui, perita ogni sua tavola, non rimangono se non fregj d'altari di ottimo gusto; Nicoletto da Modena pittore in-

sieme e incisore in rame de' più antichi; le
cui stampe sono ambite ne' gabinetti, e mes-
se alla testa delle raccolte; Gio. Munari loda-

to dagl' istorici, e onorato dal gran nome di
Pellegrino suo figlio e scolare; e finalmente

Francesco Bianchi Ferrari morto nel 1510. A
costui si è ascritto l'onore di avere istruito il
Coreggio; cosa da non asserirsi fra le certe.
Una sua tavola fu già in S. Francesco, ed era
condotta con sufficiente morbidezza, comechè
ritenesse dell' antica secchezza, e gli occhi fossero disegnati senza la debita rotondità.

Anche nelle altre picciole capitali circonvi-
cine viveano pittori di merito. Reggio ha tuttavia una Madonna di Loreto dipinta in duo-

mo da Bernardino Orsi nel 1501; e in S. Tommaso e altrove alcune pitture di Simone Fornari detto anco Moresini, e di Francesco Ca-
prioli. Gli nomino in questo luogo non tanto
per la età in cui vissero, quanto per la maniera che tennero conforme a' due Francia;
particolarmente il Fornari: molte sue pitture si
son credute di que' valenti bolognesi.

Carpi conserva reliquie anche più pregevoli
delle antiche arti. Oltre un fregio di scoltura
la più rozza nella facciata del duomo vecchio,
opera del secolo XII, la stessa chiesa ha due

cappelle, ove posson vedersi i principj e i progressi della pittura in quelle bande. In una è lo Sposalizio di S. Caterina, tavola di una maniera così infante, che si stenterà a trovarne in Italia esempio consimile. Più ragionevole è la pittura delle pareti; stile originale ne' vestiti e nelle idee, e forzato molto nelle mosse. L' altra cappella è distinta in varie nicchie con l'effigie di un Santo in ognuna; e in questa opera, ch' è la più tarda, traspare qualche lampo di stil giottesco. Non vi è nomenclatore che c' istruisca di pittori sì antichi. L' elenco della scuola comincia da Bernardino Loschi, che nato di padre parmigiano, pure in alcune tavole col suo nome si scrive Carpense. Elle se non avessero tale indicazione, si dirian dell' uno o dell' altro Francia. Servì il Loschi ad Alberto Pio, e se ne hanno memorie dal 1495 al 1533. La storia ci scuopre un suo contemporaneo in Marco Meloni, uomo di pennello accuratissimo; di cui tutto è saputo quando è detto che i suoi quadri a S. Bernardino e altrove tengono similmente del bolognese. E forse fu allievo della scuola medesima non meno che Alessandro da Carpi nominato dal Malvasìa fra' discepoli del Costa.

margin: BERNARDINO LOSCHI.

margin: MARCO MELONI.

margin: ALESSANDRO DA CARPI.

Finalmente Coreggio coltivò anch' esso le belle arti prima che Antonio Allegri nascesse. Non son molti anni che in quel duomo fu atterrato un fresco di ragionevole artifizio, che la tradizione ascriveva a Lorenzo Allegri, il quale in una sua carta di donazione rogata nel 1527 è chiamato *Magister Laurentius filius magistri Antonii de Allegris Pictor.* Costui credesi primo istruttore di Antonio Allegri figliuo-

margin: ANTONIO ALLEGRI.

margin: LORENZO ALLEGRI.

lo di suo fratello; certo è almeno che tenne scuola, e informò alla pittura un altro suo nipote, come udii dal ch. Sig. Dottore Antonioli, che prepara una copiosa vita di quel suo gran concittadino. Non son ora molte pitture in Coreggio sul gusto de' quattrocentisti, onde arguire di quella scuola. Una Madonna dipinta nel 1511, quando Antonio Allegri contava anni 17, si legge nel *Catalogo della R. Galleria Estense*, ove fu trasferita. Si vuole di Antonio Allegri, ma non ve n'è autentico documento; e chi l'asserisce di Lorenzo avria ragione ugualmente. Lo stile è di forme mediocri, nè ha spogliato del tutto il carattere dell'antichità nelle pieghe degli abiti: è però più pastoso, che nella maggior parte de' contemporanei, e più vicino al moderno stile.

Plastici Modenesi. Prima di passare oltre è bene prevenire il lettore di una prerogativa, che questo tratto di paese, e Modena specialmente, godeva fin dal secolo XV, ed era l'abbondare di buoni plastici. In quest'arte, madre della scoltura e nodrice della pittura, quella città ha poi prodotto le migliori opere del mondo; e questo, se io non erro, è il vanto più singolare, più caratteristico; più ammirabile della scuola. Cele-

Guido Mazzoni. bratissimo dal Vasari è Guido Mazzoni altramente Paganini, che fin dal 1484 si conosce eccellente per una sacra Famiglia a S. Margherita; statue di una vivacità e di una espressione che sorprende. Questo gran plastico servì poi a Carlo VIII in Napoli e in Francia, ove dimorò per 20 anni, ridottosi poscia in patria a finir pieno di onori i suoi giorni. Lodi an-

Gio. Aba-ti. che grandi dà il cronista Lancillotto a Gio. Abati padre di Niccolò, e suo coetaneo: le cui

sa-

sacre immagini in gesso erano tenute in sommo pregio; e specialmente i Crocifissi lavorati con una notomìa in ogni vena e in ogni nervo ricercatissima. Ma egli fu vinto di lunga mano da Antonio Begarelli, forse suo allievo, che coi lavori di plastica in figure grandi quanto il vero, e anche più, ha quasi tolto il nome ad ogni altro. I PP. Benedettini e in chiesa e in monistero ne hanno un tesoro. Visse gran tempo e riempiè quelle chiese di sepolcri, di presepj, di gruppi, di statue; senza dire ciò che operò in Parma, in Mantova, e in altri luoghi. Il Vasari ne loda *la bell' aria delle teste, i bei panni, la proporzione mirabile, il colore di marmo;* e racconta che al Bonarruoti *parvero una eccellente cosa,* e disse: *se questa terra diventasse marmo, guai alle statue antiche.* Non so qual elogio più specioso possa prodursi per lodare un artefice, considerando specialmente quanto il Bonarruoti fosse conoscitore profondo, e difficile encomiaste. Per ultimo vuolsi aggiugnere, che il Begarelli fu anche raro disegnatore, e maestro di disegno, e di plastica alla gioventù. Quind' influì nella pittura; e da lui in gran parte si vuol ripetere la correzione, il rilievo, l'arte degli scorti, la grazia quasi dissi raffaellesca in cui questa parte di Lombardìa si è distinta.

****

EPOCA SECONDA.

NEL SECOLO XVI S'IMITANO RAFFAELLO
E IL COREGGIO.

Tali erano i preparativi per tutti que' paesi, che abbiam finora considerati; ma il miglior preparativo era il natural talento dei giovani, de' quali diceva il Card. Alessandro d'Este citato dal Cav. Tiraboschi, che avean ingegno nato fatto per le belle arti. E veramente il secolo XVI ne fa piena fede; nel quale se ogni provincia d'Italia diede qualche valentuomo in pittura, questo picciol tratto ne diede tanti, quanti basterebbono per sè soli a onorare un gran regno. Comincio da Modena istessa. Niuna città di Lombardia conobbe più presto di Modena lo stile di Raffaello, niuna città d'Italia o ne divenne più vaga, o ne produsse in maggior numero bravi imitatori. Di Pellegrino da Modena scrissi nel T. II pag. 93, chiamato nella Cronaca del Lancillotti *degli Aretusi, alias de' Munari*. Si era istruito in patria, e fin dal 1509 vi avea dipinto il quadro, che ora è a S. Giovanni conservatissimo, e testimone della molt'abilità dell'autore anche prima di passare alla scuola di Raffaello. Ma in questa egli crebbe tanto, che il maestro se ne valse di ajuto alle logge istesse del Vaticano; e altre opere condusse in Roma or con Perino del Vaga, or da sè medesimo. Alcune delle sue a S. Giacomo

PELLE-GRINO DA MODENA.

degli spagnuoli avean figure di un' aria gentilissima e veramente raffaellesca, siccome racconta il Titi, che ne deplora il ritocco fatto senza intelligenza. Meglio che a Roma egli può conoscersi in patria, e specialmente in S. Paolo, ov' è una Natività di N. Signore, che spira in ogni parte le grazie dell' urbinate. Ebbe questo infelice un figliuolo, che per omicidio commesso era cerco a morte da' parenti del defunto; e trovato il padre volser contro esso il lor furore, e lo uccisero; caso tragico che intervenne nel 1525. Un altro suo figlio, per congettura del Sig. Cav. Tiraboschi, è quel Cesare di Pellegrino Aretusi, che CESARE ARETUSI. da molti scrittori è detto modenese perchè nato in Modena, bolognese da altri perchè visse in Bologna, e n' ebbe cittadinanza. Questi, di cui tornerà il discorso, si formò in Bologna copiando il Bagnacavallo, nè potè aver lezioni da Pellegrino. L' ebbe da Pellegrino, e molto ne profittò, un Giulio Taraschi, di GIULIO TARASCHI. cui restano in S. Pietro di Modena pitture del gusto romano; gusto che dicesi aver propagato in due fratelli, e trasmesso ad altri da nominarsi nel decorso.

Alquanto più tardi cominciò ad essere in esempio alla scuola modenese anche il Coreggio; che ora lo ha per maestro, e nell' accademia riaperta magnificamente negli ultimi anni su l'esempio di Roma ne conserva il teschio (T. II p. 116). Egli molto operò in Parma, e in quella scuola posatamente ne scriveremo: dipinse nondimeno in Modena ancora, a Reggio, a Carpi, a Coreggio; e da questi luoghi parimente ebbe giovani, che nel catalogo de' suoi scolari saran nominati a miglior

tempo. Così cominciò egli di buon'ora ad in-
fluire nella scuola di Modena, e ad esser quivi considerato com' un maestro, la cui maniera si potesse seguir con lode o emulandola in
tutto, o inserendola a quella di Raffaello.

Ciò avvenne allora specialmente, quando
morto l'autore, crebbe il suo nome; e quanto di meglio avea lasciato nella Capitale e
nelle città vicine a poco a poco fu adunato
da' Duchi Estensi nella lor Galleria, ov' è stato fin quasi alla metà del secol presente (a).
Era allora Modena frequentata da' pittori di o-
gni lingua, che venivano a copiar que' divini
originali, e a notarne l'arte; nè i nazionali
stessi lasciavano di profittarne; e della loro
imitazione si trovan vestigj in ognuno di questi artefici. Nondimeno, parlando de' primi e
de' più antichi, la lor predilezione e il genio
loro più deciso par che sia stato per Raffaello
e per lo stile romano; o sia che le merci e-
stere si apprezzan più delle nostrali; o sia che
i soli successori di Pellegrino continuarono lungo tempo a erudire la gioventù, e ad aver
credito in que' paesi.

Saria desiderabile per la storia di sì gene-
rosa scuola, che gli scrittori ci dicessero da
chi furono eruditi molti maestri, che fiorirono intorno alla metà del secolo, e più oltre eziandio. Al silenzio degli storici può in
qualche modo supplire la osservazione dello
stile, che in non pochi tanto è raffaellesco,
che può verisimilmente supporsi averlo essi at-

(n) Francesco III vendè alla corte di Dresda cento quadri (fra questi erano cinque del Coreggio) per 130 mila zecchini, i quali furono coniati in Venezia.

tinto se non dal Munari stesso, almen da' Taraschi succeduti alla sua scuola. Di Gaspare Pagani, che fu anche ritrattista, solo è superstite il quadro di S. Chiara; di Girolamo da Vignola qualche fresco a S. Piero: l' uno e l' altro è imitatore di Raffaello; ma il secondo è de' più felici che producesse il suo secolo. Bravo frescante si dimostra parimente Alberto Fontana, che dipinse di fuori e per entro la pubblica beccheria; pitture *che pajono di Raffaello*, dice lo Scanelli, quantunque per errore egli le ascriva a Niccolò dell' Abate. E veramente per osservazione del Vedriani molto somiglia lo stil dell' uno quello dell' altro; o perchè ambedue lo attingessero dal Begarelli, come quel medesimo istorico par che insinui, o perchè lo derivassero per uno, o per altro modo dall' accademia del Munari. Nel resto la similitudine di lor maniera non fa che molta distanza non corra fra loro; e che nelle figure di Alberto, se trovansi belle arie di teste, e tinte da competere con Niccolò, non vi si noti in tutto minor disegno, e talvolta non so che di rozzo e di pesante. Veniamo al competitore e ragioniamone più a lungo, come richiede la dignità di un pittore, che l' Algarotti conta fra' *primi che sian fioriti nel mondo.*

Vi è stato chi lo sospettasse istruito dal Coreggio; cosa che non si vuole disdire affatto, anche in vista di certi suoi scorti, e del gran rilievo. Ma il Vasari di tal magistero non ci fa motto; e solamente rammentando il Martirio de' Principi degli Apostoli da lui dipinto a' Monaci neri, osserva che la figura di un carnefice è tolta da un quadro, che il Coreg

Marginal notes:
GASPARE PAGANI.
GIROLAMO DA VIGNOLA.
ALBERTO FONTANA.
NICCOLÒ DELL' ABATE.

gio avea posto a S. Gio. di Parma. Che che
sia del maestro di Niccolino, egli ne' freschi
di Modena, che si contano fra' suoi primi lavori, scuopre chiaramente il suo trasporto per
la scuola romana. Lo stesso dee dirsi di que'
dodici suoi quadri a fresco su i 12 libri dell'E-
neide, che, segati dalla rocca di Candiano, or-
nan oggidì la Ducal Gallerìa; e soli bastano a
conoscerlo eccellente in figure, in paesaggio,
in architteture, in animali, in ogni lode che
può competere a un egregio seguace di Raffaello. Passato in età adulta a Bologna, ove
si domiciliò, dipinse sotto il portico de' Leoni
una Natività del Signore di tal maniera, che
nè in quelle di Raffaellino del Borgo, nè di
altro educato in Roma mi è paruto trovar
tanta somiglianza col caposcuola, quanto in
questa. So che un gran professore solea dire,
esser quella la più perfetta pittura a fresco
che abbia Bologna. Ella formava l'ammirazione e l'esemplare de' Caracci, non meno
che le altre opere di Niccolino rimase in quella città. Fra esse la più osservata da' forestieri è quella Conversazione di donne e di
giovani, che serve di fregio a una sala dell'I-
stituto. Dopo Raffaello non ricusò questo artefice d'imitare anche altri. È divulgato e saputo a mente da moltissimi pittori un sonetto
di Agostino Caracci, che nel solo Niccolino
trovava raccolta la simmetrìa di Raffaello, il
terribile di Michelangiolo, il vero di Tiziano,
il nobile di Coreggio, la composizione del Tibaldi, la grazia del Parmigianino; in un
motto l'ottimo d'ogni miglior professore e di
ogni scuola. Tale opinione, quantunque si
deggia prendere come scritta da un poeta, e

poeta passionato per chi onorò la sua scuola,
avrebbe più seguaci, se l'Abati fosse nelle
quadrerìe più frequente. Ma egli è rarissimo, sì perchè lavorò quasi sempre a fresco,
sì perchè in età di 40 anni passò in Francia.
Vi fu chiamato dall'Abate Primaticcio per suo
ajuto ne' grandissimi lavori, che facea pel Re
Carlo IX; nè mai più rivide l'Italia. Di ciò
è nata la favola ch'egli fosse scolare del Primaticcio, e prendesse da lui il cognome dell'
Abate; quand'egli trasse quel casato dalla
propria famiglia. In Fontainebleau esistevano
circa il 1740 le storie di Ulisse in numero di
38 dipinte da Niccolò coi disegni del Primaticcio; la più vasta opera delle molte, che in
Francia condusse: ella fu atterrata, come riferisce l'Algarotti, restandone però le stampe di
Van-Thulden scolare del Rubens.

La famiglia di Niccolò mantenne per molti
anni e in molti soggetti la riputazione nella pit-
tura. Un fratello di lui nominato Pietro Pao- **PIETRO PAOLO DELL'ABATE.**
lo è in onore come assai felice in dipinger fu-
rie di cavalli, o mischie di guerra; sulla qual
congettura gli sono ascritti certi quadretti della
Galleria Ducale, situati sotto quei della Eneide.
Trovasi nella Cronica del Lancillotto un Giulio **GIULIO CAMILLO DELL'ABATE.**
Camillo figliuolo di Niccolò, che insieme con
lui passò in Francia; rimaso intanto pressochè
ignoto in Italia. Notissimo, e dopo l'avo il
migliore della famiglia, è Ercole figlio di Giu- **ERCOLE DELL'ABATE.**
lio; ancorchè la sua fama resti oscurata da
una condotta di vita scioperata, e perciò infelice. Dipinse molto; e, come avviene in gente
di tal carattere, spesso con la incuria e con la
fretta sminuì alle opere il pregio. Ch'egli fosse da molto si può raccorre meglio che dalle

venali poesie del Marino, dalle incombenze ch'
ebbe dalla corte di Modena, e sopra tutto dal
quadro delle nozze di Cana rimaso nella Gallerìa di S. A., ch' è sicuramente di bella maniera, e in molte cose ha sapore di scuola veneta. La maggiore opera che facesse fu nella
sala del Consiglio, ov' ebbe or compagno, ed
ora emolo lo Schedone; compagno in quelle
pitture, che condussero insieme; emolo in quelle, che fece ciascun da sè: nè in queste l' esser vinto da tanto competitore gli scema il merito. L'ultimo pittore della famiglia è Pietro

Pietro Paolo dell' Abate. Paolo figliuolo di Ercole, morto di 38 anni nel
1630. Ne scrivo in questo luogo per non di-
viderlo dagli antenati, de'quali non fu indegno. Tenne la maniera del padre, ma non
n'ebbe il genio; anzi in qualche sua pittura
più certa si diria freddo: dissi più certa, perchè di alcune si controverte se deggiano computarsi fra le mediocri del padre, o fra le sue
ottime.

Oltre i raffaelleschi e gli allievi loro io trovo
de'modenesi nel secolo XVI, che han tenuto
altro stile; nè veruno di essi antepongo a Er-
Ercole de'Setti. cole de'Setti bravo incisore, e pittore di molto merito. Ne resta in Modena qualche tavo-
la d'altare, e ne ho veduti, ma raramente,
quadretti da Gallerie di un disegno, che più
tiene del grande che del leggiadro. Nel nudo è diligente e studiato, quasi all'uso de'fiorentini, spiritoso nelle mosse, forte nel colorito. Soscrivevasi *Ercole de' Setti*, e in latino
Hercules Septimius. Il Vedriani congiunge a
Francesco Madonnina. lui un Francesco Madonnina, e lo qualifica come un de'più insigni pittori della città: di es-
so poco rimane in Modena per giudicar del

suo stile. Poco anche di Giovanni Batista In- BATISTA
INGONI.
goni emolo di Niccolò, come lo chiama il Va-
sari; e quel poco non è di gran considerazio-
ne. Nulla ho veduto di Gio. Batista Codibue; GIO. BA-
TISTA CO-
DIBUE.
ma ne leggo pregiata molto la Nunziata al Car-
mine, ed altre opere non men di pittura, che
di scultura. Grandi encomj pure trovo fatti a
Domenico Carnevale per freschi di già periti: DOMENICO
CARNAVA-
LE.
ne avanzano pochi quadri a olio; tenuti però
in gran conto: uno della Epifanìa è in una
delle quadrerìe del Principe; e un altro della
Circoncisione è nel palazzo de'Conti Cesi. Fu
onorato anco in Roma; e per sua lode basti
dire che fu adoperato quivi a restaurare le pitture di Michelangiolo, come raccontasi nelle
note al Vasari.

Reggio vanta pur da Raffaello la origine del- Città dello
Stato.
BERNAR-
la sua scuola: di lui si è tenuto discepolo Ber- DINO ZAC-
CHETTI.
nardino Zacchetti: gl'istorici però e i documen-
ti che citansi per farlo credere non convincono
pienamente. Forse il suo quadro a S. Prospe-
ro, disegnato e colorito sul gusto del Garofolo, ed altri, che assai sentono del raffaellesco,
han dato luogo a tale opinione. Ma l'Italia
ebbe allora dovizia di raffaelleschi formati non
con la voce di quel solenne maestro, ma con
le sue tavole, o co'suoi rami. Le opere, che
si dicon fatte da lui in Roma, e l'ajuto presta-
to al Bonarruoti nella cappella di Sisto, sono
asserzioni dell'Azzari nel suo *Compendio*, non
contestate da alcun antico. Più facilmente può
accordarglisi, che il Giarola fosse discepolo del GIAROLA.
Coreggio; anzi come tale lo riserbo alla scuola
di Parma.

Poco appresso cominciò a fiorire Lelio Orsi LELIO
ORSI.
reggiano, ch'esiliato dalla patria si trasferì a

Novellara, città a que' dì de' Gonzaghi, e quivi si stabilì; ond'è comunemente chiamato Lelio da Novellara. Questo grand'uomo, di cui il solo Abbeccedario avea data qualche notizia, dee al Sig. Cav. Tiraboschi l'onor di una vita ben ragionata, che trasse da più MSS. È incerto discepolo del Coreggio, affermandolo alcuni storici, e negandolo altri. Visse però in tempo e in luogo da poter conoscerlo facilmente, studiò e ritrasse le sue opere, e della celebre Notte si conserva in Verona una sua copia presso i nobili Gazzola. Nè manca chi attesti aver Lelio del suo pennello lasciata memoria in Parma, ove han dipinto i più chiari ornamenti di quella scuola. Son corse di lui notizie favolose, e tuttavia corrono, ch'egli fosse scolare di Michelangiolo; che il Coreggio gli scrivesse, anzi che lo consultasse in disegno. Ben è vero, ch'egli è ingegnoso, studiato, robusto disegnatore; o che fosse in Roma, come su la fede di un MS. volle il Tiraboschi; o che da Mantova derivasse in sè il gusto di Giulio; o che vedesse disegni o gessi di Michelangiolo; bastando alle grandi menti il saper la via, per correrla sicuramente. Il suo disegno certamente non è il lombardo; e quindi nasce la grande difficoltà di crederlo scolar del Coreggio; perciocchè se tal fosse stato, le prime sue opere almeno avrian carattere meno forte. Ha però saputo imitarlo al pari di ognuno nella grazia del chiaroscuro, e nell'impasto de'colori, e in certe teste giovanili belle e leggiadre. Reggio, e più Novellara ebbono di lui molte pitture a fresco, perite ora in gran parte; e dobbiamo alla gloriosa memoria di Fran-

...:esco III quelle, che ora veggonsi in Modena nel palazzo di S. A., trasferite dalla rocca di Novellara. Poche tavole d'altare rimangono in pubblico nelle due città; distratte le altre: una delle quali, ove co' SS. Rocco e Sebastiano dipinse il S. Giobbe, fu da
me veduta in Bologna nello studio del Signor
Armanno. Certe altre, che si danno per sue
in Parma (a), in Ancona, in Mantova, non
son punto certe; e vi è tutta l'apparenza per
credere, che Lelio, divisi i suoi anni fra Reggio e Novellara, non se ne allontanasse nè
per lungo tempo, nè per gran tratto; e così
rimanesse men cognito di molti pittori d'inferior rango. Con ciò si rende ragione del silenzio, che ne ha tenuto il Vasari, il Lomazzo, il Baldinucci, e gli esteri comunemente.

Dalla scuola di Lelio uscì verisimilmente Ja- JACOPO
copo Borbone di Novellara, che nel 1614 di- BORBONE.
pinse agli Osservanti di Mantova una parte del
chiostro; e Orazio Perucci, di cui son oggi ORAZIO
superstiti varj quadri in case private, e una PERUCCI.
tavola a S. Giovanni. Scolar dell'Orsi certamente fu Raffaello Motta, conosciuto sotto il
nome di Raffaellino da Reggio, da cui ebbe RAFFAEL-
la patria alcuni pochi lavori a fresco; genio LO MOT-
grandissimo e degno di aver Roma per suo TA.
teatro, come già scrissi, e di esservi pian-
to quasi un nuovo Raffaello spento innanzi
tempo.

Carpi ebbe in questo secolo Orazio Grillen- ORAZIO
zone, che molto stette in Ferrara, ove cono- GRILLEN-
sciuto dal Tasso fu onorato da sì rara penna ZONE.

(a) V. il P. Affò pag. 27. e 124.

e reso immortale con quel dialogo che ha per titolo *Il Grillenzone o l'epitafio*. Quivi però non se ne addita opera di pittura; e in Carpi stessa tutto ciò, che si dice suo lavoro, non è certo che sia. Non parlo qui del celebre Girolamo di Carpi; perciocchè egli fu ferrarese, come avvertii. **Ugo da Carpi**. Di Ugo da Carpi, in quanto pittore, potria tacersi: fu mediocre quando dipinse col pennello; e forse men che mediocre quando per certa sua bizzarrìa dipingeva con le dita, e notavalo a piè del quadro, siccome fece nella immagine del Volto Santo a S. Pietro di Roma. Di lui però dee farsi onorevole ricordanza come d'inventore delle stampe di legno di due e poi di tre pezzi, onde si esprimessero le tre tinte; le ombre, i mezzi, ed i chiari (a). Così potè comunicare al pubblico varj disegni e invenzioni di Raffaello con più evidenza, che Marcanto-

(a) I tedeschi trovano in Germania l'arte delle stampe in legno a chiaroscuro, prima che Ugo la facesse conoscere agl'Italiani. Producono in prova di ciò le carte di Gio. Ulderico Pilgrim, le quali, *benchè gotiche*, dice il Sig. Huber pag. 89, *fanno un effetto ammirabile quanto al chiaroscuro*. Lo vogliono antichissimo, e con lui nominano Mair e più altri che vi si segnalarono intorno al suo tempo. Nulla però ci dicono del lor meccanismo, che forse non fu quello di Ugo. Non è fuor di proposito rammentar qui il nuovo metodo d'incidere all'uso olandese per l'imitazione dell'acquerello, quantunque non si faccia in legno ma in rame. Si è introdotto anche in Toscana mercè le diligenze dell'abilissimo Sig. Cav. Cosimo Rossi patrizio pistojese, vicepresidente dell'Accademia; che indagatolo con molti esperimenti, e datine i primi saggi in alcuni Sepolcri di solido stil egizio di sua invenzione, n'è stato imitato in più altre stampe, e specialmente nel *Viaggio Pittorico* del Traballesi. E' desiderabile che il Sig. Cav. predetto continui a fare il medesimo in opere di architettura e prospettiva, nelle quali val molto an-

nio istesso non avea fatto, e aprire a' posteri
una nuova via quasi di pittura a chiaroscuro
assai facile a replicarsi ed a propagarsi. Il Vasari ne scrive sul fine della Introduzione; e
quivi e altrove celebra l'ingegno di Ugo fra'
più acuti che avesse l'arte.

ancor col pennello, emulando assai felicemente lo stile del
Canaletto. Il metodo si riferirebbe per minuto; ma è più
complicato e lungo di quel che comporti la brevità che so-
gliam tenere in sì fatti temi.

EPOCA TERZA

I MODENESI DEL SECOLO XVII SIEGUONO PER LO PIU' I BOLOGNESI.

Nel secolo XVII non si estinse del tutto in Modena e nello Stato il gusto recatovi dal Munari, e quello introdottovi dal Coreggio, e da Lelio; avendolo pur conservato certi loro allievi o seguaci: ma venne decrescendo a misura che i caracceschi prendevan credito, e traevano a poco a poco dietro i loro esempj le altre scuole d'Italia. Si sa che alcuni modenesi frequentarono la loro accademia; e Bartolommeo Schedone è contato dal Malvasìa fra gli scolari de' Caracci. Se ciò è vero, convien credere o che le sue prime pitture non si conoscano, o ch'egli salutasse quella scuola appena dal liminare: mercechè nelle opere anche grandi, che si additan per sue, raro è che si trovi traccia dello stil de' Caracci. Sembra piuttosto ch'egli si esercitasse intorno a' raffaelleschi della sua patria, ma singolarmente intorno al Coreggio, di cui erano ivi tanti originali. Esistono nel palazzo pubblico le sue pitture a fresco, lavorate a competenza di Ercole Abati circa il 1604; e fra esse la bella storia di Coriolano, e le sette Donne che figurano l'Armonìa: chi le osserva vi trova un misto de' due caratteri detti poc'anzi. Vi è poi in duomo una mezza figura di S. Geminiano con un putto da lui ravvivato, che si attiene al suo pastorale, e quasi il ringrazia: è delle sue mi-

BARTO-
LOMMEO
SCHEDO-
NE.

gliori opere, e par vedere un lavoro del Coreggio. Questa somiglianza si decantava fin d'
allora in altri suoi quadri mandati altrove; e il
Marini ne parla in una sua lettera come di una
maraviglia. Lo Scannelli, che scrive circa a
40 anni dopo la morte dello Schedone, gli conferma tal lode; ma per una perfetta imitazione
vi avria voluto più pratica, e più fondamento;
credo che intenda del disegno e della prospettiva, in cui pecca talvolta. Nel resto le sue
figure nel carattere e nella mossa son leggiadre; e il suo colorito a fresco è de'più gaj e
de'più vivi: a olio è più serio, ma più accordato, nè sempre esente dagli effetti che han
prodotti le cattive imprimiture della età de'Caracci. I suoi quadri in grande, come quella
Pietà ch'è era nell'Accademia di Parma, sono
della ultima rarità: rari molto sono gl'istoria-
ti, come in Loreto quelle due Natività di N.
Signore e di N. Donna posti per laterali a una
tavola di Filippo Bellini. Delle Sacre Famiglie,
e di simili quadretti devoti se ne trova, ma
non gran copia, e nelle Gallerìe son molto
preziosi; fino a pretendersi di uno di essi quat-
tromila scudi, come il Tiraboschi racconta.
Ricca n'è la corte di Napoli, ove passarono
con gli altri quadri Farnesiani anche quegli,
che lo Schedone, servendo al Duca Ranuccio
suo larghissimo mecenate, avea dipinti per la
corte. Questo artefice non visse, nè operò
molto, distratto dal giuoco; in cui avendo perduto una grossa somma, morì accorato verso
il finire del 1615.

I tre che sieguono si appartengono alla scuo-
la de'Caracci anche per lo stile. Giacomo   GIACOMO
Cavedone nato in Sassuolo, ma vivuto fin   CAVEDO-
NE.

GIULIO SECCHIA-RI. dall' adolescenza fuor dello Stato, è tenuto per uno de' miglior seguaci di Lodovico. Giulio Secchiari modenese fu anche in Roma e a Mantova, ove dipinse per la corte non pochi quadri periti nel sacco del 1630. Ciò che ne resta in patria, e specialmente il Transito di N. Signora nel sotterraneo del duomo con quattro scudi all' intorno, produce un vero rincrescimento che Giulio non sia noto nelle quadrerìe, come altri allievi de' Caracci. Camillo

CAMILLO GAVAS-SETTI. Gavassetti pur modenese ha similmente merito più che nome, e perchè morto giovane, e perchè molto addetto a' lavori a fresco, che rimanendo ove son fatti limitano assai la fama all' artefice. In Piacenza si conosce meglio che in Modena, o in Parma, o in altra città. Il presbiterio della chiesa di S. Antonino ha un suo dipinto con immagini tolte dall' Apocalisse, e così ben eseguite, che il Guercino, quando era in Piacenza a farvi l' opera sua migliore, ne dicea grandi elogj; e tuttora contasi fra le cose più belle di quella città ornatissima. Vi è dentro un grande, uno spiritoso, uno scelto, con tanta grazia e unione di tinte, che sorprende coll' insieme, e appaga anco parte per parte: solo spiace talora qualche mossa alquanto violenta, e qualche figura meno studiata. Egli anteponeva la sollecitudine alla finitezza; e n' ebbe disputa (riferita dal Baldinucci) col Tiarini, che sosteneva e faceva il contrario; onde in Parma in lavori d' importanza gli fu anteposto. Tuttavia a Piacenza in S. Maria di Campagna, ove han dipinto a competenza istorie scritturali, reggesi il Gavassetti al confronto del Tiarini e degli altri competitori, che furon molti e valenti per quella età.

Quan-

Quando in Bologna succedettero a' Caracci gli allievi loro, continuò la gioventù del vicino Stato di Modena a istruirsi da' bolognesi, che vedeva pregiati nella corte Estense. Vissero allora Francesco I e Alfonso IV, che nella storia del Malvasìa si posson conoscere addettissimi a' caracceschi; altri de' quali invitarono al servigio loro; di altri si valsero pe' lor palazzi e per le lor feste; di tutti vollero e disegni e pitture, le quali si esposero or nelle chiese, or nella gran quadrerìa divenuta per essi una delle più ricche di Europa. Quindi i pittori che sieguono deon ridursi a una sola scuola, eccetto pochissimi; fra' quali è il Romani da Reggio. Par certo ch' egli studiasse in Venezia, e quivi si affezionasse a Paolo (nel cui stile dipinse i Misterj del Rosario) e più anche al Tintoretto; alla cui norma si attenne il più delle volte; e molto felicemente. *Il Romani.*

Guido Reni fu a Gio. Batista Pesari o maestro o prototipo; se questi come fu guidesco nella Madonna a S. Paolo, così era nelle altre opere comunemente; di che non si può far giudizio, essendo egli poco vivuto, e per alcun tempo in Venezia, dove morì prima di farsi nome. Guido stesso fu certamente istruttore di Luca da Reggio, e di Bernardo Cervi da Modena. Di Luca ho scritto nel precedente libro. Il secondo a giudizio di Guido era di un talento rarissimo nel disegno; e, benchè morto immaturamente nel contagio del 1630, ha lasciate opere in duomo e in altre chiese, che non invidian forse quelle di Luca. Dalla scuola medesima uscì Giovanni Boulanger di Troyes pittore della corte di Modena, e mae- *Gio. Batista Pesari. Bernardo Cervi. Giovanni Boulanger.*

stro in quella città. Nel palazzo Ducale sono varj saggi di questo pennello veramente tenero, quantunque le imprimiture men buone gli abbian talora fatto onta. È felice nelle invenzioni, coloritor vivo e bene accordato, spiritoso nelle mosse, non senza qualche taccia di soverchio entusiasmo. Il sacrificio d'Ifigenìa, se è suo lavoro, come si dice, basta a conoscerne il valore; quantunque ivi la figura di Agamennone sia velata d'una maniera più capricciosa, che non conviene a soggetto eroico. De' due suoi allievi e seguaci migliori **TOMMASO COSTA.** Tommaso Costa di Sassuolo, e Sigismondo Caula di Modena, il primo riuscì coloritore robusto, e può dirsi universale pittore, adoperato volentieri dalle vicine corti e dalle città finitime in prospettive, in paesi, in figure: molto ne ha Reggio, ove visse comunemente; non poco ne ha Modena, e quivi singolarmente se ne pregia la cupola di S. Vincen- **IL CAU-LA.** zo. Il Caula non uscì di patria che per meglio erudirsi in Venezia. Di là tornò con uno stile copioso e ben colorito; siccome notò l'Orlandi in proposito del gran quadro del Contagio a S. Carlo. Cangiò poi le tinte, e diede in languore; e di tal tempra sono per lo più le pitture, che fece per gli altari e pei gabinetti.

Varj reggiani furono incamminati alla pittura da Lionello Spada e dal Desani suo allievo ed ajuto nelle molte opere, che in Reggio **VERCELLE-SI, ARMA-NI, E ORA-ZIO TALA-MI.** condussero: e sono Sebastiano Vercellesi, Pietro Martire Armani, e sopra tutti Orazio Talami. Questi non si contentò, come gli altri due, di fermarsi in patria; viaggiò per l'Italia, studiò indefessamente ne' Caracci, e talmen-

te si comportò nelle figure, che si torrebbe
per uno de'loro allievi. In Roma, ove fu due
volte, molto attese alla prospettiva: ne osserva
le leggi fino allo scrupolo nelle architetture nobili e grandiose, che introduce fra le sue composizioni; e in tutto il suo fare ama la sodezza più che l'amenità. La patria ne ha molte opere; e ne loda singolarmente due grandi
quadri copiosissimi di figure, che veggonsi nel
presbiterio del duomo. Imitò il suo stile Jaco- JACOPO
po Baccarini, di cui il Buonvicini ha incisi due BACCARI-NI.
quadri; un Riposo di Egitto, e un S. Alessio
morto, che si veggono in S. Filippo. La maniera di questo pittore è molto condotta, ed
ha vaghezza sufficiente. Lo stesso Talami in
prospettiva erudì Mattia Benedetti prete reggia- MATTIA
no lodato nell'Abbeccedario, che insieme con BENEDET-TI.
Lodovico suo fratello tiene in questa schiera
onorato posto. Dal consorzio di Lionello si
scompagna almeno nel gusto Paolo Emilio Be- PAOLO
senzi gran seguace dell'Albano, o per educa- EMILIO
zione, o per natural talento che ciò avvenisse. BESENZI.
Reggio ne ha pitture specialmente in S. Pietro, che ne provano il sommo valore; e oltre
a ciò ne ha statue e fabbriche di assai buon
gusto; avendo egli su l'esempio de'migliori
antichi riunito in sè il possesso delle tre arti
sorelle.

Il Guercino contribuì anch'egli allo Stato
uno scolare eccellente in Antonio Triva di Reg- ANTONIO,
gio. Costui si fece conoscere in varie città d' E FLAMMI-NIA TRI-
Italia, e in Venezia stessa, ove condusse una VA.
sorella pittrice per nome Flamminia, e ammendue per lavori fatti anche pel pubblico ebbono
encomiaste il Boschini. Talora, come all'Orto
in Piacenza, è così fido al maestro, che non

cede a Cesare Gennari. Altrove è più aperto; ma tien anche ivi una maniera non lontana affatto dalla sua scuola, e sicuramente bella, come lo Zanetti ne scrive; e, se io non erro, anche piena di verità. Egli passò in fine alla corte di Baviera, e quivi servì fino a morte.

Lodovico Lana. Al Guercino pure, come imitatore del suo stile, appartiensi Lodovico Lana, comechè istruito dallo Scarsellini, e annoverato perciò da alcuni tra' ferraresi. Ma il Lana più verisimilmente nacque nel modenese; e in Modena fu la sua sede e la sua scuola. Il concetto di lui è grande in quella città sì per molte altre belle produzioni, e sì particolarmente pel quadro nella chiesa del Voto, ove rappresentò Modena liberata dal flagello della pestilenza. Egli a giudizio comune non fece miglior pittura, e poche ne son oggi per quelle chiese che gareggino con questa per composizione, per disegno, per forza di colorito, per armonìa, per non so qual novità e copia d'immagini, che arresta. Il Lana è degl'imitatori più liberi che avesse il Guercino: ne ritiene la macchia (benchè men forte) e il gusto nel tutto; in certe mosse ha del Tintoretto, o piuttosto dello Scarsellini; ma nel colorito e nelle idee de' volti ha carattere di originalità. Fu rivalità fra lui e il Pesari, com' era fra' lor capiscuola, anche per la opposizione dello stile. Par che il Pesari cedesse, giacchè si trasferì e visse a Venezia; ove l'altro rimaso in Modena fu direttore di un'accademia, che allora sostenuta dal suo credito era celebrata in Italia. Il nome del Lana è tuttavia chiaro in Bologna e nelle città vicine; e nella Italia inferiore non è estinto: il

più che se ne vegga per quadrerie son teste
di vecchj, piene di maestà, e tocche con cert'
arditezza di pennello, che lo dichiara pittor
valente.

Quei che fiorirono dopo lui di Modena o dello Stato si erano la più parte istruiti altrove.
Bonaventura Lamberti di Carpi fu sotto il Ci- *Bonaven-*
gnani, siccome notai nella scuola romana. *Lamber-*
Questi ebbe ivi degno teatro. Nella stessa età *ti.*
visse in Modena e assai vi dipinse Francesco *Francs-*
Stringa, che a niuno, se io non erro, avria *sco Strin-*
voluto esser simile più che al Lana e al Guer- *ga.*
cino stesso. Altri del primo il credè scolare,
altri del secondo; e solo è certo, che si formò
su le opere loro, e di altri eccellenti maestri,
che soprintendendo alla grande Gallerìa Estense potè consultare a suo bell'agio. Fecondis-
simo da natura d'idee, spiritoso, e prontissi-
mo di mano dipinse molto, nè senz'applauso,
in duomo e per varie chiese. Ciò che lo ca-
ratterizza è uno stile carico di scuro, e con
proporzioni di corpi che dan nel lungo, non
senza qualche nota di capriccioso nelle mosse
e nella composizione. Invecchiando tornò indietro, com'è costume.

Fu il primiero istruttore di Jacopo Zoboli; il *Jacopo*
quale passato di là in Bologna, e indi a Ro- *Zoboli.*
ma, vi si fermò e vi morì nel 1761 con credito di buon pittore. Sel conciliò singolarmente
nella chiesa di S. Eustachio, ove primeggia fra'
più moderni in quel suo S. Girolamo, che spira diligenza, finezza di pennello, armonìa di
colori non comunale in que' tempi. La Prima-
ziale di Pisa ebbe di sua mano un S. Matteo,
che con la imposizione del sacro velo dedica

a Dio una giovane Principessa, quadro grande. Dallo Stringa e dalla sua scuola iniziati furono all' arte altri due modenesi Francesco Vellani e Antonio Consetti, morti con poco intervallo di tempo in questi ultimi anni. Ambedue presentano un gusto analogo al bolognese della età loro. Il primo però non è accurato in disegno come il secondo, che ne fu rigido osservatore, e lodato maestro. Vero è, che per una certa crudezza di colorito non finisce di appagar l'occhio; cosa non nuova in chi uscì, come lui, dalla scuola del Creti. Modena e lo Stato non penuriano de'lor quadri. Altri artefici più moderni con onore sottentrarono a tali antecessori: ma io, senza deviare dal mio solito proponimento, tralascio di nominargli. Il luogo coopererà sempre alla istruzione; essendo esposta nella Galleria di S. A. una raccolta di disegni e di pitture, che fa onore all'Italia, non che al genio sempre signorile e purgato della Famiglia Estense, che l'adunò. Nè ha mancato di tempo in tempo di provvedere alla gioventù anche il sussidio dell' accademia. Ella vi era fin da'tempi del Lana; e più volte si è chiusa e poi riaperta fino al Consetti, e più oltre ancora. Ma era troppo difficile in tanta vicinanza dell'accademia di Bologna tenerne in piedi un' altra, che avesse e nome e concorso (n).

Questa nazione abilissima ad ogni opera d'

ingegno ha dati alle arti de'professori ragguardevoli anche in altri generi; un Lodovico Bertucci da Modena dipintor di capriccj, che allora furono bene accolti anche nelle Reggie, e vi son forse tuttavia sotto altro nome; un Pellegrino Ascanj carpigiano fiorista insigne, a cui, dopo molto intervallo di tempo, succedè Felice Rubbiani. Fu scolar del Bettini, compagno ne'viaggi, e imitatore nel gusto; e visse accetto in corte, e in città, e nelle vicinanze: i March. Riva di Mantova gli commisero fino a 36 quadri, che variò egregiamente. V'ebbe pure un Matteo Coloretti da Reggio eccellentissimo ritrattista, una Margherita Gabassi riuscita felicemente in quadri faceti. È degno anche di essere rammemorato un Paolo Gibertoni di Modena, stabilito però a Lucca, e quindi men noto in patria. Fu di merito non ordinario in grotteschi a fresco, che variava con animaluzzi d'ogni specie toccati con vero spirito. Piacque pure in paesaggi, che dopo sua morte crebber di stima, e son ricercati tuttavia.

Moltissimi del Dominio di Modena si segnalarono in ornati e in architetture; come Girolamo Comi, le cui belle prospettive meriterebbono che le avesse accompagnate con figure migliori; e Gio. Batista Modonino (per errore Madonnino negli Abbeccedarj) che in Roma figurò molto, e forse ne restano i freschi in palazzo Spada: egli morì in Napoli nel contagio del 1656. Miglior sorte ha avuta quivi in questo secolo Antonio Ioli pur modenese, che fondato nelle teorie dell'architettura passò in Roma, e nella scuola del Pannini si formò un de'

LODOVICO BERTUCCI.

PELLEGRINO ASCANJ.

RUBBIANI.

MATTEO COLORETTI.
MARGHERITA GABASSI.
PAOLO GIBERTONI.

GIROLAMO COMI.

GIO. BATISTA MODONINO.

ANTONIO IOLI.

più celebri pittori di architettura e di ornato; che vivessero nella età nostra. Acclamato per tale ne' teatri di Spagna, d'Inghilterra, di Germania, dove avea dipinto, divenne in Napoli

GIUSEPPE DALLAMANO. pittore di Carlo III, e del Re suo figlio. Giuseppe Dallamano idiota, e, come dicono, analfabeto, non seppe i principj dell'arte; ma per un talento straordinario, specialmente nel colorire, arrivò a sorprendere anco i dotti: visse e operò gran tempo in Torino in servigio anche

FASSETTI. della casa Reale. Il suo scolare Fassetti ebbe similmente dello straordinario; che in età di 28 anni applicatosi prima a macinargli i colori, poi ad imitarlo, finalmente coll'assistenza di Francesco Bibiena giunse ad essere uno de' miglior pittori da teatro, che contasse la Lombardìa. Era da Reggio; e quindi pure e dalla scuola del Bibiena uscì lo Zinani, e lo Spaggiali figlio: perciocchè del padre, che morì pittore del Re di Polonia, s'ignora il maestro. A' quali si possono aggiungere il Bartoli, lo Zannichelli, il Bazzani, ed altri o spenti, o ancor vivi; onde il Sig. Cav. Tiraboschi ha potuto scrivere con verità, che Reggio ha *gloria di aver sempre prodotti eccellenti pittori teatrali*.

Scagliola. Carpi ha una gloria diversa, ma grande in suo genere. Quivi si cominciarono i lavori a scagliola, o a mischia, de' quali fu primo in-

GUIDO DEL CONTE. ventore Guido Fassi, o del Conte. (a). La pie-

---

(a) Nelle *Novelle letterarie di Firenze* del 1771 si asserisce, che quest'arte erasi introdotta in Toscana circa due secoli indietro, e con essa imitavansi marmi e qualche scherzosa immagine. Ho cercato di veder molti de' lavori così fat-

tra specolare, detta pur selenite, n'è il primo componente; ella si stritola, e mischiativi colori, e fattene per mezzo di un glutine una composizione che indurisce come pietra, se ne fa una specie di marmo, capace con altre industrie di prendere una gradevole lucentezza. Le prime operazioni furono cornici, che pajon di fini marmi, anzi ne restano in Carpi due altari di mano di Guido istesso. I suoi cittadini presero a coltivare questo ritrovamento; e chi una cosa vi aggiunse, chi un' altra. Annibal Griffoni scolar di Guido ne fece depositi; e osò di fare anco de' quadretti, che rappresentassero stampe in rame e pitture a olio; tentativo, che poco andò innanzi: onde di Gaspero suo figlio non si lodano se non tabernacoli e cose di simil gusto. Gio. Gavignani diede opera prima a Guido, di poi al Griffoni, e nella maestrìa dell' arte avanzò l'uno e l'altro. Se ne addita in Carpi per maraviglia l'altare di S. Antonio alla chiesa di S. Niccolò, con due colonne che pajon porfido, e con un pallio cinto di merletto, che imita egregiamente quei delle tovaglie d'altare; ed è ornato nel campo di medaglie con leggiadre figure. Nè è men perfetto in suo genere il Deposito di un Ferrari in duomo, ove i marmi son contraffatti in guisa, che qualche colto viaggiatore ne ha rotto qualche piccol pezzo per chiarirsi del vero. Sono in private case quadri figurati del Gavignani; ed uno col Ratto di Proserpina la-

ANNIBAL E GASPERO GRIFFONI.

GIO. GAVIGNANI.

fatti in antico o a Firenze, o a Vallombrosa, ove molto in quest' arte si studiò; essi sono assai deboli, nè saprei dar loro sì vecchia età.

vorato con eleganza è presso il Sig. Avv. Cabassi.

IL LEONI. De' Griffoni pure furono discepoli il Leoni vivuto in Cremona, e autore di due vaghissimi scrigni del Museo Ducale di Modena, e il IL PALTRONIERI; E IL MAZZELLI. Paltronieri, e il Mazzelli, che quest' arte han disseminata per la Romagna, ove ora singolarmente florisce. Vi si veggono altari, che ingannano e l'occhio col colore, e la mano con la freschezza del marmo. Ma il migliore allievo de' Griffoni fu Gio. Massa Sacerdote, che GIO. MASSA. GIO. POZZUOLI. insieme con Gio. Pozzuoli ha fatte maraviglie in patria, e nelle città vicine, in Guastalla, in Novellara, e altrove. Si provò e riuscì a maraviglia in far lontananze, giardini, ma soprattutto architetture; e ne fregiò tavolini e palliotti di altari in guisa che sembran toccare il sommo dell'arte. Ciò che Roma ha di più grandioso, era il più gradito soggetto delle sue vedute; siccome la facciata del tempio Vaticano, il suo colonnato, la sua piazza. Il Duca di Guastalla par che si compiacesse grandemente di tai lavori; e per lui erano preparati i due tavolini, che presso il Sig. D. Alberto Pio cita il Tiraboschi, e furon forse il capo d'opera del Massa. Niuna cosa parvemi in que' paesi più nuova di tali opere sparse quasi per ogni chiesa; ed è da desiderare che l'uso delle architetture in iscagliola sia frequentato, essendo uno de' più acconci a tal materia. Vi aggiunse anco figure; e la gloria di perfezionarle è toccata a Firenze; di che scrissi nel Tom. I p. 280. Qui noto soltanto, che dopo la plastica ridotta a emular la scoltura, dopo la stampa in legno ridotta quasi a parer disegno, questa è la terza inven-

zione che già contiamo in uno Stato non grande. Ciò vaglia a pregiarne sempre più gl'ingegni. Niuna cosa l'uomo più ambisce, ch'
esser detto inventore di nuove arti: niuna cosa fa più onore alla sua ragione, e lo discer-
ne maggiormente da'bruti incapaci d'inventa-
re arti, o di portarle oltre i limiti del loro i-
stinto: niuna cosa fu in maggior venerazione
presso gli antichi; ond'è che Virgilio ne' campi Elisj ci rappresentò la schiera degl' invento-
ri cinta il capo di bianche bende, e distinta
come nel merito, così nel grado da tutte l'ombre volgari.

CAPITOLO III.

DELLA SCUOLA DI PARMA.

EPOCA PRIMA

GLI ANTICHI.

Contigua alla scuola di Modena pongo quella di Parma e del suo Stato; e volentieri le unirei insieme come altri ha fatto, se oltre la diversità de' Dominj non trovassi in loro diversità di gusto; parendomi, come già dissi, che nella prima prevalesse la imitazione di Raffaello, nella seconda quella del Coreggio. È questi il fondatore della parmigiana, ove per più generazioni ha avuto una serie di seguaci così attaccati a' suoi esempj, che si vede non aver mirato in altri che in lui solo.. In quale stato egli trovasse Parma quando vi giunse ne danno indizio le immagini antiche sparse per la città, che sicuramente non mostrano un progresso nella pittura pari a certe altre città d'Italia. Nè è già che Parma non aprisse gli occhi ben presto alle arti del disegno. Nel secolo XII fiorì quivi Benedetto Antelani, di cui conservasi in duomo un bassorilievo con la Crocifissione di G. C.: è produzione di rozza età; ma da quel tempo fino a Gio. Pisano non vidi forse scoltura che la pareggi. Su la pit-

tura medesima il celebre P. Affò ha tratte notizie interessantissime da cronisti editi e MSS.,
con cui provare che prima del 1233 si dipingevano in Parma immagini e istorie (a). Compiuto il battisterio circa al 1260, fu ivi fatto
quell' acconcio di pitture, che oggi può riguardarsi come uno de' più bei monumenti,
che abbia l' Italia superiore in genere di antica maniera. I soggetti sono i consueti di que'
tempi: lo stile è meno angoloso e rettilineo
che quel de' greci musaicisti; e tiene qualcosa
di originalità ne' vestiti, negli ornati, nella
composizione: sopra tutto mostra un raro meccanismo nelle dorature e ne' colori mantenu-
tisi ad onta di cinque secoli in molto buon
grado.

Dopo quel secolo non mancano pitture di
trecentisti or con certa data, or senza essa in
più luoghi di Piacenza e di Parma. Quelle di
Piacenza sono nella chiesa e nel chiostro de'
Predicatori; ma la meglio conservata è una
tavola a S. Antonio Martire con istorie del Titolare in piccole figurine, tocche assai ragionevolmente, e vestite in guisa, che vi si veggono usanze municipali, per dir così, e pro-
prie del luogo. Ne ha Parma alcune della medesima età, e certe altre che rimangono a
S. Francesco di uno stile alquanto più colto
deon riferirsi a Bartolommeo Grossi, o a Ja- BARTO-
copo Loschi suo genero, che ivi dipinsero nel LOMMEO GROSSI.
1462. Posteriore ad essi fu un Lodovico da JACOPO LOSCHI.

(a) Le notizie de' pittori parmigiani comunicate da lui
al pubblico parte sono inserite nella vita del Parmigianino,
parte in un faceto libretto intitolato *il Parmigiano servitor
di piazza*: alcune altre da questo dotto Religioso n' ebbi
anco in voce.

LODOVICO DA PARMA.

Parma scolare del Francia, le cui Madonne condotte su la maniera del maestro facilmente in Parma si riconoscono; e un Cristoforo Caselli (non Castelli come lo chiama il Vasari) o Cristoforo Parmense, che il Ridolfi ricorda fra gli allievi di Gian Bellino. Fu autore di una bellissima tavola nella sala de' Consorziali con data del 1499. Assai lo celebra il Grappaldo nel libro *de partibus aedium*, e appresso lui commenda il Marmitta, di cui non ci avanza pittura certa; ma vuol ricordarsi, se non altro, perchè verisimilmente maestro del Parmigianino. Si aggiunga a questi Alessandro Araldi allievo pur del Bellini, del quale è una Nunziata a' PP. del Carmine col suo nome, ed altre tavole in diverse chiese; pittor buono in quel genere che si chiama antico moderno. Intorno allo stesso tempo assai era adoperata in Parma la famiglia de' Mazzuoli, feconda di tre fratelli pittori, Michele e Pierilario creduti tortamente da alcuni primi maestri del Coreggio, e Filippo detto *dall' erbette*, nelle quali riusciva meglio che nelle figure. Resta ancora di Pierilario una tavola nella sagrestia di S. Lucia condotta con miglior metodo che il Battesimo di Cristo dipinto pel battisterio da Filippo. Costui, benchè inferiore a' fratelli nell' arte, fu superiore ad essi nella felicità della prole; essendo di lui nato il Parmigianino lodato poc' anzi.

CRISTOFORO PARMENSE.

IL MARMITTA.

ALESSANDRO ARALDI.

MICHELE PIERILARIO FIL. MAZZUOLI.

Nè però i due Mazzuoli migliori, o altri loro coetanei dovean essere tenuti pittori da grandi opere, quando i PP. Cassinensi deliberarono di ornar la tribuna e la cupola del magnifico loro tempio eretto in onore di S. Gio. l' Evangelista. Essi per così vasta impresa e-

lessero Antonio Allegri da Coreggio estero;
e tuttavia giovane; e con questa scelta si ob-
bligarono la posterità di tutto il tempo avve-
nire. Il Coreggio, come Raffaello, avea bisogno di una vasta commissione per finir di
sviluppare il suo genio, e per aprire una nuova strada alle opere macchinose, come avea
cominciato ad aprirla alle meno grandi. Di lui,
che fa epoca nella pittura italiana non che in
questa scuola, e de' suoi allievi e seguaci pas-
siamo ora a ragionare.

EPOCA SECONDA

IL COREGGIO E I SUCCESSORI DELLA SUA SCUOLA.

Eccoci ad uno di quegli artefici, de' quali non può scriversi brevemente per la grande sua riputazione, e per la influenza ch' ebbe ed ha tuttavia nello stile d' Italia. Io ne tratterò al solito entro i limiti di un compendio; aggiungendo però qualche notizia alle già pubblicate, e qualche mia nuova riflessione; essendo la vita del Coreggio involta in tante questioni, che di lui più che di altro pittore può sempre scriversi novamente. Chi più desidera legga il Cav. Mengs nelle *Memorie* del Coreggio nel suo tomo secondo, il Cav. Ratti in un opuscolo che su la vita e le opere dell' Allegri pubblicò in Finale nel 1781, il Cav. Tiraboschi nelle *Notizie* de' professori modenesi, il P. Affò ne' citati libri, che in linea d' istorico è il più esatto.

Condizione del Coreggio. Tutti questi, e prima di loro lo Scannelli, e l' Orlandi si son querelati del Vasari, che troppo invilisse la condizione di Antonio (a), che

pur

(a) Nel principio della vita: *Fu molto d' animo timido, e con incomodità di sè stesso in continue fatiche esercitò l' arte per la famiglia che lo aggravava.* E verso il fine: *desiderava Antonio siccome quegli ch' era aggravato di famiglia* (ebbe quattro figli) *di continuo risparmiare, ed era perciò divenuto tanto misero che più non poteva essere:* e altrove dice che *non si stimò e che contentavasi del poco.*

pur nacque in una città illustre, di molto civil famiglia, nè senza beni di fortuna, onde potè avere fin da principio una educazione bastevole a progressi grandi. Lo hanno anco ripreso per lo meno di soverchia credulità nell' avercelo dipinto misero, malinconico, e quasi gemente sotto il peso di numerosa famiglia; mal conosciuto, mal pagato de' suoi lavori; quando sappiamo che fu considerato da' Grandi, e rimeritato con prezzi considerabili; onde lasciò pingue eredità alla famiglia. Io riconosco nel Vasari qualch' esagerazione, ma non senza fondo di verità, e chi paragonerà le commissioni, e i guadagni del Coreggio con quei di Raffaello, di Michelangiolo, di Tiziano, anzi del Vasari istesso, non si maraviglierà che l' istorico mostrasse di commiserare la sua fortuna. Annibal Caracci non solo la compassionò, ma di più la compianse (a). Senza che la frase adoperata dal Vasari, che il Coreggio era divenuto *sì misero che più non poteva essere*, non significa già *miserabile*, come ha creduto qualche suo riprensore; ma stremo e risparmiatore, e che rinunzia a certi agj della vita, per ispender meno che può. Così egli racconta, o piuttosto, come altri volle, favoleggia aver fatto Antonio, che potendo nella state viaggiare in legno, viaggiò a cavallo, e

(a) *Impazzisce e piango dentro di me in pensar solo la infelicità del povero Antonio: un sì grand' uomo, seppure uomo e non angelo in carne, perdersi qui in un paese, ove non fosse conosciuto, e posto fino alle stelle, e qui doversi morire infelicemente.* In una lettera a Lodovico scritta nel 1580 da Parma (Malvas. T. I p. 366). Anche Annibale esagerò; perchè i PP. Benedettini, e gli altri di buon senso conobbero ivi il valor di Antonio.

indi a poco morì. A questa nota di pusillani-
mità e di soverchio risparmio, a cui veggia-
mo andar soggetti talvolta uomini opulentissi-
mi, mal si risponde opponendo l' elenco delle
doti e de' poderi della famiglia Allegri, come
pur si è fatto; e non senza esagerazioni. A-
spettiamo che il Sig. Dottor Antonioli più distintamente c' istruisca del valsente ch' egli lasciò; ma non aspettiamo che quel valsente sor-
passasse la mediocrità. Son noti i maggiori pagamenti fatti al Coreggio. A S. Giovanni per
la cupola e la nave maggiore lucrò 472 ducati
d' oro, o zecchini veneti, e per la cupola del
duomo 350: pagamenti certo considerabili; ma
dal 1520 al 1530, occupato negli schizzi e nel
lavoro di sì vaste opere, non potè fare se non
poche altre cose, e queste di non molto gua-
dagno. La sua celebre Notte gli fu pagata 40
ducati d' oro; il S. Girolamo, in cui lavorò
per sei mesi, gli fruttò il vitto di quel seme-
stre, e 47 ducati o zecchini; e a proporzione
di queste opere sarà stato il tempo che spese negli altri quadri minori, e il premio che
n' ebbe. Alquanto più gli avran reso i due,
che dipinse al Duca di Mantova; ma furono
i soli che lavorasse per Sovrani. Ciò posto
non è credibile, che, detratte le spese de' colori, de' modelli, de' garzoni, e alimentata la famiglia, gli avanzasse tanto contante da lasciarla
anco doviziosa.

Quanto a me quantunque ammettessi per vera la povertà supposta in questo grand' uomo, non mi parrebbe di fargli onta, ma onore piuttosto; riflettendo ch' egli, comunque li-
mitato in denaro, dipinse con un buon lusso,
di cui non vi ha esempio. Ogni sua pittura è

condotta o in rame, o in tavole, o in tele assai scelte, con vera profusione di oltremare,
con lacche e verdi bellissimi, con forte impasto
e continui ritocchi, e per lo più senza tor la
mano dalla opera prima di averla al tutto finita; in una parola senza niuno di que' risparmj
o di spesa, o di tempo, che usarono poco meno che tutti gli altri. Or questa generosità da
far onore ad un ricco cavaliere, che dipingesse per genio, quanto è più da lodare in uno
che vive in un tenue stato? A me pare una
grandezza d'animo degna di un vero sparta-
no. E ciò sia detto non solo in risposta al
Vasari, che la economia del Coreggio tacciò
oltre il dovere; ma in esempio ancora de' giovani, che vorran nodrir sentimenti degni di sì
nobile professione.

È tradizione in Coreggio che Antonio aves- *Educazio-*
se ivi i primi suoi rudimenti da Lorenzo suo *ne del Co-*
zio; dopo i quali, se vero è ciò che scrive il *reggio.*
Vedriani, frequentò in Modena la scuola di
Francesco Bianchi detto il Frari morto nel 1510.
Pare che ivi similmente apprendesse la plastica, che allora vi era in gran fiore; onde insieme col Begarelli lavorò di poi quel gruppo
della Pietà in S. Margherita, ove le tre figure
più belle si ascrivono al Coreggio. Nè altrove, credo io, che in quella città sì dotta pose
i fondamenti di una buona coltura che traluce
ce nelle sue opere, ove comparisce a bastanza
e geometra nella prospettiva, e architetto nelle fabbriche, e poeta nelle gaje e leggiadris-
sime invenzioni. Gl'istorici, dopo ciò in veduta del primo suo stile, lo trasportano in Mantova nell'accademia di Andrea Mantegna; ma
la nuova scoperta che Andrea morisse nel 1506

distrugge tal supposizione. Assai però mi è
verisimile, ch' egli derivasse quella prima maniera dalle opere che Andrea lasciò in Mantova, e ne adduco varie congetture. Scrissi a
lungo del quadro della Vittoria, che fra quei
del Mantegna è il più singolare : di questo varie imitazioni si riscontrano in più opere del
Coreggio, e la più aperta è nel S. Giorgio di
Dresda. Fa maraviglia, e non si sa onde ripetere quel gusto così squisito, che il Coreggio mantenne sempre nelle tele, nell' impasto,
nel finimento delle pitture : ma se ne rende
ben ragione derivandolo dagli esempj di Andrea, che in questo gusto, come notammo a
suo luogo, avanzò ogni altro. Si consideri in
oltre quella grazia e ilarità, che nelle sue composizioni mise il Coreggio, introducendovi una
certa iride di colori, un certo studio di scorti
e di sotto in su, una quantità di putti vivacis-
simi, e di frutti, e di altri oggetti gradevoli : e
mi si dica, se il suo nuovo stile non paja un
avanzamento e una perfezione dello stile del
Mantegna, come di quello del Perugino e di
Gio. Bellini sono avanzamenti e perfezioni le
pitture di Raffaello e di Tiziano.

Prime sue
opere.   Circa la educazione sua nello studio del Mantegna, la opinione molto ricevuta ora in Lombardìa è che il Vedriani prendess' equivoco in-
gannato dal nome ; e che dicesse Andrea mäe-
stro del Coreggio, dovendo anzi dir Francesco suo figlio, con cui si vuol che stesse l' Allegri in qualità o di discepolo, o di ajuto.
Era quella scuola salita a grand' eccellenza,
ed anche nel sotto in su avea dato di sè buon
saggio, e avanzato già il Melozio, come già
scrissi : non rimanea da fare che un passo per

entrare nella maniera moderna; e questo passo dovea fare il Coreggio col suo ingegno, come lo fecero in ogni scuola d'Italia gli altri sommi pittori di quella età. In fatti par ch' egli fin dalle prime mosse mirasse a uno stile più pastoso e più ampio che non è il mantegnesco; e alcuni, fra' quali è il Signor Ab. Bettinelli, ne indicano in Mantova qualche saggio. Il Sig. Volta Socio di quella R. Accademia mi attestò che ne' libri dell' Opera di S. Andrea il Coreggio è nominato; e gli si ascrivono perciò alcune figure fuor della chiesa, e specialmente una N. Signora meglio conservata delle altre; opera giovanile, ma di uno che già esce dalla secchezza del quattrocento (a). Vidi anco in Mantova presso il Sig. Ab. Bettinelli un picciol quadro che va in istampa, con una Sacra Famiglia; ove, toltane qualche durezza nelle pieghe, tutto tira al moderno. Qualche altra Madonna del Coreggio da ridursi a quest' epoca è in Modena nella Gallerìa Ducale, ed altre opere se ne additano in varj luoghi; fra le quali un quadretto di N. Signore, che prima della passione si congeda dalla Vergine Madre, era in Milano, veduto già e riconosciuto per legittimo dal Signor Abate Carlo Bianconi (b). Molti certamente deon essere i suoi quadri d'inferior ran-

---

(a) Nel medesimo archivio esiste un documento, in cui Francesco Mantegna si obbliga a dipingere fuor della chiesa. Può dubitarsi che sia di sua mano l' Ascensione sopra la porta, e che la Madonna, che par di altra mano, sia del Coreggio. Spesso i maestri nelle opere prese sopra di sè impiegavano gli allievi, o gli ajuti.

(b) Questo bravo dilettante specialmente in fatto di stampe, ed anche assai abile in ritratti a penna mancò di vita su i primi del 1802.

go; e questi sparsi qua e là, e tuttavia inco-
gniti o controversi; avendo di lui scritto il Vasari che fece *molte pitture e opere*.

Perchè dunque ne' cataloghi editi non leg-
giamo che uno scarso numero de' suoi quadri
quasi tutti eccellenti? Perchè ciò che non è
oltremaraviglioso par che sia indegno di tanto
nome, e francamente o gli si nega, o si reca
in dubbio, o si ascrive alla sua scuola. Lo
stesso Mengs, diligentissimo indagatore delle
reliquie di questo artefice, ma cautissimo in o-
metterne le opere controverse, non conobbe
se non un quadro del suo primo stile, e fu il
S. Antonio della Gallerìa di Dresda, che insieme con S. Francesco e N. Signora dipinse in
Carpi nel 1512 contando 18 anni (*a*). Dalla
secchezza che notò in questo, e dalla pastosità che avea notata comunemente negli altri,
congetturò che il Coreggio avesse fatto un re-
pentino passaggio dalla prima alla seconda maniera; e si diede a indagarne la ignota cagione. Sospettò dunque, che vero fosse ciò che
contro l'autorità del Vasari (*b*) avean prima
asserito il de Piles nelle sue *Dissertazioni*, il
Resta, e qualche altro, che il Coreggio vedesse Roma; e osservato ivi l'antico stile, e
quello di Raffaello, e di Michelangiolo, e le
pitture del Melozio di sotto in su, tornasse in
Lombardìa con tutt'altro gusto da quello, che
avea seco portato in Roma.

(*a*) Così congettura il Tiraboschi con ragioni, che fan
certezza piuttosto che verisimiglianza.
(*b*) Anche Ortensio Landi nelle sue osservazioni avea
scritto che il Coreggio *morì giovane senza veder Roma*. Tiraboschi.

Questo valentuomo propose tal congettura timidamente; nè solo permise al lettore di tenere la contraria parte del problema, ma gl'insinuò il modo di sostenerla, così esprimendosi: *Se non vide l'antico* (e lo stesso può dirsi delle opere de' due insigni moderni) *come si può vedere a Roma, l'avrà veduto come si può vedere a Modena, o a Parma: a un gran talento basta vedere la mostra di una cosa per suscitargli l'idea di quel che dev'essere.* A chi ha scorsa la mia opera non sarà malagevole trovar esempj, che confermano questo detto. Tiziano e il Tintoretto fecero coll'ajuto de' gessi più che altri che disegnarono statue: il Baroccio, veduta di volo qualche testa del Coreggio, divenne celebre in quel medesimo stile. E se è lecito di prender qui dalle scienze esempio di ciò che possa un sovrano ingegno, il Galileo dal vedere la oscillazione di una lampana in una chiesa di Pisa ordì la dottrina del moto e i principj della nuova filosofia. Non altrimenti potè da picciole mosse concepir la idea di una nuova maniera questo ingegno *ammirata* in fin da' tempi del Vasari *per cosa divina.* Nè già picciolo impulso, ma forte a bastanza poteron dargli le opere più squisite di Andrea; le raccolte delle cose antiche vedute in Mantova, e in Parma; gli studj de' Mantegni, e del Begarelli ricchi e di gessi, e di disegni; la conoscenza degli artefici stati in Roma, del Munari, e di Giulio istesso; e finalmente il senso comune del secolo, che malcontento della passata grettezza in ogni luogo tendeva a far contorni più pieni, più morbidi, più sfumati. Tutti questi ajuti agevolarono a sufficienza al Coreggio il passo che do-

Se il Coreggio vedesse Roma.

vea farsi ; ma sopra tutto glielo agevolò il grande ingegno. Scorgevalo questo a riguardar la natura con l' occhio istesso, con cui mirata l' avevano i greci antichi e i grand' italiani recenti. Spesso i sommi uomini, senza l' uno saper dell' altro, han calcate le stesse orme, *et quadam ingenii divinitate*, come Tullio si esprime, *in eadem vestigia incurrerunt*. Nè altro per ora su tal questione, della quale dovrò io novamente trattare dopo poche pagine. Resta qui a esaminare se l' Allegri passasse al nuovo stile repentinamente, ovvero grado per grado.

Avanzamenti verso il migliore stile. Vorrei veramente che il Cav. Mengs avesse vedute alcune pitture a fresco, che in servigio della Marchesa Gambara Signora di Coreggio diconsi fatte da Antonio ne' primi anni, e perite: avria certamente da esse tratti lumi per istruirci. Vorrei se non altro, che si fosse abbattuto in due quadri da Antonio fatti nella sua patria, e scoperti in quest' ultimo tempo: egli vi avria forse trovata quella via di mezzo, ch' è fra il S. Antonio e il S. Giorgio di Dresda. Il primo è messo in dubbio dal Tiraboschi; non avendosi autentico documento, che lo assegni al Coreggio. A me non par da discredersi finchè o forti ragioni, o autorità di pratici professori non si producano in contrario. Fu già all' oratorio della Misericordia, e in più case di Coreggio se ne conservano copie antiche. Vi è espresso un paese bellissimo con quattro SS.; S. Pietro, S. Margherita, la Maddalena, ed un altro Santo, che credo essere S. Raimondo non nato (a). Nel

---

(a) Il Tiraboschi a pag. 257 lo descrive diversamente, e pare che confonda l' antico originale con la copia che da mol-

S. Piero è qualche rassomiglianza con quel
che fece il Mantegna nell' Ascensione di S. Andrea ricordata poc' anzi; e il bosco e il suolo
si confronta a maraviglia col far mantegnesco.
Questo quadro annerito da' lumi, o, come alcuni sospettano, da una vernice datagli a bella
posta perchè non fosse pregiato e portato via,
si dovette di poi rimover come inutile dall' altare, e sostituirgli una copia, ove l' ultima figura è cangiata in una S. Orsola. L' originale
poi fu acquistato dal Sig. Antonio Armanno,
uno de' più grandi conoscitori di stampe, che
oggi vivano; e non men perito ad estimare
l' opere de' grandi artefici, che a ripulirle. Col
pertinace studio di un anno arrivò a tor via
dal quadro quel velame che l' occultava; ed è
tornato così bello, che i colti forestieri con-
corrono in folla a vagheggiarlo. Dicono che
vi sia più morbidezza che nel S. Antonio di
Dresda; è però ancora lontano dal S. Giorgio
e dagli altri simili.

Circa il medesimo tempo l' Allegri dipinse in
Coreggio per la chiesa de' Conventuali un' ancona, cioè un quasi altarino di legno con tre
pitture. Par certo, che le due tavole antidette
gli aprisser la via a questa commissione; perciocchè dalla scritta apparisce ch' egli contava
allora vent' anni; e tuttavia come a pittor valente gli si accorda il prezzo di cento ducati
d' oro, ch' è quanto dire cento zecchini. Vi
espresse S. Bartolommeo e S. Giovanni uno

---

molto tempo è nell'altare, danneggiata anch' essa e scolori-
ta. Su questa pittura ancora speriamo di esser meglio i-
struiti dal Sig. Dott. Antonioli, a cui dobbiamo varie notizie prese a voce in sul luogo, e inserite in questo capitolo.

per parte (a); e nel quadro di mezzo effigiò
un Riposo della Sacra Famiglia fuggente in E-
gitto, aggiuntovi un S. Francesco. Invaghì di
questo quadretto Francesco I Duca di Modena; e, mandatovi il Boulanger con pretesto di
farne copia, tirò a sè l'originale, e a que'religiosi fece destramente sostituire in sua vece la
copia istessa; danno, che riparò di poi con
alcune terre date al convento. Si crede che il
quadro fosse poi mandato alla famiglia Medi-
cea, e che questa rendesse agli Estensi in con-
traccambio il Sacrifizio di Abramo di Andrea
del Sarto. Il vero si è che nella R. Galleria
di Firenze trovavasi quel Riposo fin dal passato
secolo; e come originale vi è lodato dal Barri
nel suo viaggio pittoresco; ma in progresso di
tempo, perchè men perfetto che il perfettissi-
mo del Coreggio, fu meno prezzato; anzi mu-
tato nome additavasi da chi per un Baroccio,
da chi per un Vanni. Il Sig. Armanno nominato poc'anzi, il quale ricordavasi della copia
rimasa in Coreggio, scoperse quest'occulto tesoro. Si disputò da principio della originalità; opponendosi specialmente che l'Allegri lo
aveva dipinto in tavola, ove il quadro Mediceo è in tela. Cessò tal dubbio al riscontro
fatto con la copia del Boulanger, ch'è pure in
tessuto: e certamente se l'originale fosse sta-

(a) Questi due Santi erano stati già tolti dall'altare (Ti-
rab. p. 253), nè in S. Francesco ne resta copia. Quella del
Boulanger è nel convento: vedesi che fu lavorata in fretta,
e sopra cattiva imprimitura: quindi non è nè molto esatta
nè conservata a bastanza. E' nondimeno pregevolissima per
la storia del Coreggio, e de' suoi stili; e par che provi, che
se l'ancona era di legno, la pittura era amovibile e fatta in
tela.

to in asse non avria il copista ingannati que'
religiosi ponendo in quella vece una pittura in
tela . Cresce la verisimiglianza ove si rifletta,
che niuna Gallerìa produsse mai simil Riposo,
onde disputare a quella di Firenze il possesso
dell' originale ; come si è fatto e si fa tuttora
di alcuni quadri replicati in più luoghi . Senza che assai lo scuoprono per originale i tratti
del pennello, gli avanzi di una vernice propria dell' autore, e i tuoni de' colori confronta-
ti coi quadri di Parma : onde per legittimo lo
han riconosciuto moltissimi intelligenti di pitture, fra' quali il Sig. Gavino Hamilton, il cui
voto pesa per molti. Tutti però concordano in
dire che questa è opera di mezzo fra il primo stile e il secondo ; e chi la confronta con
quell' altro Riposo, ch' è in Parma al S. Sepolcro, e volgarmente s' intitola la Madonna della Scodella, vi troverà distanza, come fra il
dipingere di Raffaello a Città di Castello, e
il suo dipingere in Roma. Tal differenza nel
bollor della controversia notarono alcuni professori molto autorevoli, i quali dissero che
il quadro Mediceo in parte conformavasi allo
stil del Coreggio (cioè all' ottimo) e in parte no .

Di due altri quadri fa menzione il Cav. Mengs,
che possono entrare nella stessa categorìa ; l'u-
no è il *Noli me tangere*, che da casa Ercola-
ni passò all' Escuriale ; l' altro è una N. Signora in atto di adorare il divino Infante, ch' è
nella R. Gallerìa di Firenze ; ambedue di un
gusto, ch' egli non trovò ne' più sublimi quadri e più celebri del Coreggio. A questi si può
aggiugnere il Marsia de' March. Litta in Milano, e alquante delle altre opere del Coreggio

inserite dal Tiraboschi nel suo catalogo, ch' è
il più copioso di tutti. In somma par che deggia ammettersi anco in questo pittore una via
di mezzo fra quella che si formò scolare, e
quella che perfezionò già maestro. Ho per vero ciò che udii un tempo; avere il Coreggio
tentate più e più maniere prima di fissarsi in
quella, che lo distingue; ed esser questa la
ragione del parer lui ad alcuni non uno, ma
più pittori. Avea in mente una idea del bello
e del perfetto dedotta in parte da altri artefici,
e in parte creata da sè medesimo; idea non
possibile a maturarsi senza gran tempo e fatica:
ond' era costretto a imitare i fisici, che fan
cento sperimenti e tentano cento vie prima di
scoprire un vero, che hanno in mente.

*Nuovo sti-
le del Co-
reggio.* In un passaggio fatto gradatamente, e in un
autore, che in ogni opera andava avanzando sè
stesso non è facile fissar l'epoca del nuovo suo
stile. Vidi già in Roma un quadretto bellissimo, che nell' indietro rappresenta la Cattura
di Cristo all' Orto, e nell' innanzi il Giovane,
che fugge lasciato il manto; opera il cui originale è in Inghilterra, e una replica in Milano presso il Sig. Conte di Keweniller: il quadretto di Roma avea di antico carattere la data del 1505, certamente falsa. Data più verisimile si leggeva nello Sposalizio di S. Caterina presso il Conte Brull già primo Ministro del
Re di Polonia; quadro affatto conforme all' altro, ch'è a Capo di Monte: tal data segna-
va l' anno 1517. È credibile che in quest' anno, ch' era il 23 del pittore, egli padroneg-
giasse quanto basta il suo nuovo stile; poichè circa il 1518 o 1519 fece in Parma quella pittura, che ancor sussiste nel monistero di

S. Paolo. Questa, dopo molte dispute, è stata recentemente riconosciuta per *una delle inven-*
zioni più spiritose, *più grandiose*, *più erudite*,
·*che mai uscissero da quel divino pennello*, e illustrata con la sua vera epoca in un bell' opuscolo dal prelodato P. Affò. L' opuscolo interessa molto la storia. Ivi dichiarasi come il
Coreggio potè imitare gli antichi con gli ajuti
anche soli che aveva in Parma; e come possa rispondersi alla grave difficoltà che insor-
ge dal silenzio di Mengs, il quale vide quest'
opera, e non la nominò fra quelle di Antonio. Si scioglie anco quell' altro dubbio, come in un monistero religioso potesse dipingersi una caccia di Diana con que' tanti Amorini,
che l' accompagnano, e con quelle profanità
che nella camera istessa son distribuite in più
lunette, le Grazie, le Parche, le Vestali che
sacrificano, Giunone ignuda sospesa giù dal
Cielo nel modo che Omero la descrive nel
quintodecimo dell' Iliade, altre simili cose meno degne di un chiostro. Cessa l' ammirazione, ove sappiasi, che quel luogo fu quartiere di una Badessa in una età, in cui vivevasi
a S. Paolo senza clausura; e in cui ogni Badessa creavasi a vita; avea giurisdizione in
terre e in castelli; e, senza dipendenza dal
Vescovo, si trattava quasi secolarescamente: a-
buso in que' dì assai esteso, come osservò il
Muratori (*Diss. sopra le Antichità Ital.* Tom.
III pag. 532). L' opera fu ordinata da una
D. Giovanna di Piacenza, che allora reggea il
monistero; e in ciò che ha di erudito nella
pittura e ne' motti verisimilmente fu diretto il
pittore da Giorgio Anselmi celebre letterato,
che fra quelle religiose ebbe una figlia. E que-

sto bastimi avere accennato di una dissertazio-
ne, ch' è delle più sode e ingegnose insieme
che io leggessi. Le pitture saran incise dal Sig.
Rosaspina dopo quelle di S. Giovanni, che per
nobile intrapresa del dotto P. Ab. Mazza sta in-
tagliando in aumento delle belle arti e del suo
nome.

Cupole del Coreggio. Tale impresa eseguita dal Coreggio maravi-
gliosamente in S. Paolo gli fece merito presso
i PP. Cassinensi, che lo elessero al gran lavoro
della chiesa di S. Giovanni, che fu concertato
fin dal 1520 (*a*) e compiuto nel 1524; come
costa da' libri. Ivi, oltre alquante minori opere, ornò la tribuna; che poi atterrata per allungare il coro, e fattane un' altra, fu ridipin-
ta dall' Aretusi, come altrove racconteremo.
Demolita la tribuna, fu salvata (e vedesi oggidì nella R. Biblioteca) la Incoronazione di
N. Signora, ch'era la principal cosa di quel
fresco; e varie teste di Angioli similmente sal-
vate da quel guasto si conservano nel palazzo
Rondanini in Roma. Di man del Coreggio sono al presente nella chiesa di S. Giovanni due
quadri, che in una cappella si stanno a fronte
l'uno dell' altro; un Deposto di Croce, e il
Martirio di S. Placido, dipinti in tela fatta a
opera, come alcuni quadri del Mantegna. Fuor
di un'altra cappella v' è un S. Gio. Evangelista, figura del più sublime stile. Vi è finalmente la gran cupola, ove figurò l' Ascensione

(*a*) Il Tiraboschi non trovò opera certa di Antonio dal
17 al 20 di questo secolo; e con ciò diede luogo al recente
annotator del Vasari di fissarlo per tre anni in Roma in qualità di ajuto di Raffaello; morto il quale nel 1520 Antonio
tornasse in Lombardìa. Tal sistema è atterrato dall' epoche
da noi addotte.

di Gesù al Padre suo, e gli Apostoli in atto di venerazione e di stupore; e questa, se riguardisi la misura e lo scortare delle figure, il lor nudo, i lor vestiti, l'insieme di tutto un fatto, fu in suo genere un miracol d'arte senza esempio; non essendo allor nato nel Vaticano il terribil Giudizio di Michelangiolo (a).

Ella però, per quanto sia maravigliosa, ha dovuto cedere il primato all'altra, che il solo Coreggio potea farle superiore, ed è quella del duomo di Parma con l'Assunzione di Nostra Signora, finita nel 1550. È notabilmente più ampia; e nel fondo di essa son replicati gli Apostoli, com'è costume, in atto pietoso ed ammirativo; diversi però al tutto da' primi. Nella parte superiore ritrasse un immenso popolo di Beati aggruppati e distinti col più bell' ordine, ed una gran quantità di Angioli maggiori e minori, tutt'in atto di agire; altri sostenendo e ajutando il volo della Vergine, altri sonando e danzando, altri ilarando il trion-

(a) Notisi che il Ratti persuaso della gita del Coreggio a Roma ha preso argomento da certe figure di quel Giudizio imitate dall'Allegri *prima che Michelangiolo le dipingesse.* Di pari peso è la congettura che fonda in certe figure di Raffaello, che riscontrò nel Coreggio, quasi questi due pittori non avessero consultata una natura istessa. Simil cosa scrisse il P. della Valle da noi nominato nel terzo libro T. II. p. 98. Come facilmente traveggiamo, quando avidi di fare scoperte, e di dar luce agli antichi fatti, ci dipartiamo dalla storia, e seguiamo una congettura, non tanto perchè solida, quanto perchè nuova, e perchè nostra! Ma questo vizio cominciato circa alla metà del secolo XVIII a venire in moda, e cresciuto sempre con grave danno delle lettere e della religione, non è possibile che sia lungamente applaudito nel XIX. Anzi esso, punto dall'amor della verità, che mai non si estingue del tutto, ritornerà su le sue orme a ricercarla; e una delle sue cure più serie sarà quella di ripurgare la storia profana e sacra da' sofismi che la imbarazzano.

fo col plauso, col canto, con tener fiaccole,
ed ardere timiami. È in que' volti una bellezza, una gioja, una festa, e da per tutto span-
desi una luce sì bella, che quantunque la pittura sia danneggiata molto, è nondimeno un
potente incanto per bear l'anima; tanto le par
d'essere in Cielo. Queste grandi opere, come
si dice delle stanze di Raffaello, cooperarono
molto a fargli aggrandir la maniera; e gli fecero nella difficile professione di frescante toccare il sommo apice. È pregio dell'opera vederle dappresso, e notar la bravura, e la sicurezza di quel pennello, e le parti che in lontananza appajon sì belle, indicate con pochi
segni, e formato quasi per gioco quel colorito, e quell'armonia, che tanti oggetti riuni-
sce in uno. Dopo la cupola della cattedrale
visse questo artefice quattro anni; nè in questo mezzo cominciò mai la pittura della tribuna, della quale avea preso impegno, e parte
del prezzo; che fu poi restituito alla fabbrica
del duomo da' suoi eredi. Congetturasi, che i
fabbricieri lo disgustassero; giacchè il Sojaro
invitato a dipingere alla Steccata fa delle difficoltà, e prende certe cautele; non volendo
stare alla discrezione di tanti cervelli; *e sape-
te* (scrive all'amico) *quello che fu detto al
Coreggio nel duomo*. Dovett'essere qualche as-
pra parola, che lo avvilisse, e lo disvoglias-
se; forse quella, che disapprovando la pic-
ciolezza delle figure dicesi avergli un operajo
jo gittata in faccia: *ci avete fatto un guaz-
zetto di rane*; motto insulso, e da consolar-
sene facilmente; un operajo non era la città
di Parma.

Morì dunque indi a quattro anni in patria

sen-

senza compier l'opera, e senz'aver di sè lasciato ritratto, che sia fuor di controversia.
L'editor del Vasari in Roma ne dà uno d'uom
vecchio e calvo, che non conviene a chi morì
di 40 anni. È tratto da una raccolta di disegni
del P. Resta, ch'egli intitolò *Galleria Portatile*; di cui il Cav. Tiraboschi e il P. M. della
Valle scrissero come di cosa smarrita. È però
nell'Ambrosiana; e fra gli altri disegni ne
contiene uno, che il Resta nelle note ivi aggiunte chiama *la famiglia del Coreggio*; e dice,
esservi i ritratti di lui, della moglie, e de' figli, che sono ivi una femmina e tre maschi,
scalzi e vestiti poveramente. Sono in quel
disegno varie note di falsità, e la più chiara è
la qualità della famiglia: avendo avuto Antonio un maschio e tre femmine; due delle quali morirono, come si congettura, in tenera età.
Il ritratto, ch'è in Torino nella Vigna della
Regina, intagliato dall'abilissimo Sig. Valper-
ga, ha la epigrafe in parte occultata dalla cor-
nice, ma da me letta *Antonius Corrigius* f.
(cioè *fecit*) primo indizio per non crederlo,
come alcuni pur fecero, volto del Coreggio.
Un secondo indizio si trae dalla maniera, con
cui è scritta la epigrafe, in grandi lettere, e
in uno spazio che occupa tutta la lunghezza
della tela ; maniera che ne' ritratti si tenne
spesso per indicare il soggetto dipinto, non
già per indicarne il pittore. Un ritratto, che
da Genova passò in Inghilterra con uno scritto a tergo, che diceva esser quello il ritratto
di M. Antonio da Coreggio dipinto da Dosso
Dossi, può vedersi nelle *Memorie* del Ratti.
Non ho motivo di asserire che la iscrizione sia
fatta molti anni dopo, come si è praticato al-

tre volte, e si usa tuttora, imitando a maraviglia i caratteri antichi. Dico solo che M. Antonio da Coreggio è nome anco di un famoso miniatore, di cui scriverò a suo luogo, che
girò per l'Italia a tempo di Dosso. Del ritratto fatto al Coreggio dal Gambara nel duomo
di Parma non dee parlarsi che come di una
novelletta del volgo. Concludo pertanto avere
apparenza di vero ciò che scrisse il Vasari,
che questo divino artefice non pensasse a tras-
mettere a'posteri la sua effigie, non avendo di
sè quella opinione, che potea averne; e che
alle tante sue doti accoppiasse una incompara-
bil modestia da onorare la nostra istoria. Le
vite de'greci Zeusi, Parrasio, Apelle descritte
dal Dati ci dan quasi più esempj di fasto che
di pittura.

Analisi del suo stile. Il Cav. Mengs analizzò l'ultimo e più perfetto stil di Coreggio, come ha fatto verso Ti-
ziano e Raffaello, e in questo triumvirato della pittura gli diede il secondo posto dopo Raffaello, osservando che questi dipinse più squi-
sitamente di lui gli effetti degli animi, ancorchè inferiormente a lui dipingesse gli effetti
de'corpi. In questa parte valse il Coreggio oltre ogni credere; giunto col colore e più col
chiaroscuro a introdurre nelle sue pitture un
bello ideale, che sorpassa il bello della natura, e al primo apparire incanta anche i dotti,
facendo loro dimenticare quanto di raro avean
veduto. Sopra tutto il S. Girolamo, ch'è ora
nell'Accademia di Parma, è stato onorato di
tali applausi. L'Algarotti in vederlo fu per
preferirlo a ogni altro dipinto, come di sè racconta, e per dire in suo cuore al Coreggio:
tu solo mi piaci. Lo stesso Annibal Caracci,

veduto questo quadro, ed alquanti altri della
medesima mano, nella citata lettera a Lodovico suo fratello giura che non gli barattereb-
be con la S. Cecilia di Raffaello, ch' era ed
è tuttavia in Bologna. E veramente la pittura,
che per Michelangiolo era salita al sommo del
grandioso, per Raffaello era giunta al più alto
grado della espressione e della grazia naturale, e per Tiziano possedeva i più veri tuoni
del colorito, ebbe dal Coreggio un complesso
di eccellenze, come ne parve a Mengs, che
la perfezionò; aggiungendo al grande ed al
vero una certa eleganza; e, come dicono, gusto diretto tutto a contentare la vista e l'animo dello spettatore.

Nel disegno non giunse a quella profondità *Disegno del Coreg-gio.*
di sapere, ch'è nel Bonarruoti; ma fu sì gran-
de, e insieme sì scelto, che i Caracci stessi
preser norma da lui. So che l'Algarotti nol
crede sempre esatto nel segnare i contorni;
ma so altresì che il Mengs con molto calore
lo ha difeso da quest'accusa. Non comparisce
in tal disegno quella varietà di linee, che in
Raffaello e negli antichi; avendo egli a tutto
potere schivata la linea retta e gli angoli, e
usato un continuo ondeggiamento di linee, or
convesse, or concave: nondimeno vuolsi che
in ciò consista in gran parte la sua grazia,
talchè Mengs quas'incerto in decidere or lo
commenda di ciò, ed ora lo scusa. Lodalo
sopra modo nel disegno de' panni, alle cui
masse pose più cura che alle pieghe particolari, e fu il primo che facess'entrar nella idea
della composizione il panneggiamento sì pel
contrasto, sì per la direzione; aprendo una
nuova via a farlo spiccar nelle grandi opere.

Sopra tutto le sue teste giovanili e puerili son commendatissime, e sorridono con una naturalezza e semplicità, che innamora e sforza a rider con loro (*a*). Ogni sua figura ha del nuovo per la incredibile varietà degli scorti che introduce: rara è quella testa, che non sia veduta o di sopra, o di sotto; rara quella mano, quasi dissi, e quel corpo, che non pieghi con una grazia che par senza esempio. Facendo figure di sotto in su, impresa che Raffaello ha schivata, vinse alcune difficoltà, che pur rimanevano dopo il Mantegna; onde questa parte della prospettiva per lui solo giunse alla piena età.

Colorito. Consente a quella scelta e grazia di disegno anche il colorito, del quale Giulio Romano asseriva essere il migliore che veduto avesse: nè sdegnò che il Duca di Mantova volendo far regalo di quadri a Carlo V preferisse nella commissione il Coreggio a sè. Pari elogio gli fa il Lomazzo quando il dichiara infra i coloritori piuttosto singolare che raro. Niun pittore è stato sì ricercato nella preparazione delle tele, su le quali coperte di poco gesso dipingeva senza risparmio, sia nella qualità del colore, come dicemmo, sia nella quantità (*b*).

(*a*) E' espressione di Annibale. Altrove dice : *mi piace questa schiettezza, questa purità, ch' è vera, non verisimile ; è naturale, non artifiziata, nè sforzata.*

(*b*) Un professore, che in occasione di ristaurare qualche pittura del Coreggio analizzò il metodo del suo colorito, diceva ch' egli sopra il gesso dava una mano di olio cotto, e dipingeavi sopra con forte impasto di colori, mescolandovi due terzi di olio ed uno di vernice; che i colori dovean essere scelti e purgati molto, specialmente da' sali, che tanto rodono in progresso di tempo e danneggiano le pitture, che a vie più purgargli dovea conferir il predetto uso dell' olio cot-

Nell'impasto de'colori avvicinasi a Giorgione,
nel tuono a Tiziano; ma nella lor degradazione per giudizio di Mengs è ancora più esperto. Pose in oltre nel suo colorito una lucentezza, che in altri facilmente non vedesi: par
di mirare gli oggetti dentro uno specchio; e
quando a sera per la debolezza della luce le
altre pitture perdon vigore, le sue in certo
modo l'acquistano, e sembrano quasi fosfori
vincere il bruno dell'aria. Della vernice, che
in Apelle celebra Plinio, o non abbiamo idea
nella pittura risorta; o, se ne abbiamo qualche idea, la dobbiamo al Coreggio. Vi è stato chi ha desiderato talora nelle sue carnagioni più delicatezza; comechè ognuno deggia
confessare ch'egli secondo l'età e i soggetti le
variò a maraviglia, e vi seppe mettere un non
so che di morbido, di succoso, di vitale, che
sembran vere.

Ma il suo forte, il suo magistero, il suo re- *Lume e*
gno sopra i pittori a noi cogniti è nella intel- *ombra.*
ligenza del lume e dell'ombra. Come la na-
tura non presenta gli oggetti con la medesima
forza di luce; ma la varia secondo le superficie, le opposizioni, e le distanze; così egli
fece con una gradazione, che insensibilmente
cresce e diminuisce; cosa sì necessaria per la

cotto assorbendone le parti saline: credeva in oltre, che il
Coreggio riscaldasse o col fuoco o al sole i suoi quadri, perchè i colori si mescessero bene insieme, e si spandessero con
certa equabilità, che gli fa parer fusi piuttosto che posati.
Della lucentezza poi, che tuttavia non riflette oggetti, e
della solidità della superficie pari alle greche tavole (v. T. I
p. 38) cercava la ragione in qualche forte vernice ignota a'
fiamminghi stessi, che l'ebbon lucida e gaja, ma non ro-
busta ugualmente.

prospettiva aerea, in cui tanto ammirasi, e sì
bella per l'armonìa. Lo stesso a proporzione
operò nelle ombre, e seppe così finamente
rappresentare in ognuna il riflesso del colore
vicino, che in tanto uso di scuri nulla vi ha
di monotono; tutto è vario. Spicca questa sua
eminenza singolarmente nella Notte della Galleria di Dresda (a), e nella Maddalena, che
ivi pur vedesi giacente dentro uno speco; picciol quadretto, ma valutato nella compera fino
a vensette mila scudi. Col suo chiaroscuro
non solo diede alle figure una rotondità e una
morbidezza incomparabile, ma in tutta la composizione mise un gusto non noto prima di
lui; disponendo le masse de' chiari e degli
scuri con un'arte tutta naturale nel suo fondo; ma nella scelta e nell'effetto tutta ideale.
Giunse a tanta perfezione per la via stessa che
avea battuta Michelangiolo, cioè col far modelli in creta e in cera, e alcuni loro residui
si dicon trovati nella cupola di Parma son pochi anni. È incerta voce, che operando in
quella città si valesse anche del Begarelli plastico rinomatissimo, e che a sue spese lo conducesse.

Invenzio-
ne, compo-
sizione, es-
pressione. Le altre parti della pittura si lodano in lui
tutte, ma non del pari. Inventò bene; sennonchè contravenne alla unità qualche volta,
rappresentando una stessa istoria in più parti.
Così nella favola di Marsia, ch'è in palazzo
Litta a Milano, in separati gruppi son figurati
il contrasto di lui con Apollo, Minerva che lo
consegna al supplicio, e il supplicio istesso.

(a) Altri più giustamente la chiamano *principio di giorno.*

La stessa ripetizione parmi vedere nella favola di Leda fatta per Carlo V; ov' è rappresentato due volte il cigno, che a poco a poco si va domesticando con lei, e nel terzo gruppo la possiede. Nel resto le sue invenzioni sono per lo più come le poesie di Anacreonte, ove gli Amorini, e ne' temi sacri gli Angioletti, agiscon cose graziosissime : così nel quadro di S. Giorgio essi scherzano intorno all' elmo e alla spada del Santo; e nel S. Girolamo un Angiolo addita al Signore il libro di quel gran Dottore di S. Chiesa, e un altro si appressa alle narici lo scoperchiato vaso di unguento della Maddalena. Quanto valesse in comporre, lo mostra la cupola già più volte lodata, ove par che l'architetura sia fatta per la composizione, e non questa per quella. Amò le opposizioni e nelle figure, e nelle lor parti; non però le affettò mai, o le portò a quel segno, che poi si è veduto con danno del decoro e del vero. L' espressione fu da lui posseduta forse senza esempio ne' soggetti amorosi; come in quella Maddalena poc' anzi detta, che atteggiata a baciare il piede al S. Bambino ha un sembiante e una mossa, che veramente contiene le bellezze sparse qua e là dagli artefici nelle opere loro, come lungamente pondera Mengs; e merita, che di lei si dica *Omnibus una omnes surripuit veneres* (Catul.). Anche il dolore fu da lui espresso a maraviglia, e variato secondo i soggetti nel Cristo morto di Parma : tenerissimo è nella Maddalena, profondo è in N. Signora, medio nell' altra donna. Che se nel fiero non si trovano in lui molti esempj, non è che anche in questo non potesse a bastanza : nel Martirio di

S. Placido vi è un manigoldo sì ben dipinto, che Domenichino lo imitò apertamente nel quadro della sua celebre S. Agnese.

Finalmente il costume nelle istorie sacre non lascia che desiderare: nelle favole potea migliorarlo, attenendosi esattamente, come Raffaello e i moderni, alla pratica degli antichi. Nella Leda è espressa Giunone in sembianza di una donna attempata, che piena di gelosìa e di disdegno guata il furtivo amore di Giove: ella nulla ha dell'antico o nel volto, o ne' simboli; e perciò nelle interpretazioni si è considerata come figura oziosa. Nella favola di Marsia, nè questi ha punto del Fauno, nè Minerva ha egida, o altro de' soliti suoi attributi, nè Apollo è in quell'aspetto e di quella membratura in che oggi si rappresenta; e in luogo della lira suona un violino. Di qua può dedursi nuovo argomento che il Coreggio non fosse in Roma, ove anco i mediocri pittori, istruiti dall'antico che vi abbonda, apprendono a schivar tali eccezioni. Elle però son ben picciole; e quasi dissi favorevoli al nome del Coreggio, s'elle ci scuoprono sempre meglio, che la gloria del sovrano suo stile non dee dividerla con molti maestri, nè con molti ajuti. Riguardato con quest'occhio, egli appare non so qual cosa di sovrumano; e scompariscono presso lui, come scriveva Annibale, il Parmigianino e altrettali genj della pittura (a).

(a) *Io sempre dico, che il Parmigianino non abbia che far col Coreggio; perchè quelli del Coreggio sono stati suoi pensieri, suoi concetti, che si vede si è cavato lui di sua testa e inventato da sè, assicurandosi solo coll'originale. Gli altri sono tutti appoggiati a qualche cosa non sua; chi al modello, chi alle statue, chi alle carte: tutte le opere degli*

Le opere di questo grand' uomo in Italia divengono sempre più rare per le ricerche e pe' gran prezzi, che ne offrono gli oltramontani. In lor vece restano fra noi molte copie antiche, specialmente de' quadri piccioli; quali sono lo Sposalizio di S. Caterina, la Maddalena giacente, la Fuga del Giovane, quadretti già nominati; e si vuole aggiungere a questi l'Orazione di Cristo nell' Orto ch' è nell' Escuriale, e quell' altro di Dresda che dicesi la Zingherina. Fra le copie antiche son pregiatissime quelle che fece lo Schidone, Lelio da Novellara, Girolamo da Carpi, e i Caracci, che lungamente esercitati nel copiare il Coreggio si avvicinarono molto agli originali; sempre però nel disegno più che nell' arte e finezza del colorire.

Ho descritto finora lo stile di Antonio Allegri, e tutto insième quello della sua scuola; non perchè alcuno lo pareggiasse, o ancora gli si avvicinasse, ma perchè tutti tennero presso a poco le stesse massime, quantunque alcuni le temperassero con altri stili. Il carattere dominante della scuola parmigiana, che per eccellenza dicesi anco la lombarda, è lo scorto, come della fiorentina la espressione de' nervi e de' muscoli: nè serve aggiungere, che ancor qui si è da alcuni caricato e affettato lo scorto, come ivi il nudo: l'imitar bene è difficile in ogni luogo. Entra pur nel carattere della scuola lo studio del chiaroscuro, e de' panni più che quello del corpo umano, nel quale

Scuola parmense.

gli altri sono rappresentate come posson essere; queste come veramente sono. Nella seconda lettera a Lodovico presso il Malvasìa Tom. I pag. 267.

pochi si contano veramente valenti. I lor contorni son larghi, i volti non tanto ideali, quanto scelti fra mezzo alla nazione, che gli produce ben ritondati, e ben coloriti, e spesso di quelle fattezze e di quella giocondità, che si stima originale nel Coreggio: così notava un professore stato gran tempo in Parma. Quivi è da creder che Antonio istruisse alquanti più giovani di quei che ci racconta il Vasari; alle cui notizie han supplito varj scrittori di questo secolo, non però in guisa che di alquanti suoi creduti discepoli non si disputi ancora. Io farò verso questo maestro ciò che altri verso Raffaello, che alla sua scuola hanno aggregati gli ajuti e gli altri, che quantunque educati in diversa scuola, pur con lui vivendo si giovarono de' suoi lumi, o de' suoi esempj.

POMPONIO ALLEGRI. Comincio dal suo stesso figliuolo Pomponio Allegri. Costui appena potè aver dal padre i primi rudimenti, rimasone orfano in età di anni dodici. L'avolo ne prese cura; che morto indi a cinque anni lo lasciò ragionevolmente fornito e di beni di fortuna, e di abilità pittoresca. Non si sa chi continuasse ad esercitarlo; se il Rondani fido scolare di Antonio, o se altri di quella scuola: è però certo, ch'egli fu d'ingegno sufficiente; e che ajutato dagli studj del padre si fece nome in Parma, e quivi anche si stabilì. Ne rimane in un catino della cattedrale una storia degl'Israeliti che aspettan Mosè, a cui Dio consegna le tavole della Legge. L'opera se non molto felice nel tutto, molto è lodevole in varie parti: vi si veggono alcune teste assai belle, alcune mosse assai spiritose, e sopra tutto tuoni di colori veri e vi-

vaci. Si è detto che Pomponio abbandonasse
presto i pennelli, e che venduti i beni che a-
vea in Coreggio, ancor giovane si morisse in
molto povero stato. Tali voci disseminate da
incerti autori ha smentite con autentici documenti il ch. P. Affò; recando in mezzo commissioni decorose di pitture e di stime addos-
sate a Pomponio in Parma ancora dal pubblico, che in un suo decreto, vivendo tuttavia i
migliori allievi della scuola, lo nomina *ottimo
pittore*.

Aggiungo a Pomponio altri dello Stato e della città di Modena. Un di questi fu di Sassuolo, per nome Francesco Cappelli, che quan- FRANCI-
tunque stabilito di poi in Bologna, non vi ha PELLI.
lasciata in pubblico opera che si conosca. Forse dipinse ivi per privati, o anche per Principi, come vuole il Vedriani; ancorchè erri quando si mette a nominarli. Ben si addita in Sassuolo a S. Sebastiano una sua tavola, ov'espresse Nostra Signora con varj SS., e fra essi il
Titolare. È questa fra tutte la più illuminata e
la più lodata figura, fino a credersi che vi sia
la man del maestro; tal è l'impasto, e tanto
il rilievo. L'altro è Gio. Giarola da Reggio, GIO. GIA-
le cui pitture a fresco, perite già quelle che ROLA.
fece in Parma, veggonsi a Reggio nel palazzo
Donelli e altrove. Non andò esente dal vizio
ovvio ne'frescanti di trascurare alcune volte i
contorni; ma fu spiritoso, dilicato, e stimato
molto ancora vivente. Quantunque gli epitaffj
non sieno i testimonj più veridici del valore de'
defunti giovami ricordare quel del Giarola, di
cui discredendosi anco le nove parti, la decima
gli fa molt'onore: *Io. Gerolli, qui adeo excel-
lentem pingendi artem edoctus fuerat, ut alter*

Apelles vocaretur. Vuolsi annettere a questi un
concittadino del Coreggio, nomato Antonio Bernieri di stirpe nobile, che in età d'anni 18 rimaso orfano del maestro, n'ereditò in certo modo il nome, solito chiamarsi Antonio da Coreggio, ond'è nato qualch'equivoco nella storia. È noverato fra' miniatori eccellenti dal Landi, e da Pietro Aretino; e ne scrive anche D.
Veronica Gambara Marchesana di Coreggio. Non
è conosciuta di lui alcuna pittura a olio; ma
non m'impegnerei a negargli tale abilità, che
molto è comune fra' miniatori; e a lui certamente prima che ad Antonio Allegri ascriverei il
ritratto torinese, di cui scrissi in questo T. IV a
pag. 81. Visse gran tempo in Venezia; conobbe
Roma; morì in patria. Per ultimo accrescerò il
numero di questi discepoli con un nome ignoto
per quanto parmi alla storia; nè a me noto se
non per un bel disegno, che ne osservai nella
raccolta del ch. P. Fontana Barnabita, lodata da
me nel primo tomo a pag. 60. È questi un Antonio Bruno modenese; e comparisce buon e-
mulatore del Coreggio nella grazia, negli scorti, nella verità, ne' larghi lumi, benchè sia molto men corretto.

Anche fra gli scolari di Parma ve ne ha alcuni rimasi con poco nome. Daniello de Por
è nominato dal Vasari nella vita di Taddeo
Zuccaro, a cui dice aver giovato Daniello più
con gl'insegnamenti, che con gli esempj. Non
altro di lui rammenta che un fresco a Vito
presso a Sora, ove condusse lo Zuccaro per
suo ajuto; nè par che diagli altra lode, che di
avere appresa dal Coreggio e dal Parmigianino
sufficiente morbidezza in dipingere. Costui dovea essere stato piuttosto manovale che ajuto

(marginal notes)

ANTONIO
BERNIERI.

ANTONIO
BRUNO.

DANIELLO
DE POR.

del Coreggio e sospetto, che da lui al Vasari venissero alquante notizie di questo artefice, specialmente quelle de' risparmj, che l'istorico certamente non avea ragione di discredere o almeno di fingere. Miglior mobile di quella scuola credo fosse un M. Torelli nominato dal Resta nel MS. milanese, asserendo ch' egli insieme col Rondani fece il fregio di chiaroscuro, ch' è a S. Gio. di Parma; forse come ajuti, e certamente su i disegni del Coreggio, a cui anche quest' opera fu pagata. Il Ratti aggiunge aver dipinto con molta maestrìa il primo chiostro di quel felice monistero.

MAESTRO TORELLI.

Quegli che sieguono han tutti oggidì, qual più qual meno, celebrità in Italia di valentuomini; ma non di tutti costa che fossero dal Coreggio istruiti; nè tutti lo sieguono al modo istesso. Alcuni fan come i timidi notatori, che non osano di slontanarsi troppo dal lor maestro; alcuni fan come quegli altri, che temono di avvicinarglisi molto, quasi per far conoscere che son già esperti nel nuoto. Il Rondani è della prima schiera. Insieme col Coreggio lavorò a S. Giovanni; e a lui principalmente si attribuisce un grottesco entro il monistero creduto della scuola di Antonio; ancorchè vi si notino alcuni putti, che pajono di man del maestro. Ma il Rondani era uso a contraffarla assai bene nelle particolari figure. Fuor della chiesa di S. Maria Maddalena dipinse una Nostra Donna, che si ascriverebbe al Coreggio, se la storia non lo vietasse. E quella sua tavola agli Eremitani co' SS. Agostino e Geronimo è pure così coreggesca, che contasi fra' miglior quadri di Parma. Non è però giunto alla grandiosità del caposcuola;

FRANC. MARIA RONDANI.

anzi è accusato di troppo studioso e minuto
negli accessorj; cosa che può vedersi nel suo
fresco in una cappella di duomo, e comunemente nelle sue opere. È raro nelle quadrerie. Presso i March. Scarani a Bologna vidi
una sua Madonna col S. Bambino, che aveva
in mano una rondine, allusiva al nome del
pittore; e in casa de' Sigg. Bettinelli a Mantova un ritratto d' uomo vestito e animato alla
giorgionesca.

MICHEL-
ANGIOLO
ANSELMI.

Di Michelangiolo Anselmi parlai già di volo
nella scuola di Siena; lo fo ora più di proposito su le notizie pubblicate, o lette dopo quel
tempo. È certissimo, secondo i nuovi documenti, ch' egli era di padre, avo, e bisavo
parmigiani: ma è detto *da Lucca* perchè ivi
nacque, secondo il Ratti, nel 1591; ed è altresì detto *da Siena*, come ora vo congettu-
rando, perchè ivi dimorò giovanetto, e vi fece
i suoi studj. Il Resta, nel MS. allegato altre
volte, vuol che imparasse dal Sodoma; l'Az-
zolini dal Riccio, genero del Sodoma; l'uno
e l'altro dimorati buon tempo in Lucca. Ivi
potè prender da essi i primi rudimenti, e quindi avanzarsi in Siena, ov' è di sua mano la
tavola di Fontegiusta, di uno stile che nulla
ha del lombardo. Venne poi già pittore in
Parma; superiore in età al Coreggio, e solo
abile a migliorare lo stile co' suoi consigli ed
esempj, come il Garofolo e tanti altri fecero
trattando con Raffaello. Or nell'anno 1522 essendosi impegnato il Coreggio a dipingere la
cupola della cattedrale e la gran tribuna; per
le contigue cappelle fu scelto l'Anselmi insieme col Rondani, e col Parmigianino. Il lavoro non fu eseguito: ma la scelta dà a divede-

re ch'egli era tenuto già abile ad accompagnare lo stile del Coreggio; e le sue opere fan conoscere che ne divenne passionato seguace. È largo ne' contorni, studiatissimo nelle teste, lieto nelle tinte, amico specialmente del rosso, che varia e in certo modo suddivide in più colori in un quadro istesso. Il minor suo merito è forse nella composizione, ove talora pecca di affollamento. Dipinse a Parma in più chiese. La più graziosa pittura e più vicina al suo grand'esemplare è a S. Stefano, e rappresenta a piè di Nostra Signora S. Giambatista col Titolare della chiesa. Ma la sua produzione più vasta è alla Steccata, ove, secondo il Vasari, eseguì i cartoni di Giulio Romano. Tal cosa è smentita dal contratto, che assegna all'Anselmi una camera ove fare i cartoni; nè Giulio mandò a Parma se non lo schizzo di quell'opera. Nelle quadrerie è nome raro e prezioso; quantunque vivesse, a dire il men che si possa, fino al 1554, in cui fece un codicillo al suo testamento.

Bernardino Gatti, di cui nella scuola eremonese tornerò a scrivere, dalla professione del padre denominato il Sojaro, ha lasciati molti monumenti dell'arte sua, e in più paesi. Parma, Piacenza, Cremona ne sono ricchissime. È de' più certi discepoli del Coreggio, e de' più attaccati alle sue massime, specialmente ne' soggetti che avea trattati il maestro. La sua Pietà alla Maddalena di Parma, il suo Riposo in Egitto a S. Sigismondo di Cremona, il suo Presepio a S. Pietro della città istessa, fan vedere come si possano imitare le opere del Coreggio senza esserne copiatore. Niuno lo ha emulato meglio nella delicatezza de' volti. Le

BERNARDINO GATTI.

sue vergini e i suoi fanciulli spirano innocenza, beltà, leggiadrìa. Ama i fondi lucidi e biancastri, e in tutto il colorito mette una soavità, che può dirsi una caratteristica. Nè manca intanto di dar gran rilievo alle figure, che ad esempio del caposcuola par che non abbandoni mai se non le vede compiute da ogni lato e perfette. Ebbe singolar talento per copiare, ed anco per contraffare i pittori, presso i quali dovea operare. Succedette al Pordenone in Piacenza dipingendo la tribuna a S. M. di Campagna; ivi, dice il Vasari, tutto parve opera della stessa mano. Non è da omettere in questa chiesa il suo S. Giorgio rimpetto al S. Agostino del Pordenone, figura di gran rilievo e di gran mossa, che fece sul disegno di Giulio Romano; credesi per soddisfare a chi la commise. Nel resto quanto egli valesse per sè medesimo si vede a Parma in più chiese, e particolarmente nella cupola della Steccata. È opera insigne in ogni sua parte; e nella principal figura, ch'è la Vergine, maravigliosa e sorprendente. Merita pure che si ricordi un suo quadro della Moltiplicazione de' pani, che segnato del suo nome e dell'anno 1552 fece in Cremona nel refettorio de' PP. Lateranensi. Può dirsi una delle più copiose pitture, che veggansi ne' refettorj religiosi, piena di figure maggiori del vero; varia di volti, di vestiti, di movenze quanto altra mai; condita di bizzarrìe pittoresche, e condotta in tutta la grand'estensione con un sapore di tinte, e con un accordo, che merita gli si perdoni qualch'errore di prospettiva aerea, che pur gli è scorso. I privati in Italia han poco di questo autore, essendo state molte

te sue pitture trasferite oltramonti, e specialmente nella Spagna.

Giorgio Gandini (che dalla famiglia mater- Giorgio
Gandini.
na fu anche cognominato del Grano) già creduto da Mantova, si è rivendicato a Parma
dal P. Affò, che ne tesse la genealogìa. Egli,
se diam fede all'Orlandi, non solamente fu
scolare del Coreggio; ma scolare, nelle cui
tele si son notati i ritocchi della mano mae-
stra. Il P. Zapata, che illustrò latinamente le
chiese di Parma, gli ascrive in S. Michele il
principal quadro, che nella *Guida* del Ruta a
torto fu attribuito a Lelio di Novellara. Il quadro è da far onore a qualunque di quella scuola per l'impasto, pel rilievo, e per la dolcezza del pennello; ancorchè vi sia per entro
qualche idea troppo capricciosa. Quanto fosse
in pregio fra' suoi cittadini si può raccorre dalla commissione, che gli addossarono di dipingere la tribuna del duomo, sostituendolo al
Coreggio che ne avea fatta promessa, ed era
morto senza diliberarsene. Lo stesso intervien-
ne al Gandini; e la commissione passò ad un
terzo, che fu Girolamo Mazzuola non ancor
maturo a imprese sì grandi.

Assegno ad altri luoghi Lelio Orsi, e Girolamo da Carpi, che altri aggregano alla scuola di Parma, e rendo ivi ragione del mio consiglio. Ultimi in questo drappello novero i due
Mazzuoli; e incomincio da Francesco detto il
Parmigianino, la cui vita è stata scritta dal Il Parmigianino.
P. Affò. Questi nol crede scolar del Coreggio,
ma sì de' due zii; e nel loro studio dovè dipingere quel Battesimo di Cristo, ch'è ora
presso i Conti Sanvitali, e che per un fanciullo di 14 anni, quanti ne contava allora Fran-

cesco, è cosa mirabile. Riflette il prefato storico, che, vedute le opere del Coreggio, diedesi a seguitarlo; e a quel tempo si ascrivono certe sue pitture con aperta imitazione di tal esemplare; qual è una Sacra Famiglia presso il Sig. Presidente Bertioli, e un S. Bernardino a' PP. Osservanti in Parma. Senzachè l'essere stato scelto Francesco insieme col Rondani e coll'Anselmi a dipinger una cappella presso la cupola di Antonio, mostra che aveva analogìa col suo stile, e docilità alla sua direzione come gli altri due. Egli però conosceva troppo sè stesso per voler essere secondo in una maniera, potendo essere primo in un'altra. E tal divenne in appresso: giacchè procrastinandosi sempre il lavoro predetto, viaggiò per l'Italia; e, veduto in Mantova Giulio, Raffaello in Roma, si formò uno stile, che contasi fra gli originali. È grande, nobile, dignitoso; non abbonda in figure, ma fa trionfar le poche anche in un gran campo; come in quel S. Rocco a S. Petronio di Bologna, o in quel Mosè della Steccata di Parma, chiaroscuro sì rinomato.

Tuttavia il carattere e la parte di questo pittore è la grazia, per cui dicevasi in Roma che lo spirito di Raffaello era passato in lui. A questa dirizzava tutte le sue industrie. Veggonsi ne' suoi disegni più e più prove d'una stessa figura per trovare nella persona, nella mossa, nella leggerezza de' panni, in cui è maraviglioso, la maggior grazia. Parve all'Algarotti che nelle teste ne oltrepassasse alle volte il segno, e che desse in lezia; giudizio a cui preluse Agostin Caracci, ove desiderò nel pittore *un po' di grazia del Parmi-*

gianino; non tutta perchè gli parea soverchia. Fu anche, secondo altri, eccessivo studio di grazia lo scerre talvolta proporzioni troppo lunghe e nelle stature, e nelle dita, e nel collo, come in quella celebre Madonna di palazzo Pitti, che da questo difetto si chiama comunemente del collo lungo (*a*): ma in ciò ebbe difensori. Il colorito pure nel suo stile serve alla grazia; tenuto per lo più basso, moderato, discreto, quasi tema di presentarsi all' occhio con troppa vivacità, che come nel tratto, così nel dipinto scema la grazia. Se l'Albano è buon giudice, il Parmigianino molto non istudiò in espressione, di cui ha lasciati pochi esempj: senonchè quella grazia istessa, che anima i suoi putti, e le altre delicate figure, o merita nome di espressione; o, se questa riguarda solo gli affetti, la supplisce abbastanza. Ed è in riguardo di questa grazia, che tutto a lui si condona, e che in lui anco i difetti pajon virtù.

Sembra, ch' ei fosse lento a ideare, solito formarsi tutta la pittura nella immaginativa prima di por mano al pennello; ma che fosse poi veloce nell'eseguire. Si notano in lui certi colpi così franchi e risoluti, che l'Albano gli nomina divini, e afferma che dal grand'esercizio nel disegno venisse in lui questa inarrivabile

(*a*) Può scusarsi coll' esempio degli antichi, che nelle statue vestite han seguite simili proporzioni per non dare nel tozzo. Anche la lunghezza delle dita si recava a lode, siccome notano i commentatori di Catullo alla poesia 44. Il collo lungo nelle vergini è prescritto come un precetto d'arte presso il Malvasìa (T. I p. 303) e il Can. Lazzarini con questa regola in vista dipingeva le sue Madonne. Queste osservazioni tutte deon intendersi con quella discretezza, che non s'insegna, ma si suppone in ogni arte.

maestrìa, da cui però non iscompagnava la diligenza, e la finitezza. Le sue opere non son tutte impastate ugualmente, nè tutte di ugual effetto: ve ne ha però alcune, che per l'amore con cui son condotte furono ascritte al Coreggio. Tal è quell'Amore, che fabbrica l'arco, a' cui piè sono due putti, l'uno ridente, l'altro piangente; di cui, oltre quello della Gallerìa Imperiale, si contano varie repliche; tanto o l'autore se ne compiacque, o piacque ad altrui. Siegua in questo quadro il parer del Vasàri sostenuto dal P. Affò e da molti conoscitori, co' quali ne ho tenuto discorso: nel rimanente quel Cupido dal Boschini senza controversia è ascritto al Coreggio non meno che il Ganimede o la Leda nominati nello stesso contesto (pag. 302) la quale opinione è piaciuta e piace a non pochi altri.

Le sue minori pitture, ritratti, teste giovanili, immagini sacre non son molto rare, e alcune si trovano ripetute in più luoghi. La più reiterata nelle quadrerìe è una N. Signora col divino Infante, e S. Gio.; aggiuntavi S. Caterina, e S. Zaccarìa o simil testa senile in gran vicinanza. Vedeasi già nella Gallerìa Farnese di Parma; e si rivede or la stessa, or variata alquanto nella R. Gallerìa di Firenze, e nella Capitolina; in quelle de' Principi Corsini, Borghesi, ed Albani in Roma; in Parma presso il Reverendissimo P. Abate Mazza (a) ed

(a) E' nominata e paragonata alla Borghesiana (in ambedue la B. V. è per fianco) dal P. Affò in una lettera edita dal Sig. Avv. Luigi Bramieri nelle note all' *Elogio d' Ireneo Affò composto dal P. D. Pompilio Pozzetti;* letterato (siccome il suo annotatore) degnissimo, e della memoria de' dott' italiani benemeritissimo.

altrove : nè è facile a crederle sempre originali, comechè siano antiche. Rare sono in
lui le copiose composizioni, com'è la Predica-
cazione di Cristo alle turbe, collocata in una
camera del R. Sovrano a Colorno; vero gio-
jello di quella villa sì amena. Le sue tavole
d'altare non sono molte; nè alcuna è pregiata
più della S. Margherita in Bologña. È quadro
ricco di figure, che i Caracci non si saziava-
no mai di riguardare e di studiare; e Guido in
un trasporto, credo io, di ammirazione lo an-
tepose alla S. Cecilia di Raffaello. Singolare è
il fresco, che incominciò alla Steccata, ove,
oltre il Mosè a chiaroscuro, dipinse Adamo ed
Eva e alcune Virtù, senza però terminar l'opera, di cui avea preso il pagamento. La storia
di tal fatto è lunga, e dee leggersi presso il
P. Affò, sincera e scevera da molte favole che
altri ha raccolte. Io dirò solo che per questo
lavoro lasciato imperfetto Francesco fu incar-
cerato, e visse poi fuggitivo in Casale, ove
morì fra poco tempo di 37 anni, quanti ne
avea vivuti il suo Raffaello. Fu compianto come uno de' primi luminari non solo della pittura, ma eziandio della incisione in rame : ma
di questa io taccio per non deviare dal mio
proponimento.

Parve a Parma che Francesco non le mancasse del tutto, sopravvivendo a lui Girolamo GIROLA-
di Michele Mazzuola, suo cugino e scolare. MO MAZ-
Fin dal 1520 erano insieme, e credo vivesse- ZUOLA.
ro nella stess'amistà per alquanti anni prima
che Francesco andasse in Roma, e anche dopo che ne tornò. Ma forse questa buon'armonìa si andò stemperando; onde Francesco chia-
mò suoi eredi due stranj, e omise il cugino.

Questi non è cognito fuor di Parma e de' suoi contorni: merita però di esserlo specialmente pel forte impasto, e per tutta l'arte del colorire, nella quale ha pochi uguali. Vi è ragione di credere che alcune opere ascritte a Francesco, specialmente di tinte più forti e più liete, sieno o eseguite, o replicate da questo artefice. Girolamo non essendo stato in Roma è attaccato più di Francesco alla scuola del Coreggio; sul cui stile fece lo Sposalizio di S. Caterina alla chiesa del Carmine; e può asserirsi che ne prese egregiamente il carattere. Fu eclente in prospettiva; e nella Cena del Signore dipinta al refettorio di S. Giovanni mise un colonnato sì bello e sì atto ad ingannar l'occhio, che può competere co' migliori del Pozzo. È poi facile, armonioso, di bel chiaroscuro, e nelle grandi composizioni a fresco fecondo, vario, vivace. Niuno de' suoi cittadini al pari di lui popolò d'immagini a olio le chiese di Parma; niuno vi dipinse più di lui a fresco in duomo e alla Steccata; senza ciò che colorì a S. Benedetto di Mantova, e altrove. E dal suo troppo fare sembra esser nato che tanti de' suoi dipinti sorprendono a prima vista; ma esaminandosi a parte a parte sceman di stima. Fra molte bellezze vi si trovano non pochi difetti; il disegno specialmente de' nudi è trascurato; la grazia trapassa in affettazione; le mosse spiritose degenerano in violente. Nè in queste cose tutta quanta la colpa si dee dir sua; avendo talora dipinta una stessa opera insieme con altri. Così avvenne nel gran quadro della Moltiplicazione de' panni, ch'è in S. Benedetto di Mantova, ove per documenti trovati dal Reverendissimo P. Ab. Mari, Giro-

lamo non dipinse solo: vi sono gruppi bellissimi da fare onore a ogni gran pennello; vi
sono al contrario debolezze e scorrezioni, che
si dicono essere di altra mano. Vero è ch'egli
le ha poste anco in altre opere; e ivi è da incol-
parne la sua fretta. Trovasi anche rammentato
con qualche lode un Alessandro Mazzuola, fi- ALESSAN-
glio di Girolamo, che dipinse in duomo nel DRO MAZ-
1571: egli è un debole imitatore del domestico ZUOLA.
stile; fato, per così dire, delle famiglie pittoriche, che arrivano al terzo erede.

Tal era lo stato dell'arte in Parma circa la I Farnesi
metà del secolo sestodecimo, quando la fami- a Parma.
glia de' Farnesi venne a dominarvi, e contribuì
ad animare e a promovere quella scuola. I discepoli del Coreggio avean già fatti degli allievi; e se è difficile a dire di quale scuola ciascuno uscisse; è però agevole congetturare dal
loro gusto che tutti si studiavano di batter le
vie de' due maggior maestri, che abbiamo descritti in Parma; ma forse più del Mazzuola
che del Coreggio. È troppo comune fra' dilet-
tanti e fra gli artisti quel pregiudizio, che il
più nuovo stile sia sempre il più bello; così
la moda guasta anche l'arti. Il Parmigianino
non educò forse per la pittura se non il cugino: Daniel da Parma era stato anche col Coreggio: e Batista Fornari, avendo da Francesco
appreso il disegno o poco più oltre, si diede
alla scoltura, e fra le altre belle statue fece pel
Duca Ottavio Farnese il Nettuno, ch'è ora nel
giardino Reale. Vi si è aggiunto da alcuni Ja- JACOPO
copo Bertoja (o come scrissero per errore Gia- BERTOJA.
cinto) adoperato assai dalla corte in Parma ed
in Caprarola; nè è gran tempo che certe sue
pitturine segate dal palazzo del R. giardino di

Parma furono trasferite nell' Accademia. I soggetti son favolosi, e in quelle Ninfe, e in tutt'
altro assai traspira della leggiadrìa di Francesco. Tuttavia le memorie trovate dal P. Affò
non consentono ch' egli avesse il Parmigianino
a maestro. Egli era ancor giovane nel 1573;
e il Lomazzo nel suo Tempio lo dice scolare
di Ercole Procaccini. Dipinse molti quadretti
da stanza, che un tempo eran ricercatissimi;
nè Parma ha di lui pittura che sia grande, eccetto due gonfaloni di confraternite.

Si è anco tenuto dietro allo stile più che alla storia, ponendo fra gli scolari del Parmigianino un Pomponio Amidano. Dee però con-
tarsi fra' suoi seguaci più diligenti; fino ad essere stata ascritta a Francesco (e non da pittori volgari) una tavola dell' Amidano, ch' è
alla Madonna del Quartiere; ed è la più bella
opera, che ne abbia Parma. Nobile e piazza-
to è lo stile di questo pittore, dice il Cav. Ratti, senonchè sente talvolta alquanto del piatto.

Pier Antonio Bernabei detto della Casa non
è della scuola del Parmigianino, ma dee appartenere a qualche altro ajuto del Coreggio,
o scolare. Non veggo perchè l' Orlandi si
contenti di lodarlo come pittor non ignobile;
quando la sua cupola alla Madonna del Quartiere ne fa concepire idea di uno de' migliori
frescanti, che allora vivessero in Lombardìa,
e in Italia. Vi ha rappresentato, come le più
volte in su le cupole, un Paradiso, folto, ma
senza disordine; con figure di maniera coreggesca, tinte con grandissimo rilievo e forza, che
si direbbe anche soverchia nelle più lontane,
mancandovi la debita degradazione. Questa cupola, che si mantiene, corre ora il terzo seco-

POMPONIO
AMIDANO.

PIER AN-
TONIO
BERNA-
BEI.

lo, conservatissima, è il suo capo d' opera:
veggonsi però e al Carmine e altrove alcune
sue pitture similmente di grand'effetto. Aurelio
Barili e Innocenzio Martini di Parma dovean
essere considerabili artefici, postochè a S. Giovanni ed alla Steccata impiegati furono: qualche loro affresco si addita ancora, ma l'occhio
non vi si posa, allettato da migliori oggetti
contigui.

IL BARILI
E IL MAR-
TINI.

Circa il medesimo tempo un altro suddito
dello Stato dipingeva in Piacenza sua patria,
per nome Giulio Mazzoni già scolare di Daniel
da Volterra, nella cui vita è assai lodato dal
Vasari. Rimangono in duomo gli Evangelisti,
che vi effigiò, rinovata da altro pennello la
volta di S. M. di Campagna, ch'egli avea i-
storiata. Dalla scuola di Daniello non avea re-
cata intelligenza di sotto in su, e peccò in questa; molto ragionevole nel rimanente.

GIULIO
MAZZO-
NI.

EPOCA TERZA.

*PARMIGIANI ALLIEVI DE' CARACCI E DI
ALTRI ESTERI FINO ALLA FONDA-
ZIONE DELL' ACCADEMIA.*

Nel 1570 invecchiati, o morti i miglior coreggeschi, la scuola di Parma cominciò a dar
luogo alla bolognese; ed eccone il modo e le
cagioni tessute in parte dall' avvedimento, in
parte dal caso. Dovea dipingersi una cappella
di duomo', lavoro promesso al Rondani e al
Parmigianino, e per varj accidenti differito sì
oltre, che i due pittori già più non erano.
Orazio Sammachini vi fu invitato da Bologna:
appagò il pubblico; e, se io non erro, trasse ivi
gran giovamento dallo studiare nel Coreggio, a
cui è più simile che altro bolognese di quella
età. Nel duomo istesso dipinse Ercole Procaccini. Nè molto dopo fu dal Duca Ranuccio
chiamato da Bologna per suo pittore di corte
Cesare Aretusi; il quale, come dicemmo, fu
adoperato a rinnovare il dipinto della tribuna
a S. Giovanni. Si era risoluto per allungare il
coro di demolir la vecchia tribuna; ma ciò che
vi aveva effigiato il Coreggio si volea replicato
esattamente nella nuova; esempio degno di
passare in legge ovunque si pregiano belle arti. L' Aretusi, conta il Malvasìa, ne prese
l'impegno; ma ricusò cavarne copia sul luogo, dicendo che tal lavoro gli parea più da

studente che da maestro. Fu dunque a ciò
impiegato Annibal Caracci, che ajutato dal suo
fratello Agostino ritrasse quella grande opera
in varj pezzi, che son ora a Capo di Monte;
e con la scorta di questi l'Aretusi ridipinse
poi la nuova fabbrica nel 1587. A questo racconto ha opposto il Padre Affò il contratto
dell'Aretusi rogato nel 1586, con cui si obbliga a *ricopiare maestrevolmente quella Madonna
Coronata*; e gli si promette il vitto *per un
garzone, che preparerà i cartoni*; cosa che non
può cadere in Annibale rappresentatoci nella storia di già maestro nel 1586. Che deggia
pensarsi di tal fatto, e de' cartoni, che la voce comune ascrive ad Annibale, e si dicon degni di lui, *quaerere distuli; nec scire fas est
omnia (Horat.)*. Dirò solo che Annibale, dopo avere nel 1580 consumati varj mesi studiando, e copiando il Coreggio, vi tornava di
tempo in tempo a vagheggiar quello stile; e
che il contemplarlo sì spesso lo ajutò mirabilmente a possederlo. Fu allora che a' Cappuccini di Parma dipinse una Pietà, la più vicina
che si sia mai veduta a quella di S. Giovanni;
e fu allora che il Duca Ranuccio gli commise
alcuni quadri, che son oggidì a Napoli.

Era il Duca grande amatore delle arti, come appar dalla scelta de' soggetti che adoperò; fra' quali furono Lionello Spada, il Trotti,
lo Schedoni, Gio. Sons figurista abile e pae- Gio. Sons
sista anche migliore, che l'Orlandi suppone i-
struito in Parma, e perfezionato in Anversa.
Pare che avesse anche in considerazione il Ri-
bera. Questi a S. Maria Bianca avea dipinta
una cappella, ora demolita, che, secondo lo
Scaramuccia, si saria creduta del Coreggio, e

potè destar emulazione in Lodovico Caracci stesso (*Lett. Pittor.* T. I pag. 211). La maggior gloria però del Duca e del Cardinal suo fratello fu l'avere stimati e impiegati i Caracci. Così in quella corte fossero stati tenuti nel grado, e rimunerati co' premj che meritavano: ma (colpa di alcuni cortigiani) la storia racconta di questi grandi uomini cose che fan pietà (*a*). Da tali principj si vuol ripetere ciò che nella storia caraccesca si legge in diversi anni; Annibale incaricato di dipingere in Roma la Gallerìa Farnese; Agostino chiamato a Parma in qualità di pittor di corte, nel quale impiego morì; Lodovico inviato a Piacenza perchè congiuntamente con Camillo Procaccini ornasse il duomo della città. Ed ecco pure i principj a Parma di un nuovo stile, anzi di nuovi stili, che nel secol XVII si vennero dispiegando quivi e nel rimanente dello Stato, introdottivi da' bolognesi.

GIAM-
BATISTA
TINTI.
Loro scolare, oltre il Bertoja, fu Giambatista Tinti allievo del Sammachini; e in oltre Giovanni Lanfranco e Sisto Badalocchi, che avendo conosciuti i minori Caracci in Parma, si trasferirono prima in Bologna alla scuola di Lodovico, indi seguirono Annibale in Roma, e quivi con lui stettero in contubernio. Costoro, benchè allievi di bolognesi, somigliano certi uomini, che usciti dalla lor patria, mai non ne depongono nè la memoria, nè il lin-

IL LAN-
FRANCO.
guaggio. È quanto al Lanfranco, tutti conven-

(*a*) V. Bellori nella *Vita* di Annibale pag. 34 e 35. Malvasìa Tom. I pag. 334, 404, 405, 442. Orlandi alla voce *Gio. Batt. Trotti*.

gono che nelle opere macchinose niuno ritrasse la grandiosità del Coreggio meglio di lui;
comechè nè in colorito gli sia simile, nè in
finitezza lo secondi, nè possa negarglisi certa
originalità di caposcuola. Di questo è in Parma il quadro di tutt' i SS. nella chiesa del loro titolo, e in Piacenza, oltre il S. Alessio e il
S. Corrado in duomo, opere dal Bellori lodate
al sommo, è alla Madonna di Piazza la tavola di S. Luca con una cupola sì apertamente
imitata da quella di S. Gio. di Parma, che per
poco non può dirsi servilità. Sisto Badaloc- SISTO BA-
chi (a) non inferiore al Lanfranco in facilità e DALOC-
in altre doti pittoresche, si avvicinò molto al CHI.
suo stile. Si è dubitato perfino in Parma se il
quadro di S. Quintino nella sua chiesa sia dipinto dal Lanfranco, o da lui. Ma di costoro,
che vissero il più della età loro fra' caracceschi, e fuori di patria, scriveremo nella scuola
bolognese più opportunamente.

Giambatista Tinti apprese in Bologna dal GIAMBA-
Sammachini l'arte del disegnare e del colori- TISTA
re; e studiò indefessamente nel Tibaldi; sul TINTI.
cui esempio dipinse a S. Maria della Scala,
nè senza nota di plagio (b). Per altro stabilitosi a Parma, in niun altro esemplare più fis-
sò gli occhi che nel Coreggio; e dopo lui nel
Parmigianino. La città ha molte opere di questo pennello in privato e in pubblico; e assai
si distinguono fra esse l'Assunta in duomo copiosa di figure, e il Catino alle Cappuccine
Vecchie, che si conta fra le ultime opere grandi dell'antica scuola di Parma.

(a) Presso il Malvasìa T. I pag. 517 è detto *Sisto Rosa*.
(b) Malvasìa T. I pag. 212.

Dopo costoro declinò sempre la pittura. Verso la metà del secolo XVII si trovano ricordati nella *Guida* di Parma Fortunato Gatti, e Gio. Maria Conti parmigiani; nè molto, credo io, fu distante da essi Giulio Orlandini. Costoro meglio provano la successione de' pittori in Parma che de' grandi pittori. Trovo anche ricordato un Girolamo da' Leoni piacentino, che insieme col Cunio milanese dipingeva al tempo de' Campi. Similmente in Piacenza dopo la metà del secolo un Bartolommeo Baderna scolar del Cav. Ferrante operava con lode d'industria più che di genio; onde il Franceschini dicea di lui che avea picchiato all'uscio de' bravi pittori senza poter entrar dentro. La corte intanto non mancava di promovere ne' sudditi lo studio delle belle arti. Mandò anche pensionato in Roma sotto la direzione del Berettini un giovane di molto talento, e fu Mauro Oddi; che con soddisfzione de' Principi dipinse alla villa di Colorno, e di tavole d'altare ornò qualche chiesa; ma questi più che la fama di pittore ambì quella di architetto. Nel tempo stesso era impiegato in corte, e non di rado lavorava per chiese e per quadrerìe private Francesco Monti, di cui si parlò nella scuola veneta; e questi maggiormente influì nella pittura di Parma, formandole in Ilario Spolverini un allievo di merito. Ilario, non altrimenti che il suo maestro, si acquistò nome dipingendo battaglie; nè so se per esagerazione, o per verità solea dirsi che i soldati del Monti minacciavano, e quei dello Spolverini uccidevano. Non men di fierezza e di orrore ha messo in certi quadri di assassinamenti, che son pregiati al pari delle

Marginal notes:

FORTUNATO GATTI, CONTI, E ORLANDINI.

GIROLAMO DA' LEONI.

BARTOLOMMEO BADERNA.

MAURO ODDI.

FRANCESCO MONTI.

ILARIO SPOLVERINI.

battaglie. Dipinse per lo più pel Duca Francesco: è però anche al pubblico qualche suo
lavoro maggiore in olio e a fresco alla Cattedrale, alla Certosa, e altrove in città e per
lo Stato.

Dallo Spolverini fu educato Francesco Simo- FRANCE-
SCO, SIMO-
NINI.
nini battaglista celebre di questa età. L'Or-
landi lo dice scolar del Monti, e istruitosi in
Firenze su le opere del Borgognone. Visse
lungamente in Venezia, ove nella sala Cap-
pello, e in più quadrerìe lasciò quadri copiosi
di figure, ornati di belle fabbriche, variati di
ogni genere di mischie e di azioni militari.
Promosse Ilario alla pittura altri giovani par-
migiani, fra' quali forse Antonio Fratacci e ANTONIO
FRATAC-
CI.
Clemente Ruta, e certamente l'Ab. Giuseppe
Peroni. Il primo sotto il Cignani divenne miglior copista dello stile del maestro, che ope-
ratore; chiamato *pittor pratico* dal Sig. Bianconi nella *Guida* di Milano ove, e in Bologna
si vede qualche sua tavola. In Parma non o-
però pel pubblico, che io sappia; ma solo per
quadrerìe, e vi tiene onorato posto. Parimen-
ti il Ruta si formò in Bologna nell'accademia CL. RUTA.
del Cignani, e tornato in patria, le cui pitture
ha descritte, quivi servì all'Infante Carlo di
Borbone finchè stette a Parma; e passò insieme con lui in Napoli: tornato in Parma
continuò ad operare lodevolmente finchè vide
luce; perciocchè verso il fine della vita ac-
ciecò.

Il Peroni poi si condusse prima in Bologna, L'AB. PE-
RONI.
ove fu istruito dal Torelli, dal Creti, e da Ercole Lelli; e di là si trasferì a Roma, ove si
diede scolare al Masucci. È però credibile che
il colorito del Conca e del Giacquinto, che in

que' tempi erano in voga, lo sorprendessero; perchè le sue tinte, ove più ove meno, partecipano di quel verde e di quel falso. Nel rimanente è disegnator buono, e ne' gentili soggetti assai tiene del marattesco; come nel S. Filippo, che vedesi a Milano in S. Satiro, o nella Concezione presso i PP. dell' Oratorio a Torino. In Parma può conoscersi a S. Antonio Abbate, ove dipinse a fresco assai bene, e vi mise una tavola di Gesù Crocifisso in competenza del Batoni e del Cignaroli: ivi più espressamente che altrove par, ch'ei chiegga luogo fra' buoni pittori di questa ultima età. Ornò il Peroni l'accademia e la patria, e vi morì pieno di giorni. Non così avanzato negli anni vi morì Pietro Ferrari, che, oltre il B. da Corleone posto nella chiesa de' Cappuccini, vi ha lasciate altre belle pitture in pubblico, e anche più in privato, imitatore dell' antica sua scuola e di altre recenti (*a*).

Pietro Ferrari.

Piacenza ebbe un Pier Antonio Avanzini educato dal Franceschini in Bologna: dicesi che mancasse di facoltà inventiva, e che le più volte eseguisse i disegni del suo maestro. Dalla

Pier Antonio Avanzini.

(*a*) Voglionsi qui aggiugnere brevemente le lodi del suo maestro defunto, morto ha due anni, pavese ma stabilitosi a Parma da molti anni. Avea studiato in Firenze sotto il Meucci, indi a Parigi ove fu applaudito e premiato un suo bel quadro, ed egli ascritto a quella insigne Accademia. Tornato in Italia e divenuto primo pittore della corte di Parma, fece alla città allievi ed opere che l'onorano. Il Prometeo liberato da Ercole che pose nell'Accademia, il gran quadro co' ritratti della R. Famiglia dell' Infante D. Filippo Duca di Parma, che nella Guardaroba si addita ancora come il miglior suo lavoro, giustificano la riputazione che gode in vita, e a lui dura estinto. Fu il suo nome Giuseppe Baldrighi, e morì in Parma di 80 anni.

la scuola di Giuseppe del Sole uscì Gio. Batista
Tagliasacchi di Borgo S. Donnino, genio fatto
per la pittura graziosa, e perciò studiosissimo
del Coreggio, del Parmigianino, e di Guido.
Avria sopra tutto voluto esserlo di Raffaello;
ma i parenti mai non gli consentirono di veder Roma. Visse e operò molto in Piacenza,
nel cui duomo è assai pregiata una sua Sacra
Famiglia, che ne' volti ideali tien dello stile romano, e nel colorito non degenera dal lombardo; pittore, se io non erro, di più merito
che fortuna.

Finalmente la nazione non ha desiderati eccellenti maestri della minor pittura. Fabrizio
Parmigiano è lodato dal Baglioni fra' paesisti
del suo tempo. Lavorava con Ippolita sua moglie per le quadrerie d'Italia, recandosi di
paese in paese finchè giunse in Roma, ove ornò di boscaglie con anacoreti anche qualche
chiesa; e vi morì in fresca età. Il suo stile era
più ideale che vero, come costumavasi innanzi
i Caracci, ma spiritoso e diligente. Vi ebbe
pure un Gialdisi parmigiano, di cui perchè vivuto in Cremona scrive lo Zaist fra' professori
di quella scuola come di celebre dipintore di
fiori: gli dispose anche in tavolini coperti di
tappeti, e quivi pure collocò istrumenti da suono, e libri, e carte da giuoco; il tutto con una
verità e con tanto buone tinte, ch' egli da te-
nui cose ha tratta non tenue fama. È anche
da ricordare Felice Boselli di Piacenza, che i-
struito da' Nuvoloni divenne figurista mediocre
d'invenzione, ancorchè molto valesse in copiare anche gli antichi, fino a ingannare i periti
con le sue copie. Scorto dal genio si diede a
rappresentare animali or con le lor pelli, or

GIO.BATI-
STA TA-
GLIASAC-
CHI.

Pittura in-
feriore.
FABRIZIO
PARMI-
GIANO.

GIALDISI.

FELICE
BOSELLI.

quali si espongono nelle beccherìe; e in oltre uccellami, e pesci; disponendogli con ordine e colorendogli con verità. I palazzi di Piacenza ne abbondano; essendo vivuto il Boselli oltre agli ottant'anni, lavorando di questi quadri speditamente e di pratica, per cui non han tutti uguale stima. Vi è in oltre Gianpaolo Pannini, a cui nella scuola romana, ove imparò e insegnò ancora, resi quella giustizia, che gli fa il pubblico per la gran perizia nelle prospettive, e per la singolar grazia nelle figurine che vi aggiunge. Di questo pennello sono in patria più saggi mandativi da Roma, e fra essi hanno i Signori della Missione un quadro rarissimo, perchè di figure grandi oltre il consueto di quell'autore. Vi son rappresentati i Venditori scacciati dal Signore fuori del tempio; l'architettura è grandiosissima, le figure piene di spirito e di varietà. Il Sig. Proposto Conte Carasi, descrittore commendabilissimo delle *Pitture pubbliche di Piacenza*, lo disse unico fra'pittori già morti, di cui poss'aver vanto in quella città. Tal penuria non dee recarsi al clima, che abbonda d'ingegni, ma forse a mancanza di scuola locale; danno che per Piacenza si è convertito in grand'utile. Si scorra il catalogo de'pittori, che ivi operarono, con cui il Sig. Carasi chiude il suo libro; e si dica se altra città è in Italia, eccetto le Capitali, così ornata da pittori eccellenti di ogni nostra scuola. S'ella avesse avuti maestri, essi per un buon allievo le avrian formati venti de' mediocri; e le opere di costoro avrian riempiuti i palazzi e i tempj, com'è intervenuto a tante altre città secondarie.

Basta per lo più a uno Stato come una Uni-

GIANPAOLO PANNINI.

versità per le lettere, così un'Accademia per
le belle arti, specialmente ove sia fondata,
mantenuta, animata all'uso di Parma. Don Filippo di Borbone nel 1757, ch'era il decimo del
suo principato, le diede l'essere; e il Real suo
Figlio, che felicemente regge ora lo Stato, le ha
dati e tuttavia le dà nuovi accrescimenti (a).
Niuna cosa è più conducente a risvegliare fra
noi il bel genio della pittura, che il modo che
ivi si tiene in premiare. Proposto il tema del
quadro s'invitano al concorso non i giovani
del Dominio solamente; ma gli esteri ancora;
onde in ogni luogo ferve l'industria de' più maturi studenti e più abili, che risguardano inverso Parma. Il metodo del concorso, la integri-
tà e perizia de' giudici, tutta la forma del giu-
dicio esclude ogni sospetto, che il quadro pre-
scelto al premio non sia il più degno. L'autore n'è largamente rimunerato; ma la più am-
bita mercede è l'essere stato in tal consesso
fra tanti competitori giudicato primo: ciò sempre basta per uscir dal volgo degli artefici, e
spesso per salire in fortuna. Il quadro corona-
to rimane per sempre in una camera dell'Accademia insieme con gli altri già prescelti ne'
decorsi anni; ed è questa una serie, che fin
da ora interessa molto gli amatori delle belle
arti. Dopo che i cortoneschi han cominciato a
perdere il regno, che sotto nomi e sette diverse tenevano in tanta parte d'Italia, succede a'
dì nostri come una crisi, che per ora è piuttosto un tentativo di nuovi stili, che uno stil dominante da caratterizzar questo nuovo secolo.

(a) I professori che l'adornano sono indicati dal P. Affò
negli opuscoli citati in questo capitolo.

Or in questa raccolta meglio che in ogni libro
si può leggere lo stato delle nostre scuole; quali massime si vadano propagando; qual genere
d'imitazione e quanto libera ora regni; onde
sorga qualche speranza di ricuperare l'arte antica del colorito; qual pro sia venuto alla pittura dalle copie de' miglior quadri pubblicate
con le incisioni, e da' precetti de' maestri di-
volgati con le stampe. So che in questo genere variamente si pensa; nè il mio giudizio, ove
io lo interponessi, darebbe peso a veruna delle contrarie opinioni. Dico solo, che veggendo
deferirsi ora alla ragione quanto prima si defe-
riva alla pratica, m' inclina l'animo alla speranza piuttosto che alla diffidenza.

CAPITOLO IV

SCUOLA CREMONESE.

～❦～

EPOCA PRIMA

GLI ANTICHI.

Non lessi mai la storia di Bernardino e degli altri Campi scritta già dal Baldinucci, e recentemente da Giambatista Zaist, che non mi paresse veder nella scuola di Cremona, ch'essi fondarono, un abbozzo di quella che poi stabilirono i Caracci in Bologna. Una famiglia e nell'una città e nell'altra formò il progetto di un nuovo stile pittoresco, che partecipasse d'ogni scuola d'Italia senza far plagio in alcuna: e d'una famiglia uscì nell'una città e nell'altra un sì bel numero di maestri, che parte per sè medesimi, parte per mezzo de' loro allievi ornaron la patria con le opere, l'arte con gli esempj, la storia col nome loro. Perchè poi la scuola di Cremona rimanesse indietro alla bolognese in perfezione ed in fama, perchè durasse men della caraccesca, perchè questa abbia in certo modo condotto a fine ciò che l'altra ha tentato; ciò è stato effetto di varie moltiplici cagioni, che nel decorso del capitolo verrò svolgendo. Per ora son da esporre, com'è il mio uso, i principj di tale scuola; nè deon cercarsi fuori di quel magnifico duomo, che fondato nel 1107, come prima si potè, fu fregiato di scoltura insieme e di pittura. L'una e l'altra è oggetto degnissimo di un occhio antiquario, che vada indagando per quali vie e con quali passi le arti in Italia venissero risorgendo. La scoltura non presenta ivi cosa che non riveggasi in Verona, in Crema, in altri luoghi; ove le pitture rimase nel volto delle due navate laterali son cose uniche, e meritano il disagio di vederle dappresso; giacchè le figure son picciole, e la luce è scarsa. Il lor soggetto son sacre istorie; il disegno è oltre modo secco, il colorito è forte, i vestiti nuovi del tutto; se non in quanto alcuni di essi continuano a vedersi oggidì nelle mascherate e ne' teatri d'Italia. Vi sono architetture fatte con sole linee, come in certe stampe di legno delle più antiche; e vi son caratteri che denominano le principali figure, come talora ne' musaici più vetusti, quando l'occhio non assuefatto a vedere istorie avea mestieri di sì fatte indicazioni. Nulla però è quivi che rammenti greci musaici; tutto è italico, tutto è nuovo, tutto è patrio. Le lettere lasciano in dubbio se vogliano ascriversi al secol di Giotto, o al precedente; ma le figure fan fede all'autore, che nè a Giotto, nè al maestro di esso dee nulla dell'arte sua. Del costui nome niun sentore potei avere nè dagli antichi storici della scuola, Antonio Campi, e Pietro Lamo, nè dal già nominato Gio. Batista Zaist, che in due tomi compilò già le memorie de' cremonesi che professarono belle arti; e furono editi dal Panni nel 1774.

Ben posso aggiugnere, che i pittori erano nel cremonese fin dal 1213, giacchè avendo la città riportata vittoria sopra i milanesi, ella fu dipinta nel palazzo di Lanfranco Oldovino, ch'era uno de' capi dell'esercito cremonese; di che si dà per testimone Clemente Flameno nella *Storia di Castelleone* (a). È anche nominato dall'Abate Sarnelli nella *Guida de' Forestieri di Napoli*, e dal Can. Celano nelle *Notizie del bello di Napoli* un M. Simone cremonese, che circa il 1335 dipinse in S. Chiara; ed è quel desso, che il Surgente autor della *Napoli illustrata* chiama Simon da Siena, e il Dominici Simone Napolitano. Al parere del Dominici nell'altro tomo mi attenni, giacchè egli cita il Criscuolo, e i suoi archivj; ma ne sia la fede presso loro. Altri nomi possono annettersi, che lo Zaist ha raccolti parte da MSS., parte da libri editi, come un Polidoro Casella, che fioriva nel 1345, un Angelo Bellavita vivuto nel 1420, un Jacopino Marasca nominato nel 1430, un Luca Sclavo, che il Flameno pone dopo il 1450 fra' dipintori eccellenti, e fra' familiari di Francesco Sforza, un Gaspare Bonino rinomato circa il 1460: di qua veggasi che a questa scuola non mancò per lungo corso di anni serie e successione, ancorchè non esistan pitture, onde comprovarla.

La prima, che ci si presenti con nome e con data certa, è una tavola posseduta dallo stesso Zaist, con Giuliano (di poi Santo) che uccide il padre e la madre, credendo di sorprendere nel suo talamo la moglie e il drudo. Si leggevano a piè di quel letto questi due versi:

(a) V. Zaist pag. 12.

Hoc quod Manteneae didicit sub dogmate clari,
Antonii Cornae dextera pinxit opus Mcccclxxviii.

ANTONIO DELLA CORNA. Questo Antonio della Corna è noto per la storia; e dal prefato monumento si scuopre scolar del Mantegna, e seguace del primo suo stile piuttosto che del secondo. Nè credo che o vivesse, o piacesse a bastanza; non avendo avuto luogo fra' quattrocentisti dipintori del duomo, che ivi han lasciato un monumento di pittura emolo alla cappella Sistina; e, se io non erro, le figure di quegli antichi fiorentini son più corrette, queste più animate. È un fregio che gira sopra le arcate della chiesa ripartito in più quadri, ciascun de' quali contiene una storia evangelica dipinta a fresco. Vi han lavorato varj cremonesi, tutti ragguardevoli.

BONIFAZIO BEMBO. Il primo di questo numero nel dipingere la Epifanìa e la Purificazione in uno spartimento scrisse *Bembus incipiens*, e nell' altro 14...; il qual millesimo di poi coperto dalla fiancata dell' organo non si scorge più da gran tempo. Il senso è chiarissimo, ove si leggano insieme il nome e il millesimo; nè si pena a intendere che l'autore in un'opera, che dovea farsi da molti ed in molti anni, volle lasciar memoria di chi l'avesse incominciata, ed in quale anno. Vi è stato nondimeno chi leggendo staccatamente *Bembus incipiens*, ha sospettato che il pittore volesse dire di essere allora principiante nell' arte; quasi i cremonesi, che ad ornare così bel tempio han sempre condotti sommi artefici, avessero allora scelto un novizio. Si è pur quistionato se la iscrizione spetti a Bonifazio Bembo, o a Gianfrancesco suo minore fratello; e par da credersi col Vasari che appartenga al primo, pittor provetto,

che dipingea per la corte in Milano fin dal
1461, ove Gio. Francesco fiorì più tardi, come poco appresso riferiremo. Nelle due storie, onde Fazio ordì il suo lavoro, e nelle altre vedesi un abile artefice, brioso nelle mosse, vivo nel colorito, pomposo negli abiti, che
però non si solleva sopra la sfera de' naturalisti, copiando il vero senza molto tresceglierlo;
anzi alterandolo talvolta con qualche scorrezione. Gli Abbeccedarj e il Bottari ancora confu-
sero questo Bonifazio col Bonifazio veneziano;
di cui scrivemmo a suo luogo.

Dirimpetto al Bembo colorì una storia della
Passione (e fu il Redentore davanti a' giudici)
un Cristoforo Moretti (a), che, al dir del Lomazzo, insieme col Bembo aveva operato nella
corte di Milano, e fu impiegato anche a S. A-
quilino. Ne rimane in quella chiesa una Madonna, che siede fra varj SS., nel cui manto
in caratteri intrecciati a modo di trina d'oro
lessi *Christophorus de Moretis de Cremona*. Gli
scrittori cremonesi lo dicon figlio di Galeazzo
Rivello, e padre ed avo di alcuni altri Rivelli
similmente pittori; e solo per soprannome chiamato il Moretto. Dalla soscrizione che ho pro-
dotta parmi che insorga difficoltà contro sì fatta tradizione; giacchè *de Moretis* è espressione
di casato, non di soprannome. Che che sia
da dire in tale articolo, fu questi uno de' rifor-
matori della pittura in Lombardìa particolarmente nella prospettiva e nel disegno; e in
quella storia della Passione, esclusa già ogni
doratura, si avvicina a' moderni.

Alquanto più tardi, e non prima del 1497,

CRISTO-
FORO Mo-
RETTI.

_____

(a) V. il Lomazzo *Tratt. della Pittura* pag. 405.

furono adoperati due cremonesi a continuare il cominciato fregio, Altobello Melone, e Boccaccio Boccaccino. Il primo per testimonio di Giorgio Vasari dipinse varie istorie della Passione molto belle e veramente degne d'esser lodate. Egli è il men costante nel suo stile, mescendo in uno stesso dipinto, come altri osservò, figure che danno nel grande con altre che dan nel piccolo: è anche men forte in pitture a fresco, colorendole in guisa che ora sembrano arazzi. Non così ove dipinse a olio; siccome fece in una tavola con la discesa di Cristo al Limbo, che conservasi nella sagrestìa del Sacramento; rifiutato da' Sigg. Canonici un gran contante che fu già esibito per comperarla. Le figure sono in gran numero, di proporzione alquanto lunga; colorite però con forza e con morbidezza. Vi è intelligenza di nudo sopra il comune di quella età, e una grazia di volti e di mosse da crederla opra di grande artefice. Nella *Notizia del Morelli* è riferita una sua Lucrezia quadro da stanza, dipinto alla fiamminga; e dicesi lui essere stato scolare dell' Armanino, forse di quella nazione.

Boccaccio Boccaccino è fra' cremonesi ciò che sono il Grillandajo, il Mantegna, il Vannucci, il Francia nelle scuole loro; il miglior moderno fra gli antichi, e il miglior antico fra' moderni; ed ebbe l'onore d'istruire per due anni il Garofolo, prima che questi nel 1500 ne andasse a Roma. Sono del Boccaccino nel fregio del duomo la Nascita di Nostra Signora con altre storie di lei e del divin Figlio. Lo stile è originale in parte, e in parte conformasi con Pietro Perugino, di cui il Pascoli lo fa scolare; men di lui ordinato in comporre, men leggiadro nelle arie delle teste, men forte nel chiaroscuro; ma più ricco ne' vestimenti, più vario ne' colori, più spiritoso nelle attitudini, e forse non meno armonioso, nè meno vago nel paese e nelle architetture. Ciò che dispiace sono certe figure, che dan nel nozzo perchè assai panneggiate e non isvelte a sufficienza; difetto che gli antichi statuarj schivavano accuratamente, come osservai nel cap. 3. Il Vasari dice che fu a Roma; nel che io lo sieguo, e perchè Antonio Campi par che l'accennai, e perchè in lui trovo imitazioni di Pietro evidenti; come nello Sposalizio di Maria Vergine, e in un magnifico tempio eretto sopra alti gradi, che Pietro ha replicato più di una volta. Fu anche notato, che la sua Madonna a S. Vincenzo, aggiuntovi il Titolare e S. Antonio, sembra opera del Vannucci; e gli si appressa veramente anche in altre immagini. Credo pertanto facilmente che il Boccaccino vedesse Roma; ma credo se non finto, alterato assai ciò che presso il Vasari ed il Baldinucci di lui sta scritto.

Ragioniamone brevemente. Dicono ch'egli si mettesse ivi a invilire le opere di Michelangiolo, e che avendo dipinto alla Traspontina si tirasse contro le beffe e i sibili de' professori; onde per non sentirsi più da ogni lato trafitto gli convenisse tornarsene alla sua Cremona. Tale storiella ed altre simili cose irritarono i lombardi. Lo Scannelli nel Microcosmo, il Lamo nel Discorso su la pittura, il Campi nella sua Istoria hanno contro il Vasari rinnovate le querele delle altre scuole: lo Zaist le riporta a pag. 72, aggiuntavi di suo una dissertazio-

ne per ismentire questo racconto. Tutta la
confutazione si appoggia all'epoche segnate dal
Vasari; dalle quali risulta, siccome dicono,
una negativa coartata su la gita del Boccaccino in Roma in tempo da poter biasimare le
pitture di Michelangiolo. È uso degl'istorici
meno esatti raccontare la sostanza di un fatto,
rivestendola di circostanze o di tempo, o di
luogo, o di modo, che non sussistono. La
storia antica è piena di questi esempj; e la
critica anche più severa non discrede il fatto
ad onta di qualche circostanza alterata, quando altre assai forti lo persuadono. Nel caso
nostro l'istorico grande amico di Michelangiolo fa una narrazione che interessa l'amico, e
di cosa avvenuta in Roma non molto prima
ch'egli scrivesse. È difficile a crederla una novelletta nata senza fior di vero. Veri non posso credere certi accessorj; e sopra tutto disap-
provo nel Vasari que' tratti di penna, con cui
avvilisce uno de' miglior pittori che allora fossero in Lombardìa.

Le altre istorie, dopo i quattro già nominati,
furon condotte dal Romanino di Brescia e dal
Pordenone, due grandi pittori della loro età,
che ivi lasciarono esempj del gusto veneto non
negletti da' cremonesi, come vedrassi. Qui è
da aggiugnere, che quella città è stata sempre gelosa di conservare in quanto ha potuto
dalle ingiurie del tempo queste antiche pitture;
le quali cominciando a deteriorarsi verso il fine del secolo XVI furono con gran diligenza
ristaurate da Martire Pesenti detto il Sabbioneta, pittore e architetto di grido; e la medesima diligenza si è usata verso di esse nel presente secolo dal Cav. Borroni.

Due altri cittadini dipinsero pure nel medesimo luogo di quello stile, che chiamano antico moderno. Alessandro Pampurini vi effigiò alcuni putti per quanto dicesi intorno ad un cartellone, e certi quasi arabeschi con la data del 1511; e l'anno appresso Bernardino Ricca, o Riccò fece ivi di rimpetto un lavoro simile, che per essere condotto a secco in pochi anni perì, e fu rinnovato da altra mano. Vive però di questo artefice una Pietà a S. Pietro del Pò, e qualche altr'opera vive similmente del suo compagno, onde riputargli non indegni di storia per la loro età.

Alessandro Pampurini.

Bernardino Ricca.

Esposta la serie degli artefici, che ornaron la cattedrale, son da rammentare certi altri che in quell'opera non ebbon parte, e non pertanto nella età loro ebbono qualche nome; siccome Galeazzo Campi padre de' tre memorandi fratelli, e Tommaso Aleni. Fu costui al Campi così uniforme di stile, che le pitture dell' uno mal si poteano discernere da quelle dell' altro; paragone che si può fare a S. Domenico, ove dipinsero a competenza. È mera congettura adottata dai più, che fossero scolari del Boccaccino; ed io stento a crederlo. Gli scolari de' buoni quattrocentisti più che vissero, più si scostarono dalla secchezza della prima loro educazione. Or Galeazzo, che solo basta qui rammentare, è men vicino al far moderno che il suo supposto maestro; ciò che può vedersi nella chiesa suburbana di S. Sebastiano, ov'egli dipinse il Tutelare e S. Rocco presso al trono di Nostra Donna e di Cristo infante. La pittura è segnata con l'anno 1518, quand'egli era già consumato maestro; e tuttavia non è ivi maggiore di un debole seguace dello sti-

Galeazzo Campi. Tommaso Aleni.

le peruginesco; coloritor buono e vero, ma
languido nel chiaroscuro, gretto nel disegno,
freddo nella espressione: nulla dicono que' visi,
e quello del Santo Bambino sembra copiato da
un originale che patisse di strambo; così l'occhio è mal volto. Merita dunque conferma ciò
che ne dice il Baldinucci, o il suo continuatore ch'egli *si era reso celebre in Italia e fuori;*
nè so onde confermare tale notizia. Dagli antichi no certamente; che anzi Antonio Campi
chiama Galeazzo suo padre *pittore de' suoi tempi assai ragionevole.*

Nè sopra la sfera di ragionevoli s'innalzaro-
no alcuni altri contemporanei di Galeazzo, siccome sono Antonio Cigognini e Francesco Casella, de' quali resta qualcosa in patria, Galeazzo
Pesenti detto il Sabbioneta pittore e scultore;
Lattanzio cremonese, che avendo dipinto in Venezia alla scuola de' milanesi, è dal Boschini
rammentato nelle *Miniere della pittura,* Niccolò da Cremona, che nel 1518, al dir dell'Orlandi, operava in Bologna. Maggior considerazione meritano due altri per le opere loro, che
tuttavia superstiti assai tengon dell'aureo secolo. Il primo è un Gio. Batista Zupelli. Gli E-
remitani ne hanno un paese assai bello con
una Sacra Famiglia. Il suo gusto, benchè secco, per non so quale originalità sorprende l'occhio, e lo trattiene con piacere per certa grazia nativa, con cui son disegnate e atteggiate
quelle figure, e per certa pastosità e morbidezza, con cui son colorite: se il Sojaro non a-
vesse appresa l'arte dal Coreggio, si potria
credere che questo Zupelli gli avesse mostrata
la via di quel forte impasto, che ammiriamo
in lui e nella sua scuola. Il secondo è Gian-

Cigogni-
ni, Ca-
sella, e
Pesenti.

Lattan-
zio cre-
monese.

Niccolò
da Cremo-
na.

Gio. Ba-
tista Zu-
pelli.

francesco Bembo fratello e discepolo di Bonifa- GIAN-
zio; di cui parla con grande onore il Vasari; FRANCE-
se già è questi, come credesi, quel Gianfran- SCO BEM-
cesco detto il Vetraro, che l'istorico ci ram- BO.
menta nella vita di Polidoro da Caravaggio.
Che fosse nella Italia inferiore a me sembra
certo per lo stile che spiega in una tavola de'
SS. Cosma e Damiano agli Osservanti segnata
col suo nome e con l'anno 1524. Non vidi
cosa di simile gusto in Cremona, nè in paese
circonvicino. Vi resta appena qualche orma di
antico; come resta in certe opere di F. Bartolommeo della Porta, a cui molto somiglia nel
colorito, quantunque sia men grande nelle figure e ne' panni. V'è qualche altra sua pittura
in pubblico e nelle nobili case, che lo fa conoscere per un di coloro, che in Lombardìa
aggrandirono la maniera pittorica, e fecero dar
volta all'antico stile.

EPOCA SECONDA

CAMILLO BOCCACCINO, IL SOJARO,
I CAMPI.

Dopo il Vetraro non dee più farsi menzione che di moderni; e vuol cominciarsi dai tre egregj pittori, che nel 1522, come il Lamo ha scritto, operavano già in Cremona; Camillo Boccaccino figlio di Boccaccio, il Sojaro ricordato nel capitolo antecedente, e Giulio Campi, che fu poi capo di numerosissima scuola. Fiorirono, è vero, intorno alla loro età altri cremonesi, come i due Scutellari Francesco e Andrea, che altri ha creduto del Dominio di Mantova; ma non rimanendo di costoro se non poche e non grandi opere, passeremo rapidamente ai già rammentati principi della scuola. Anche a questi moderni assai giovò per avanzarsi la grande fabbrica del duomo, e più quella di S. Sigismondo, che in poca distanza dalla città avea già eretta Francesco Sforza: ed essi e i lor posteri dipingendoci a prova, lo ridussero ad una scuola di belle arti. Ivi si può conoscere in certo modo la serie di questi maestri, il vario lor merito, il gusto lor dominante ch'è il coreggesco, il vario modo di temperarlo, l'abilità singolare in pitture a fresco. Di queste non abbellirono solamente i tempj, ma coprendone in ogni contrada varie facciate di palagj e di case, diedero alla patria un' apparenza, che facea l'ammirazione de' forestieri; così pareva a ciascuno, che veniva nuovo a Cre-

(margin note: FRANCESCO E ANDREA SCUTELLARI.)

Cremona, di vedere una città tutta lieta, tutta ridente, e vestita a gala quasi per una pompa festiva. Sembra strano che il Franzese, che scrisse le vite de' miglior pittori in quattro tomi, niuna ne compilasse di cremonesi, che n' eran degni più di moltissimi altri onorati in quella sua raccolta con grandi elogj.

Camillo Boccaccino è il più gran genio della scuola. Ammaestrato nell' antiche massime del padre, e vivuto non molti anni arrivò a formarsi uno stile temperato di leggiadro e di forte in guisa, che non si sa in quale delle due parti ei prevalga. Il Lomazzo lo chiama *acuto nel disegno, grandissimo coloritore;* e lo propone in esempio ne' lumi impastati con grazia, nella soavità della maniera, e nel panneggiamento, insieme con Leonardo, col Coreggio, con Gaudenzio, co' primi pittori del mondo. Seguendo il giudizio del Vasari, contro cui tanto reclamarono i cremonesi, Camillo è un buon *pratico, che se la morte non lo avesse anzi tempo levato dal mondo avrebbe fatta onoratissima riuscita; che non fece molte opere se non picciole e di poca importanza;* e aggiunge delle sue pitture a S. Sigismondo, non già che sono, ma che *son credute da' cremonesi la miglior pittura che abbiano.* Elle si veggono tuttavia nella cupola, nella gran nicchia, e a' lati del maggiore altare. I pezzi più insigni sono i quattro Evangelisti sedenti, a riserva del S. Giovanni, che ritto in piedi e con la vita inarcata in atto come di stupore, forma una piegatura contraria all'arco della volta; figura celebratissima non meno in disegno che in prospettiva. Pare appena credibile, che un giovane, senza frequentar la scuola del Coreggio,

CAMILLO BOCCACCINO.

emulasse così bene il suo gusto, e lo portas-
se più avanti di lui in sì poco tempo: perciocc-
chè quest'opera con sì piena intelligenza di
prospettiva e di sotto in su fu condotta nell'
anno 1537.

Sono anche famigerati in Cremona e fuori i
due quadri laterali, che rappresentano uno il
Risorgimento di Lazzaro, l'altro il Giudizio
dell'Adultera, cinti di fregj graziosissimi con
una turba di Angioletti, che pajon vivi; e
scherzano tenendo chi mitra, chi turibile, chi
altro de' sacri arredi. Nelle due storie e ne'
lor fregj tutte le figure son disposte e volte in
maniera, che non vi si vede forse un occhio;
bizzarrìa veramente non imitabile. Camillo volle con ciò far conoscere a' suoi emoli, che le
sue figure non piacevano solamente, com'essi
andavan dicendo, per la vivacità degli occhi,
ma per tutto il rimanente. E veramente queste, comunque volte, piaccion moltissimo pel
disegno, per le varie e belle attitudini, per gli
scorti, per la verità del colore, e per una forza di chiaroscuro, che credo tratta dal Pordenone, e che fa parere men rilevate le pitture
de' vicini Campi. Più scelta che avesse usato
nelle teste degli adulti, più ordine che avesse
posto nella composizione, non vi saria stato
forse che desiderare. Oltre a ciò una facciata
additavasi non ha molti anni in una piazza di
Cremona con pochi residui di figure, che fatte
da Camillo stupendamente trattennero gli occhi
di Carlo V, e ne riscossero mill'elogj; e vi
restano ancora la tavola di Cistello, e quella
di S. Bartolommeo veramente bellissime.

BERNARDI- Di Bernardino, o Bernardo Gatti (l'uno e
NO GATTI. l'altro nome usava egli nelle sue soscrizioni)

trattai a lungo fra gli scolari di Parma; ora
deggio almeno ricordarlo fra' miglior maestri
di Cremona. Il Campi, e il Lapi lo fan cremonese fuori di ogni controversia; altri lo vollero vercellese; anzi credesi lui esser quel Bernardo da Vercelli, che dopo il Pordenone dipinse a S. Maria di Campagna in Piacenza,
come conta il Vasari; altri pavese, e dicono
aver lui scritto nella cupola del duomo in Pavia *Bernardinus Gatti Papiensis* 1553, come riferisce il Sig. Conte Carasi lodato da noi altrove. Lascio che altri esamini meglio la quistione: a me pare appena credibile aver erra-
to due storici sincroni, che scrivevano poco
appresso la morte di Bernardino, viva tuttavia
la pubblica memoria della sua origine, e pron-
ta a smentirli s' eglino avesser deviato dalla
verità. Aggiugni a questo che Cremona ha
pitture del Sojaro in buon numero dalla prima
età giovanile fino all' ultima vecchiaja e decre-
pitezza, quando ottogenario e già paralitico dipingea con la man sinistra. E pur fu allora
che lavorò per la cattedrale il quadro dell' Assunta alto cinquanta palmi, il quale, comunque non terminato per la sopravvenuta morte,
è opera, dice a ragione il Lamo, maravigliosis-
sima. Di più in Cremona rimase la sua eredità, e la sua famiglia, della quale due pittori
posso rammentare; l'uno celebre nella storia,
l'altro finora omesso. Tuttavia poichè qualche fondamento ne debb' essere a favor di Pavia, avendol fatto pavese lo Spelta scrittor delle vite de' Vescovi pavesi, e quasi contemporaneo di Bernardino, e ciò ch' è più egli stesso crede potersi comporre la differenza col dire, che il nostro pittore fosse originario, o cit-

tadino di Pavìa, e insieme domiciliario, e cit-
tadino di Cremona.

GERVASIO
GATTI. Celebre è Gervasio Gatti il Sojaro, nipote
di Bernardino, il quale lo guidò ancor giovinetto a que' fonti medesimi ov'egli bevuto a-
vea; a copiare cioè e a studiare gli esemplari
del Coreggio ch'erano a Parma. Che molto ne
profittasse lo fa conoscere il S. Sebastiano posto nel 1578 a S. Agata di Cremona, pittura
che par disegnata dall'antico, e colorita da un
de' primi figuristi e paesisti di Lombardìa. È
nella città istessa il Martirio di S. Cecilia a
S. Pietro con una gloria d'Angeli coreggeschi;
quadro rimpastato e finito con isquisita diligenza sul far dello zio, a cui per poco si ascriverebbe, se non vi si leggesse il nome di Gervasio e l'anno 1601. Egli però non fu paziente sempre del pari; vi si scopre talora il pratico; talora in una stessa tela forma volti con-
simili; talora par che non faccia scelta di teste, difetto non raro ne' ritrattisti, fra' quali
egli tenne posto eminente. Non dubito che vedesse le opere de' Caracci, del cui stile ho trovate orme in qualche sua opera, e specialmente a' SS. Pietro e Marcellino. Fratello forse di
costui fu quegli, che a S. Sepolcro di Piacenza lasciò un Crocifisso fra varj SS. con questa
URIELE
GATTI. epigrafe *Uriel de Gattis dictus Sojarius* 1601.
Vi è buon impasto di colori, e grazia non dispregevole; ma la maniera è picciola, e debole il chiaroscuro. È questi, se io non erro,
quell'Uriele, che per relazione del Cav. Ridolfi
era stato in Crema anteposto all'Urbini in certo lavoro, come già scrissi. Bernardino istruì
Lo SPRAN-
GER. anco lo Spranger, pittor carissimo a Ridolfo II
Augusto; e le Anguissole, delle quali ragione-

remo; l'uno e l'altre per poco tempo. Ciò che sopra tutto il distingue è l'essere stato il più gran maestro della scuola cremonese, che avendol presente, scorta da' suoi precetti e da' suoi esempj, produsse poi tante opere singolari e per tanti anni. Dirò francamente quel che io sento: Cremona non avria veduto nè i suoi Campi, nè il suo stesso Boccaccino poggiar tant'alto, se il Sojaro non avesse dipinto in quella città.

Ciò che resta del presente capitolo riguarderà pressochè tutto i Campi; famiglia che ha *Scuola de' Campi.* piena di dipinti Cremona, Milano, e le altre città dello Stato in privato e in pubblico. Essi furon quattro di numero; tutti lavorarono indefessamente; tutti morirono già canuti. Vi fu chi gli nominò i Vasari e gli Zuccari della Lombardia; paragone che ha del vero, ove riguardinsi le grandi e macchinose lor composizioni, e il gran numero ancora delle altre opere; ma più del falso, se come suona voglia estendersi alla bramosìa di far molto piuttosto che di far bene. Giulio e Bernardino (che sono i Campi migliori) se furon troppo solleciti in eseguire, e meno accurati, ciò fu le men volte; e molta parte ebbono in ciò i loro ajuti. Nel resto comunemente dipinsero con buon disegno, e sempre con buone tinte: e queste si mantengono tuttora vive, quanto le vasaresche e le zuccheresche scolorite in gran parte han bisogno di essere riconfortate e quasi ravvivate da qualche pittor moderno. Ma di questi due e degli altri Campi conviene scriver partitamente.

Giulio è come il Lodovico Caracci della sua *Giulio Campi.* scuola. Fratel maggiore di Antonio e di Vincenzo, e congiunto o istruttore almeno di Bernardino formò il disegno di riunire in uno stile le perfezioni di molti altri. Il padre, che gli fu maestro ne' primi anni (*a*), non si tenne abile a formarlo pittore; e lo rivolse alla scuola di Giulio romano, che a que' dì era a Mantova; e, come attesta il Vasari, per tutta la Lombardia veniva spargendo il gusto istillatogli dal maggior de' pittori. Anch' egli formava i suoi allievi architetti, pittori, plastici, abili a dirigere e a compiere ancora tutte le parti di un grande e moliplice lavoro. Tal' educazione vedesi ch' ebbe il primo de' Campi, e da lui i fratelli. Vi è la chiesa di S. Margherita tutta ornata da lui solo; vi son cappelle a S. Sigismondo, tutte opera di esso e de' suoi. Pitture grandi, piccole istorie, cammei, stucchi, chiaroscuri, grotteschi, festoni di fiori, pilastri con fondi d'oro, onde risaltano graziosi Angioletti con simboli adatti al Santo di quell' altare, tutti in somma i dipinti e gli ornati son opera d'una stessa mente, e talora d'una stessa mano. Ciò giova moltissimo alla unità, e per conseguenza alla bellezza; non potendo esser bello ciò che non è uno. È stata gran perdita per le arti, che queste abilità si sieno distratte, talchè per ognuna di tali cose si abbia a cercare un diverso artefice: e di qua nasce che in certe chiese e in certe sale si veggano oggidì quadrature, istorie, ornamenti tanto diversi, che non solo l'una parte non richiama l'altra, mà la esclude talvolta, e presso lei in

(*a*) Emendisi l' Orlandi che segna la morte di Galeazzo nel 1536, e la nascita di Giulio nel 1540; quando si sa che operava fin dal 1522.

certo modo mormora e stride. Torniamo a Giulio Campi.

Pose dunque i fondamenti del gusto sotto Giulio Romano; e da lui trasse grandiosità di disegno, intelligenza del nudo, varietà e copia d'idee, magnificenza in architetture, abilità universale a trattar qualsisia tema. Crebbegli tale maestria quando vide Roma, ove studiò in Raffaello, e nelle opere antiche; e disegnò con mirabile accuratezza la Colonna Trajana riguardata sempre come una scuola di antichi tuttavia aperta a' dì nostri. Non so se in Mantova, o altrove; so che riguardò molto Tiziano; e che lo imitò al pari di ogni altro estero. Due altri esemplari, in cui studiò, non dovè cercarli fuori di patria; il Pordenone, e il Sojaro; sul cui stile per relazione del Vasari dipinse egli prima di conoscere e d'imitar Giulio. A tali preparativi, che non potean separarsi dal copiare quanto trovò di Raffaello e del Coreggio, succedette in lui quello stile, che tiene alquanto di molti artefici. Nell'essere a S. Margherita nominata poc'anzi in compagnia di un degno professore, si notarono ivi non poche teste imitate or da uno de' suoi grandi esemplari, or da un altro; e spesso, vedendo le opere di quest'uomo, interviene ciò che l'Algarotti osservò ne' Caracci, che in una lor pittura prevale un gusto, in un'altra un altro. Nel S. Girolamo al duomo di Mantova, nella Pentecoste a S. Gismondo di Cremona vi è tutta la robustezza di Giulio: ma più che altrove gli tenne dietro nella rocca di Soragno sul Parmigiano, ove in una gran sala effigiò le prodezze d'Ercole, che potè dirsi una grande scuola di nudi. Nel maggior quadro

della chiesa già nominata di S. Gismondo, ove
a N. Signora sedente è presentato il Duca di
Milano e la sua Donna da' SS. lor Protettori,
e similmente in quello de' SS. Pietro e Marcellino nel loro tempio, il Campi tanto è tizianesco, che da molti è stato scambiato con Tiziano istesso. È anche avvenuto in duomo in
una storia della passione (Cristo al tribunal di
Pilato) che si è creduta del Pordenone, quantunque sia certamente di Giulio. Finalmente in
una S. Famiglia dipinta a S. Paolo di Milano,
e nel Bambino specialmente, che carezza un
S. Prelato che sta vagheggiandolo, vi è tutta quella natural grazia, e tutta quell' arte,
che può distinguere un imitator di Coreggio:
questa pittura è leggiadrissima, e fu incisa in
gran foglio da Giorgio Ghigi mantovano celebre intagliatore.

Nè Giulio così riguardò i grandi pittori, che
trascurasse la natura. La consultò anzi e la
scelse; e così fecero gli altri Campi tutti da
lui diretti. Vedesi in loro una scelta di teste
specialmente donnesche tratta dal vero, e dirò
anche dal vero patrio; perciocchè hanno idee
e mosse, che non si riscontrano facilmente in
altri, e spesso cingon le tempia e i capelli con
un nastrino, come allora si faceva in città, e
si continua oggidì a fare in qualche contado.
Il colorito di queste teste si appressa a quel di
Paol Veronese. Nel tutto della pittura tengono
i Campi a un di presso quel compartimento di
colori, che prima de' Caracci era il più comune in Italia; ma nella maniera di posarli e di
avvivarli hanno una leggiadrìa propria loro,
che lo Scaramuccia trovò del tutto originale.
Adunque osservando il colorito e l'aria delle

teste non è così facile discernere uno da un altro Campi; ma osservando il disegno, è men difficile a divisarli. Giulio avanza gli altri Campi nel grande; ed è quegli che più si studia di apparir dotto e nella scienza del corpo umano, e in quella de' lumi e delle ombre: nella correzione supera i due fratelli, ma resta indietro a Bernardino.

Antonio Campi Cavaliere apprese dal fratel- ANTONIO lo non men la pittura che l'architettura, e in CAMPI. essa si esercitò più di Giulio. Questa l'ajutò ne' compartimenti delle grandi opere, ove fece talora prospettive assai belle, e vi dipinse con vera perizia di sotto in su. La sagrestia di S. Pietro con quel bellissimo colonnato, sopra il quale vedesi in lontananza il carro di Elia, è bel monumento del suo sapere. Fu in oltre plastico, incisore in rame, ed anche istorico della Patria, la cui Cronaca ricca di molti suoi rami pubblicò nel 1585. È dunque nella famiglia Campi quasi come Agostino fra' Caracci, artista moltiplice e non digiuno di umane lettere. E da Agostino fu conosciuto e pregiato molto; da cui fu inciso in rame uno de' suoi più be' pezzi; l'Apostolo delle genti in atto di ravvivare un morto. Sta a S. Paolo in Milano; chiesa grande, ove tutt' i Campi, non meno che a S. Sigismondo, competon fra loro. Antonio vi fa buona figura e nel quadro predetto, e nell' altro della Natività; ma ne' freschi delle cappelle, che pur gli si ascrivono, è meno accurato. Così in S. Sigismondo vi ha di lui opere disuguali; quasi volesse farc' intendere ch' egli sapeva meglio che non faceva. Il suo più familiare prototipo, come anco giudica il Lomazzo, fu il Coreggio; e la parte,

in cui volle distinguersi, fu la grazia. Spesso
ne ha toccato il segno nelle tinte; meno spesso nel disegno; ove per voler essere svelto talvolta è esile, e tale altra volta per far pompa
di uno scorto lo ha messo fuori di luogo. Ne'
soggetti robusti è anche più manierato; e a
luogo a luogo traligna nel pesante; cosa, che
similmente potè procedere dal voler imitare la
grandiosità del Coreggio, più difficile forse che
la sua grazia. Molte però di quest' eccezioni,
e così la inesattezza del disegno, in cui cadde
talvolta, si possono scusare com' errori de'suoi
ajuti, che assai n'ebbe in sì vaste opere. Non
così l'affollamento, che pur si nota in certe
sue composizioni; e quello introdurre caricatu-
re nelle sacre istorie, ch'è quasi un celiar fuor
di tempo. In una parola il suo genio fu grande, spiritoso, risoluto; bisognevole però di freno; e in questa parte, e generalmente in ciò
ch'è dottrina pittoresca mal si farebbe a para-
gonarlo con Agostino Caracci.

VINCEN-
ZIO CAM-
PI.
Vincenzio Campi in S. Paolo di Milano mise
un'iscrizione, in cui chiama Giulio ed Antonio
suoi minori fratelli; e a dir cosa più verisimile
altri pose ivi tal epigrafe del tutto contraria alla storia. Antonio suo fratello ce lo rappresenta come l'ultimo de'germani; ed altri ce lo
dipingono come indefesso compagno de'lor lavori, e degno di paragonarsi con loro poco
più che Francesco Caracci con Annibale suo
fratello, o con Agostino. Si fa però stima de'
suoi ritratti, e de'suoi frutti, ch'espresse molto
al naturale in quadri da stanza non rari in Cremona. Nelle figure colorisce forse a par de'
fratelli, ma inventa e disegna inferiormente.
Par che volesse più somigliare Antonio che

Giulio, per quanto si può raccorre dalle non molte opere, che oggidì conosciamo sotto il suo nome. In patria fece poche tavole d'altari; quattro delle quali sono Deposti di Croce. Quello, ch'è in duomo, riscosse lodi dal Baldinucci: e veramente nel Cristo vi è uno scorto, che inganna l'occhio come nel Cristo morto del Pordenone; e lo commendano anche le teste ed il colorito. Non credo però plausibile l'atteggiamento della Vergine Madre, che con ambe le mani gli stringe il viso; nè lodo che i SS. Antonio e Raimondo, che furono sì lontani dalla età di Cristo, vi s'introducano uno a reggergli il braccio, l'altro a baciargli la mano. Vi è in oltre più di una scorrezione, che il Baldinucci avvezzo a dotta e severa scuola non avria condonata sì facilmente se veduto avesse quella pittura. Maggior perizia par che avesse Vincenzio nelle picciole figure che nelle grandi; cosa avvenuta ad altri moltissimi. Di sei quadretti da lui dipinti in lavagna, e dopo sua morte venduti per 300 ducatoni, si fa menzione nella sua vita. Lo Zaist che io sieguo nel mio Indice ha date l'epoche di questi tre fratelli in guisa, che possono recarsi in dubbio. La inscrizione in S. Paolo di Milano riferita nella *Guida* (*p.* 152) dice: *Vincentius una cum Julio et Antonio fratribus pinxerunt an. MDLXXXVIII*. Il Sig. Bianconi par che non vi presti fede; nè è inverisimile ch'ella sia posteriore di alquanti anni al lavoro, e scritta da altra mano.

Bernardino forse congiunto de' tre Campi soprallodati è fra' suoi quel che Annibale fra' Caracci. Istruito dapprima dal maggior de' Campi entrò nelle stesse vedute di formare uno sti-

le che tenesse di molti; e in poco tempo ga-
reggiò col maestro, e secondo il pensar di
molti lo superò. Erasi prima volto alla orificerìa per elezione del padre; di poi avendo veduti due arazzi di Raffaello copiati da Giulio
Campi deliberò di cangiar mestiere; e datosi
scolare in Cremona al Campi, poi in Mantova
ad Ippolito Costa, di anni 19 cominciò a pro-
fessar pittura, e ne fu maestro in sì verde età.
Avea in Mantova conosciuto Giulio romano e
la sua scuola; e dee credersi che veggendola
operare gli crescesser le idee, e la disposizione alle grand'imprese; ma Raffaello gli stava
sempre nel cuore: le pitture, i disegni, le
stampe di Raffaello par che fossero le sue de-
lizie; e in Giulio e negli altri non emulava,
cred'io, se non que' tratti ove pareagli riscon-
trare il suo Raffaello. Studiò ivi anco ne' Ce-
sari di Tiziano, ch'erano undici; e avendogli
copiati vi aggiunse il duodecimo con uno stile
tanto conforme, che non parve imitato, ma
originale. Fu anche a spese di un suo Mecenate condotto a Parma, a Modena, a Reggio
per conoscere lo stil coreggesco; e quanto ne
profittasse, le pitture di S. Gismondo bastano
a dichiararlo. Di questi quasi elementi, e di
altri che aveva in patria formò una maniera
delle più nuove, che si veggano fra gl'imitatori. La sua imitazione non è mai aperta come per lo più in altri; ma è quale nel San-
nazzaro la imitazione de' miglior poeti latini,
che ne colorisce ogni verso, ma ogni verso è
tutto e proprio suo. In tale varietà di esemplari il più diletto, ed il più osservato, quasi
come a Sincero è Virgilio, così a Bernardino è
Raffaello; e lui felice se avesse veduto Roma,

e gli originali che vi restano di quel gran pennello. Supplì a questo come potè, e si formò
alcune massime di semplicità e di naturalezza,
che lo discernono dagli altri della sua scuola.
Veduto presso gli altri Campi pare il più timido, ma il più corretto: non è così grande come Giulio, ma ha più bellezza ideale, e più di
lui tocca il cuore. Più che Giulio somiglia Antonio nelle lunghe proporzioni; ma non nel rimanente, fino a sembrare talora che si avvicini al secco, siccome nell'Assunta del Duomo,
per non urtare nel manierato.

La chiesa di S. Sigismondo ispira di questo
artefice grande idea in ogni carattere. Non può
vedersi cosa più semplice e più conforme al
gusto del miglior secolo che quella S. Cecilia
in atto di sonar l'organo, presso cui è S. Cà-
terina ritta in piedi, e al di sopra un coro
d'Angioli, che con le voci e con gli stromenti
sembran formare insieme con quelle verginelle
innocenti un concerto nel Paradiso. Questa
pittura, e il fregio de' putti, che ivi fece, lo
mostrano grazioso. Ma può ben ivi conoscersi
anche forte in que' Profeti dipinti di gran maniera; ancorchè si scuopra più sollecito di fargli autorevoli ne' sembianti e nelle mosse, che
muscolosi e gagliardi nella membratura. Sopra
tutto si distingue ivi nella gran cupola, a cui
poche altre possono paragonarsi in Italia, po-
chissime anteporsi per la copia, varietà, compartimento, grandezza, degradazione delle figure, e per l'armonia, e 'l grand' effetto del
tutto. In questo empireo, in questo gran popolo di beati del vecchio e nuovo Testamento
non vi è figura che non si ravvisi a' suoi simboli, e non si goda perfettamente dal suo pun-

to di veduta, ove tutte pajono di proporzione naturale, quantunque abbiano fino a sette braccia di altezza. Tale opera è un de' pochi monumenti, che provano potere un ingegno grande far presto e bene: ella fu condotta da lui in sette mesi; e per appagare gli operai, che conoscean meglio la brevità del tempo che il merito del lavoro, ebbe fede in iscritto dal Sojaro e da Giulio Campi di aver fatto cosa lodevole. Era Bernardino più giovane e di essi, e del Boccaccino; e i cittadini godevano di farlo competere or con l'uno, or con l'altro nelle opere pubbliche, perchè una onesta gara e questo e quegli tenesse desti, nè desse agio a veruno di sonnacchiare. Nondimeno la Natività di N. Signore, ch'è in S. Domenico, vuolsi che sia l'opera più perfetta di Bernardino, e quasi un canone, ov'egli volle comprendere tutte le perfezioni della pittura. Tal è il giudizio del Lamo, che ne scrisse diffusamente la vita; onde le sue notizie son le più copiose che si abbiano circa a questo Campi. Compilò anco un esatto catalogo delle sue opere fatte in patria, e in Milano, ove passò buona parte de' suoi giorni, ed anco per paesi esteri. Vi si legge un gran numero di ritratti per Principi e per privati; arte, che possedè fra' pochissimi, e che assai cooperò a farlo crescere in fama e in fortuna. Non si sa il preciso anno della sua morte, che dovette accadere circa il 1590; intorno al qual tempo la pittura prese nuovo aspetto in Cremona.

EPOCA TERZA

LA SCUOLA DE' CAMPI VA ALTERANDO-SI. IL TROTTI ED ALTRI LA SOSTENGONO.

Dal picciol quadro, che ho espresso, non è malagevole il conoscere che la scuola de' Campi fu come un abbozzo di quella de' Caracci; e per qual ragione avendo fatto l'una e l'altra un medesimo piano, la prima vi riuscì meno che la seconda. I Caracci erano tutti e tre eccellenti disegnatori, e volean tali comparir sempre: erano in oltre uniti e di cuore e di luogo, onde l'uno continuamente giovava l'altro: finalmente tenean viva sempre e in moto un'accademia, il cui oggetto non era tanto il considerare le varie maniere degli artefici, quanto il filosofare su i varj effetti della natura, onde le opere loro ne fosser figlie, per dir così, non nipoti. I Campi al contrario nè sempre aspirarono alla eccellenza, nè insieme convissero, nè si uniron mai a formare un corpo di accademia così metodica e regolata: ma ciascuno da sè e abitava e tenea scuola; insegnando, se io non erro, più ad imitar sè, che a dipingere. Quindi pure intervenne che ove Domenichino, Guido, il Guercino e altri caracceschi uscirono fuori con varj stili originali e nuovi, gli scolari de' Campi non si distinsero se non seguendo il più d'appresso che poterono i lor pittori municipali, o cia-

scun da sè, o più d'uno insieme. Anzi perciocchè l'uomo in ogni luogo è lo stesso, ancor qui intervenne ciò che nelle altre scuole d'
Italia, che i successori acquistata una sufficiente abilità in copiare i predecessori, si dessero
a lavorare con poca industria; e dove i primi
quasi tutto ritraevano dal vero, e facean cartoni, e modellavano in cera, e disponevano at-
tentamente i partiti delle pieghe ed ogni altra
cosa; i secondi non preparassero pel lavoro se
non qualche schizzo e alcune teste vedute dal
naturale, e tutto il rimanente facessero di mera pratica, e come loro metteva meglio. Così
a poco a poco degenerò anche questa grande
scuola, e fu intorno al tempo che anco gli
scolari de' Procaccini tenevano in Milano lo
stesso metodo. Quindi la Lombardìa nel secolo XVII fu piena di settarj, presso i quali i
zucchereschi stessi parrebon maestri. V'ebbe
pur di quegli, che si provarono a uscir dal
gregge degl'imitatori; e ne porse occasione il
Caravaggio. Nato nelle vicinanze di Cremona,
era considerato quasi compatriota, e perciò volentieri seguito da' Cremonesi; tanto più che
il secolo cominciava dappertutto a disgradir come languido lo stil degli ultimi maestri, e a
richiederlo più vigoroso. Tale impresa riuscì
felicemente ad alcuni; altri al contrario, com'
era accaduto in Venezia, in Cremona ancora
divenner rozzi e tenebrosi. Non fui molto sollecito d'informarmi degli artefici di tal'età:
di quegli, che più sopra la turba si sollevaro-
no farò espressa ricordanza.

Ciascuno adunque de' Campi riconosce i suoi
allievi, benchè la storia talora non gli distingua; dicendosi alcuni generalmente scolare de'
Cam-

Campi; siccome presso l' Orlandi i Mainardi I Mainardi.
Andrea e Marcantonio. I due scolari di Giulio, che più si meritaron lode, il Gambara *Scolari di*
bresciano, e il Viani cremonese, essendo vi- *Giulio.*
vuti in altre scuole, sono stati da noi lodati il primo fra' veneti, il secondo fra' mantovani.

Antonio Campi lasciò memoria di tre suoi *Scolari di*
discepoli Ippolito Storto, Gio. Batista Bellibo- *Antonio.*
ni, Gio. Paolo Fondulo, che passò in Sicilia; Storto, Belliboni, e Fondulo.
tutti e tre ugualmente rimasi oscuri in Lombar-
dia, e obbliati negli Abbeccedarj. Istruì anco
negli ultimi suoi anni un Galeazzo Ghidone, Galeazzo Ghidone.
che male assistito dalla salute, poco, e solo
interrottamente potea dipingere: sapea nondimeno farlo con arte, e n' è prova una Predicazione di S. Gio. Batista in S. Mattia di Cre-
mona, piaciuta molto agl' intendenti. Antonio Antonio Beduschi.
Beduschi, che in età di 26 anni figurò una
Pietà in S. Sepolcro di Piacenza, e con miglior metodo vi dipinse il Martirio di S. Stefano, si ascrive alla scuola de' Campi, e tiene
assai del fare di Antonio: lo computo fra' suoi
imitatori, se non fra' suoi allievi. Egli fu ignoto allo Zaist, e se ne dee la notizia al Sig. Proposto Carasi.

Da Vincenzio fu istruito Luca Cattapane, e *Scolari di*
si esercitò lungamente nel copiar le opere del- *Vincenzio.* Luca Cattapane.
la famiglia Campi. Vi riuscì assai bene, mer-
cè la franchezza del pennello ch' ebbe singolare: i suoi tocchi sembraron originali, e impo-
sero e tuttavia impongono a' più periti. Contraffece anco lo stile del Gambara in una Pietà
a S. Pietro di Cremona; ove per ampliare il
quadro aggiunse tre figure, che assai si accor-
dano con le prime. Nel resto o per voler crea-

Tom. IV. K

re un suo proprio stile, o per conformarsi al
Caravaggio, ha dipinto più fosco che i Campi
e con meno scelta. Ne restano molte tavole.
In S. Donato di Cremona figurò la Decollazio-
ne di S. Gio. Batista; opera delle sue migliori, ove più piace l'effetto che il disegno o la
espressione. Ne restano anche varie pitture a
fresco, e in queste val meno che in quadri
a olio.

Scolari di Bernardino. Bernardino fu il maestro più applaudito, e
il più frequentato: la sua posterità è stata la
più durevole, e ha toccati gli anni di questo
secolo. Io nominerò prima alcuni de'suoi scolari più scelti, che non propagarono l'arte, o
la propagarono solo fra pochi; e mi riserbo in
ultimo a trattare del Malosso e della sua scuola, che intorno al 1650 era la dominante in
Cremona ed una delle più celebri in Lombardìa.

Coriola- no Mala- gavazzo. Coriolano Malagavazzo, che nell'Abbeccedario Pittorico si legge mal nominato Girolamo
Malaguazzo, cooperò ai lavori del maestro, e
forse perciò non si sa in Cremona che vi sia pittura da lui ideata ed eseguita; poichè la bella
tavola a S. Silvestro, ove effigiò N. Signora
fra' SS. Francesco ed Ignazio Martire, si è dubitato che la traesse da un disegno di Bernardino. Nulla che sia fuor di controversia vi è
Christo- foro Ma- gnani. rimaso di Cristoforo Magnani da Pizzichettone,
giovane di grandissima speranza, come Anto-
nio Campi ne scrive, compiangendone il troppo breve corso di vita. Duolsi di tal perdita
il Lamo ancora; e lui e il Trotti nomina come i maggior Genj di quella scuola. Il principal suo talento era ne'ritratti; valse però anche
nelle composizioni. A S. Francesco di Piacenza

ne vidi un quadro co' SS. Giacomo e Giovanni,
opera giovanile, e tuttavia bene ideata, e ben
composta. Andrea Mainardi detto il Chiaveghi-
dipinse in Città, e più anche ne' suoi contorni.
Ci è descritto dal Baldinucci per debol pittore;
e tal comparisce ove operò frettolosamente e
per poco prezzo. Fan però la sua apologìa
alcune tavole lavorate con più impegno; ove
si scuopre buon seguace di Bernardino or nello stile più minuto, come nello Sposalizio di
S. Anna agli Eremitani, or nel più grandioso,
come nel gran quadro del Divin Sangue. Esprime quella profetica idea *Torcular calcavi so-*
lus; e rappresenta il Redentore ritto sotto uno
strettojo, che premuto dalla Giustizia divina
trae da quel sacro corpo per le aperte piaghe
rivi di sangue; e questo raccolto entro calici
da S. Agostino e da tre altri SS. Dottori della
Chiesa, si spande in pro di una gran turba di
fedeli quivi raccolta; soggetto, che ho veduto
rappresentato in una chiesa di Recanati, ed in
altre ancora; ma sì convenevolmente in niuna.
È quadro da fare onore a qualunque scuola;
belle forme, ricchi vestiti, colorito gajo e ridente; nella disposizione de' lumi piccioli e
spessi potrebb' essere più felice, ed anche in
quella delle figure; ma questo è un debole comune a molti della scuola.

Tutti i prelodati discepoli di Bernardino, ed
altri, che ometto, restarono quasi oscuri in paragone di Sofonisba Angussola nata in Cremo-
sua casa le istruisse, siccome fece. Passato in-

di in Milano gli fu sostituito in quel magistero
il Sojaro. Sofonisba divenne così eccellente, in
arte specialmente di far ritratti, che contasi fra'
miglior pennelli della sua età. Presedette prima alla educazione pittorica di quattro minori
sorelle, Lucia e Minerva, che poco vissero;
Europa ed Anna Maria, che collocate in ma-
trimonio morirono la prima in età ancor florida, la seconda non si sa quando. Il Vasari fa
onoratissima menzione di Sofonisba, e di quelle
sorelle, che conobbe ancor giovinette in Cremona. Ella però a quel tempo era già pittrice
della corte di Spagna invitata in Madrid da Filippo II, ove, oltre i ritratti della R. Famiglia
e di Papa Pio IV, ne fece ad altri Principi, e
Signori di alto affare, che ambivano lo stesso
onore, quasi di lei fosse detto *illos nobilitans
quos esset dignata posteris tradere* (Plin.). Ma-
ritata poi ad un Moncada, e vivuta alquanti
anni con lui in Palermo, dopo la morte di
questo passò alle seconde nozze con un Lomel-
lino, e morì in Genova divenuta già decrepita
e cieca. Nè lasciò anche nella età sua ultima di
giovare all'arte in privati ragionamenti, che tenea co'pittori; fra' quali Vandych solea dire
che da questa cieca matrona più aveva appreso che da qualunque altro veggente. I suoi ritratti in Italia son pregiatissimi; sopra tutto
que'due, che fatti da lei di sè stessa si veggono l'uno nella Gallerìa del G. D. in Firenze,
l'altro in Genova presso i nobili Lomellini.

Eccomi ora al più celebre allievo di Bernar-
díno, di cui promisi scriver da ultimo; al Cav.
Gio. Batista Trotti, che vivente ancora il maestro ne pubblicò la vita scritta dal Lamo. Niuno de'suoi scolari amò il Campi al pari di que-

Gio.Bati-
sta Trot-
ti.

sto, a cui diede in moglie una sua nipote, e lo istituì erede del suo studio. Costui competendo in Parma con Agostino Caracci, ed essendo più di lui applaudito in corte, era a detta di Agostino un mal osso datogli a rodere. Di qua gli venne soprannome di Malosso, che adottò volentieri, e lo mise anco in alcune soscrizioni, anzi lo trasmise quasi ereditario al nipote. Con che par che volgesse in sua lode ciò che in bocca del Caracci era un biasimo; dolendosi egli in quella espressione che un uomo d'inferior merito gli fosse anteposto. E nel vero non era il Malosso uguale al competitore nè in disegno, nè in gusto solido di pittura; ma avea degli allettativi pittoreschi da farsi gran partito a fronte di ogni altro. Non tenne il gusto di Bernardino se non nelle prime opere: studiò poi molto nel Coreggio; e più che ad altri volle rassomigliarsi al Sojaro; il cui stile gajo, aperto, brillante, vario negli scorti, spiritoso nelle mosse imitò nella più parte delle sue opere. Lo portò anche troppo avanti, abusando spesso del color bianco e di altri colori chiari senza temperargli con iscuri a sufficienza; onde ho udito rassomigliare i suoi dipinti alle pitture in porcellana, e accusargli di poco rilievo, o, come scrive il Baldinucci, di qualche durezza. Le sue teste sono vaghissime; tondeggian con grazia e sorridono con venustà; come nel Sojaro: ma le raddoppia facilmente, e le replica in una tela con lineamenti, colori, e atti molto conformi. Di che non si può dar colpa ad altro che a soverchia fretta; perciocchè sterilità d'idee non fu in lui. Variò quando volle non pur le sembianze, come nel S. Gio. Decollato a S. Domenico di Cremona, ma le composizioni ancora; avendo rappresentata a S. Francesco e a S. Agostino di Piacenza, e se non erro anche altrove la Concezione di N. Signora sempre con nuova idea: nè facilmente trovasi un suo quadro in tante città, ove dipinse, che si confronti coll'altro nella invenzione. Parimente nella imitazione dello stile fu vario quanto gli piacque. Fece nel duomo di Cremona un Crocifisso fra alcuni SS. nel miglior gusto veneto. La S. Maria Egiziaca rispinta dal tempio, che si vede ivi in S. Pietro, tiene assai del romano. Vi è una Pietà a S. Abbondio, che mostra non essergli dispiaciuto di parere anche caraccesco.

Le sue opere a fresco più rinomate, per le quali fu creato Cavaliere, furono in Parma nel palazzo, che chiamano del Giardino. È anche vasta opera la cupola di S. Abbondio ricordato poc'anzi; ma quivi eseguì il disegno di Giulio Campi; però con una maestrìa di pennello, e con una forza di colorito, che uguaglia la invenzione, e forse la supera. Perciocchè, a dir vero, non ebbe Giulio quell'arte di variare i gruppi degli Angioli come poi fecero i caracceschi; ma egli e i suoi gli disposero spesso come i cavalli nelle trighe o quadrighe antiche, tutti nella stessa linea, o in altra maniera non comune alle migliori scuole. L'Istorico cremonese ha procurato di escusare in qualche modo il Cav. Trotti dalla taccia di duro, rivolgendola ne' suoi ajuti o ne' suoi allievi; le cui tavole sono state dal Baldinucci ascritte al Malosso. Ciò sia vero di alcune: ma ve ne ha delle altre col nome del Trotti, specialmente in Piacenza, che pur peccano di questo vizio. Non dee dispiacere che in un pittor secondario

si notino alcuni difetti; perciocchè essi appunto son la ragione, per cui non si colloca fra'
primarj.

. Formò il Trotti non pochi alunni, che fiorirono circa il 1600 attaccati molto alla sua maniera: benchè in processo di tempo peggiorato
per tutta Italia il metodo delle imprimiture, e
applaudendo il secolo a uno stile di maggior
macchia, si allontanassero da quella chiarezza,
che fa gran parte del suo carattere. Di Erme- ERMENE-
negildo Lodi scrive il Baldinucci, e l'Orlandi GILDO LO-
DI.
che non discerneva fra due dipinti qual fosse
dello scolare, quale del maestro. Ciò, cred'
io, avvenne quando dipingeva sotto gli occhi
del Trotti, cui ajutò in molte opere insieme
con Manfredo Lodi suo fratello. Non così nel- MANFRE-
le poche pitture, che ha lasciate del tutto sue, DO LODI.
specialmente a S. Pietro: elle non avrian certo
fatto geloso Agostin Caracci, nè partorito all'
autore il nome di Malosso. Anche le opere di
Giulio Calvi, detto il Coronaro, si confondereb- GIULIO
bono con le meno belle del Trotti, dice lo CALVI.
Zaist, se non fossero segnate col suo nome. Lo
stesso può dirsi di due altri buoni allievi e seguaci di quella scuola, Stefano Lambri, e Cristofo- LAMBRI,
ro Augusta giovane di molta aspettazione, ma E AUGU-
STA.
di poca vita. Costoro non meno che il Coronaro possono conoscersi e paragonarsi fra loro
nella chiesa e convento de' PP. Predicatori, che
han qualche opera di ciascuno.

Di Euclide Trotti menzionato di sopra non EUCLIDE
resta di certo in patria, se non due quadri con TROTTI.
istorie di S. Jacopo Apostolo, abbozzati dal
Calvi e da lui finiti a S. Gismondo con molto
lodevole imitazione dello stile di Gio. Batista
suo Zio. Tutta sua credesi la tavola dell'Ascen-

sione a S. Antonio di Milano, bella e di maniera certo più seria che non sono comunemente le opere del vecchio Malosso. Niun' altra
pittura si dà per sua; nè molte potè condurne.
Perciocchè in età ancor fresca, reo di fellonìa
contro il Principe, fu messo in carcere, e quivi
morto di veleno, come si credette, apprestato-
gli da' parenti per ischivare la infamia di un
supplicio pubblico. Finalmente non dee tacersi

PANFILO NUVOLONE. Panfilo Nuvolone. Fu caro al Malosso, che
imitò da principio; seguace dappoi di uno stil
più solido, e men vago. Per nominarne un'o-
pera taciuta nella sua vita, è suo il S. Ubaldo,
che benedice un infermo a S. Agostino di Piacenza. Di questo pittore si farà menzione anco
nella scuola milanese, dove fiorì insieme con
due figli, Giuseppe e Carlo soprannominato il
Guido della Lombardìa.

EPOCA QUARTA

MANIERE ESTERE IN CREMONA.

Con la posterità del Malosso veniva declinando la scuola cremonese; e in essa, come si è osservato in più altre, nascea il bisogno di volgersi a estranei, che ne rinnovassero lo spirito invecchiato in certo modo e languente. Lo avea fatto prima che altri Carlo Picenardi di patrizia famiglia; e si era contato fra' discepoli favoriti di Lodovico Caracci. Riuscì bravo in istorie facete, ed espose anco al pubblico qualche tela da chiesa: nel che lo imitò un altro Carlo Picenardi detto il giuniore, che si avea formato lo stile in Venezia e in Roma. Altri della città deviaron pure ad altre scuole. Così prima della metà del secolo XVII comparvero ivi nuove maniere, alle quali le municipali diedero luogo. Lo Zaist mette nella schiera del Malosso Pier Martire Neri o Negri buon ritrattista, e compositore: nota però ch' egli si procacciò altronde una maniera più forte e di maggior macchia; recandone in prova il gran quadro del Cieco Nato illuminato da Cristo, ch' è allo spedal di Cremona. Ha dipinto pure un S. Giuseppe alla Certosa di Pavìa; opera, se io non erro, da anteporsi nel gusto alla prima; e ve ne saranno anche in Roma, ove si trova ascritto fra gli accademici di S. Luca.

Andrea Mainardi contemporaneamente al Malosso teneva scuola; e due specialmente de'

GIO. BATI-
STA TOR-
TIROLI.
suoi scolari si distinsero, Gio. Batista Tortiroli, e Carlo Natali. L'uno e l'altro uscì di patria. Gio. Batista fu prima in Roma, indi a Venezia; e formò una maniera, che più da altro dipintore ritrae dal giovane Palma; ma vi è ancora qualche palese imitazione di Raffaello. Tanto costa da una sua Strage degl'Innocenti a S. Domenico composta ragionevolmente e assai ben colorita. Questa e poche altre sue opere son riguardate quasi come saggi del suo talento mancato in età di 30 anni lasciando in

GIO. BATI-
STA LAZ-
ZARONI.
un Gio. Batista Lazzaroni un allievo, che visse in Milano e in Piacenza, ritrattista eccellente, e impiegato molto da'Principi di Parma, e

CARLO
NATALI.
da personaggi di alto rango. Carlo Natali soprannominato il Guardolino frequentò pure il Mainardi, poi Guido Reno; nè di ciò pago lungamente si trattenne in Roma e in Genova, osservandone il meglio, ed esercitandosi anche in dipingere. E fu in Genova che facendo un fregio in palazzo Doria diede i principj della pittura a Giulio Cesare Procaccini, che fin allora era stato scultore; e in lui educò all'arte uno degl'imitatori migliori di Antonio Allegri. Esso però inteso più all'architetura che alla pittura non colorì se non poche opere, che pur si pregiano in patria; e specialmente una S. Francesca Romana a S. Gismondo, che se non è eccellente, oltrepassa il segno del mediocre.

GIO. BAT.
NATALI.
Ebbe un figlio, che nominò Giambatista, a cui fu anche maestro delle due arti; ma volle che in Roma le apprendesse più fondatamente da Pietro da Cortona; siccome fece. Anzi in quella Capitale lasciò qualche tavola d'altare, e più grandi opere fece poi in Cremona, ove

tenne scuola, e introdusse lo stil cortonesco, sebbene con poco seguito. Si ha di lui a' PP. Predicatori un gran quadro con architettura assai ben intesa, ove il S. Patriarca brucia alcuni libri di eretici; e non è indegno di un seguace di Pietro. Nell' Archivio della R. Galleria di Firenze, quando ne formai l'indice, rinvenni alquante lettere di Gio. Batista al Card. Leopoldo de' Medici, e una in fra l'altre scrittagli da Roma nel 1674, ove dice che andava raccogliendo notizie circa i pittori compatrioti. Con ciò veniamo a scoprire il fonte, onde usciron le vite de' Cremonesi nell' Opera del Baldinucci, a cui il Cardinale mecenate di quella Istoria procurò similmente notizie da ogni altro luogo. Se lo Zaist avesse avuta contezza di questo affare, piuttosto che al Baldinucci o al continuatore avria rivolte al Natali le sue lodi e le sue querele. Furono a questo scolari Car- *Carlo Tassone.* lo Tassone, che su le opere del Lovino si formò pittor di ritratti, accetto in Torino ed in altre corti; Francescantonio Caneti poi Cap- *Il Caneti.* puccino, miniatore ragguardevole de' suoi tempi, di cui è un bel quadro in Como alla chiesa del suo Ordine; e Francesco Boccaccino ul- *Francesco Boccaccino.* timo della famiglia pittorica, morto verso il 60 di questo secolo. Costui avendo in Roma praticata la scuola prima del Brandi, poi del Maratta, acquistò una maniera che fu ben ricevuta nelle quadrerìe, per le quali dipinse più che per chiese. Tiene dell' Albano, e volentieri s'impiega in fatti di mitologìa. Vi ha pure in Cremona qualche sua tavola d'altare, buona secondo il secolo in cui ha dipinto.

Mentre i Cremonesi uscivan di patria, come dicemmo, in traccia di nuovi stili, stette fra

loro un estero, che non solo imparò in Cremona, ma v'insegnò. Nomossi Luigi Miradoro,
detto comunemente il Genovesino perchè nato
in Genova: ove avuti, come sembra, i principj dell'arte, giovanetto passò in Cremona sul
cominciare del secolo XVII. Quivi studiò molto su le opere di Panfilo Nuvolone; appresso
si formò una maniera, che tiene del caraccesco, non così scelta, nè così studiata; ma fran-
ca, grandiosa, vera nel colorito, armoniosa,
di bell'effetto. Quest'uomo incognito in patria
non che in città estere, ommesso dall'Orlandi
e dal suo continuatore, è in grande onore in
Lombardìa, e specialmente in Cremona, ove
ne restano quadri in più chiese; e quello di
S. Gio. Damasceno a S. Clemente è de' più lodati. In Piacenza ne hanno i mercanti nel lor
collegio una Pietà lodatissima. Riesce in ogni
tema; e più che altrove ne' più orridi. In casa Borri a Milano è una sua tela con varj sup-
plicj dati a' complici di una cospirazione; pittura insigne nel suo genere. Se ne veggono
altre, ma non sì frequentemente per le quadrerìe delle prefate città: in una delle quali lessi
a Piacenza l'anno 1639.

Fu discepolo prima del Tortiroli, e poi per
un anno del Miradoro Agostino Bonisoli; ma
più che a' maestri egli dovè al suo genio, e
agli esemplari de' buoni artefici, specialmente
di Paol Veronese. Da questo trasse la grazia e
il brio; da altri il disegno. Poco dipinse per
chiese; e Cremona non ne possiede quasi altro
che il Colloquio di S. Antonio col tiranno Ezze-
lino alla Chiesa de' Conventuali. In case private se ne veggono ritratti e istorie in quadri da
stanza, tolte per lo più da' codici sacri. Molte

ne passarono in Germania e in altri paesi esteri: perciocchè avendo servito D. Gio. Francesco Gonzaga, Principe di Bozolo, ove stette 28 anni, le sue pitture erano spesso mandate in dono o richieste da' Signori d' oltramonti. Finchè fu in patria, tenne ivi accademia di nudo, e istruì la gioventù.

Due pittori vissero dopo lui in Cremona, de' quali osserva l'istoriografo, che dovettero aver bevuto allo stesso fonte per la somiglianza che hanno nelle pitture (almeno di un certo tempo) benchè sien disuguali nel colorire. L'uno è Angelo Massarotti natural di Cremona, l'altro Roberto la Longe nato in Brusselles, un de' tanti pittori, che hanno il soprannome di fiammingo in Italia, e fanno equivoco nella storia. Angelo è sicuramente allievo del Bonisoli; e quantunque stato più anni presso il Cesi in Roma, ove pur dipinse a S. Salvatore in Lauro, non molto tiene del romano, tranne la composizione regolata più che la cremonese. Nel resto è più amante d'introdurre nelle pitture i ritratti, che le forme ideali, nè sempre guardingo verso i vizj de' naturalisti; onde talora, specialmente ne' panni, dà nel pesante. Ha poi un colorire più oleoso che non correva in Roma a que' tempi; tale però che i suoi dipinti si conservano e tondeggiano a sufficienza. Il suo capo d'opera è forse a S. Agostino quel quadro grandissimo, ove il Santo dà la regola a varj Ordini religiosi, che militano sotto la sua bandiera, e in tanto numero di figure è variato mirabilmente d'idee, di attitudini, di vestiti.

Roberto la Longe frequentò forse l'accademia del Bonisoli, e talora si conformò al Massarotti, come dicemmo; ma e quivi e in Pia-

Angelo Massarotti.

Roberto la Longe.

cenza, ove dimorò molti anni e finì di vivere, comparve pittor di più stili, morbido però sempre, lucido, accordato, pastoso; qual se mai non fosse uscito di Fiandra. Or emula Guido, come in certe storie di S. Teresa dipinte a S. Sigismondo in Cremona; or si appressa al Guercino, come in certe altre di S. Antonio Martire in Piacenza; or ha un misto bellissimo di delicato e di robusto, come nel duomo di Piacenza in quel S. Saverio, che assistito dagli Angioli passa di questa vita. Commendano le sue figure i paesi, che v'interpone; ancorchè talora si desideri in quelle miglior disegno, in questi e generalmente nelle sue opere miglior degradazione.

GIAN ANGIOLO BORRONI. D'ambi i due ultimi maestri fu scolare Gian Angiolo Borroni, che poi preso in protezione dalla nob. casa Crivelli fu tenuto varj anni in Bologna nel tempo che ivi fiorivano il Creti, il Monti, e Giangioseffo del Sole, alla cui maniera si attenne più che a null'altra. Ornò specialmente i palazzi de' suoi Mecenati, che seco il vollero a Cremona e a Milano: in questa ultima città passò il meglio della sua vita, e morì decrepito nel 1772. Ivi lasciò la più parte delle sue opere (fra le quali alcune assai macchinose) in varj palagj e tempj; e n'ebbon pure le altre città del milanese; sopra tutte la patria. È in duomo un S. Benedetto in atto di pregare per la città, di cui è protettore, quadro per cui dipingere tese il Cav. Borroni tutt'i nervi della sua industria. Riuscì tale che potria competere co' migliori della sua età, se i panni fosser piegati con artifizio corrispondente a tutto il resto; ma in questi non è assai felice. Poco appresso a lui cominciò a fiorire il

Bottani, del quale si è dovuto far menzione
nella scuola mantovana: perciocchè, quantunque cremonese di nascita, ne visse lontano.
Vivono anch'oggi in Cremona buoni pittori, il
cui elogio, giusta il mio costume, lascio intatto a' posteri.

Non mancarono a questa scuola professori
della minor pittura; un de' quali detto Francesco Bassi, che avea fissata la sua sede in Venezia, era ivi chiamato *il Cremonese da' paesi*.
Facevagli d'un gusto vario, ameno, finito; di
molta macchia, di arie calde: spesso a' paesi
aggiungea uomini ed animali, che rappresentava assai bene. Molte quadrerìe in Italia e fuori se ne adornano; e n' ebbe il Co. Algarotti
anche per la sua, come costa dal catalogo, che
ne fu pubblicato in Venezia. Convien prender
guardia di non confonder questo pittore con
un altro Francesco Bassi pur cremonese, che
ivi chiamano il giuniore; allievo del primo nell'
arte di paesista, e non ignoto alle quadrerìe,
benchè inferiore assai al precedente. Più degno posto occupa in questa classe Sigismondo
Benini scolare del Massarotti, inventore di bei
partiti ne' suoi paesini, con piani ben degradati, e con accidenti di luce imitati bene. Ha un
fare limato, distinto, colorito con vigore e con
armonìa; ma ad esser gradito conviene che
non oltrepassi i confini di paesista: ove aggiunge figure, egli scema il pregio a' suoi quadri.

Circa i medesimi tempi si distinse in genere
di quadratura e di ornati una famiglia oriunda
di Casalmaggiore nel cremonese. Giuseppe Natali, il primo, tratto da naturale inclinazione
verso quest'arte cominciò a esercitarla malgrado che il padre ne avesse; finchè piegato il

Paesisti e Ornatisti. I DUE BASSI.

SIGISMONDO BENINI.

GIUSEPPE E GLI ALTRI NATALI.

voler paterno si recò in Roma, e si trattenne
anche qualche tempo in Bologna per abilitarsi.
Si abbattè appunto in quella età, che i quadra-
turisti riguardano come la più felice per l'arte
loro. Essa era stata recentemente promossa dal
Dentone, dal Colonna, dal Mitelli, e come a
nuovo artifizio invitava a sè gl'ingegni de'giovani e animavagli con la dignità de'maestri, e
con la speranza de'premj; di che nella scuola
di Bologna scriverò più distintamente. Si formò uno stile plausibile per le architetture, e
discretamente vago per gli ornati. Egli contenta l'occhio presentandogli quelle vedute che
più allettano; ma gli dà anche riposo, distri-
buendole in giuste distanze. Ne' grotteschi si
attiene molto all'antico, schivando l'inutile sfoggio de'fogliami moderni, e variando a luogo a
luogo il dipinto con paesini, i quali colorì anco bene in quadretti a olio, che furono ricercatissimi. Lodasi in lui singolarmente la morbidezza e l'accordo. Non tenne oziosi i suoi
talenti; e moltissime sono per la Lombardia le
sale, le camere, le cappelle, le chiese, ove dipinse; e talora con una speditezza, che pare
incredibile. Si segnalò specialmente in S. Sigismondo, e nel palazzo de'Marchesi Vidoni.

Seguirono i suoi esempj tre suoi fratelli, a'
quali era stato maestro. Francesco il secondogenito fu a Giuseppe il più vicino di merito, e
lo superò anche in dignità, adoperato in vasti
lavori per chiese in Lombardia e nella Toscana, e per le corti de'Duchi di Massa, di Modena, di Parma, nella qual città finì la vita.
Lorenzo, il terzo, servì di ajuto a'fratelli, e se
alcune opere condusse per sè medesimo, ne fu
compatito più che lodato. Pietro, il quarto,

morto assai giovane, è rimaso ignoto. Due figli l'uno di Giuseppe, l'altro di Francesco ap-
presero da' genitori l'arte medesima; e il primo, per nome Giambatista, divenne pittor di
corte dell'Elettor di Colonia; il secondo, che
portava lo stesso nome, tenne onorevolmente
lo stesso grado presso Carlo Re delle due Sici-
lie, e presso l'Augusto figlio; nel quale impiego morì. Giuseppe formò alla patria un allievo di merito in Gio. Batista Zaist nominato da GIO. BATI-
noi più volte. Le sue memorie furon raccolte STA ZAIST.
dal Sig. Panni di lui scolare e congiunto. A
questo pure deggiamo la pubblicazione dell'O-
pera dello Zaist, che abbiam presa per guida
in questa descrizione. È guida però che non
dee prendersi da chi ha fretta, perchè cammi-
na assai agiatamente, e volentieri torna a ripetere ciò che ha già detto.

CAPITOLO V

SCUOLA MILANESE.

EPOCA PRIMA

GLI ANTICHI FINO ALLA VENUTA DEL VINCI.

Antichità della scuo- la. Se in ogni scuola pittorica siam noi usati di riandare la memoria de' tempi barbari, e quinci discendere a' più colti; Milano capo della Lombardia e sede de' Regi Longobardi ci presenta un' epoca, che per la sua dignità e per la grandezza de' suoi monumenti non può involgersi nel silenzio. Quando il regno d'Italia passò da' Goti a' Longobardi, le arti, che sempre corteggiano la Fortuna, da Ravenna trasferirono il lor primario domicilio a Milano, a Monza, a Pavìa. In ognuno di questi luoghi rimane tuttavia qualche orma di quel disegno, che tuttora dicesi longobardico dal luogo e dal tempo; non altrimenti che nella scienza diplomatica longobardici ancora si appellano certi caratteri proprj di quella età o a dir meglio di quelle età; poichè discacciati ancora i Longobardi d'Italia continuò lungamente in gran parte di esse quel gusto di scolpire e di scrivere. Lo stile, di cui parliamo, espresso

in lavori e di metallo e di marmo, è rozzo e
duro oltre ogni esempio de' secoli antecedenti;
e più spesso e meglio vedesi esercitato in ritrarre mostri, uccelli e quadrupedi, che figure
umane. Al duomo, a S. Michele, a S. Giovanni di Pavìa sono su le porte fregj di animali variamente concatenati fra loro, spesso in
positura naturale, spesso con la testa rivolta a
tergo; e per entro le già dette chiese e in alquante altre s'incontrano capitelli con figure
simili, aggiuntevi talora istorie di uomini, fui
per dire d'un altra specie; tanto da noi disso-
migliano. La stessa depravazione dell'arte occupò i luoghi dominati da' Duchi longobardici; qual fu il Friuli che conserva ancora molti
monumenti di quella barbarie. È in Cividale
un altar di marmo cominciato dal Duca Pem-
mone, compiuto da Ratchi suo figlio, vivuti nell'
ottavo secolo: i bassirilievi presentano G. C. as-
siso fra varj Angeli, la sua Epifanìa, la Visitazione della B. Vergine (a). Sembra non potersi depravar l'arte oltre la rozzezza di queste
figure: e tuttavia chi osserverà sul luogo il fregio di una porta, o i capitelli di S. Celso in
Milano (b) opere del secolo X, confesserà che
potè l'arte peggiorar molto, quando al rozzo
aggiunse il ridicolo, e creò figure nane, tutte
mani, tutte teste, con gambe e piedi malca-
paci di sostenerle. Di tal disegno in Verona
e altrove sono altri marmi moltissimi. Vi ha

(a) Vi è annessa la iscrizione, che può leggersi nel Bertoli *Antichità di Aquileja num.* 516.
(b) V. il ch. Sig. Dott. Gaetano Bugati nelle *Memorie
storico-critiche intorno le reliquie ed il culto di S. Celso Martire*, pag. 1; e il P. M. Allegranza *Spiegazione e Riflessioni
sopra alcuni sacri monumenti di Milano* pag. 168.

nondimeno de' monumenti, che vietan di credere per sistema, che fior dell'antico buon gusto non rimanesse allora in Italia. Potrei ad-
durne esempj tratti da diverse arti, e specialmente dalla orificerìa, che nel secol X ebbe
pure un Volvino autore del tanto celebre pal-
liotto d'oro in S. Ambrogio di Milano; opera,
che nello stile può andar del pari co' più be'
dittici d'avorio, che vantino i musei sacri.

Ma restringendoci al proposto tema, il Tiraboschi notò nel palazzo di Monza pitture antichissime di que' secoli; e qualche altra simil
reliquia sì addita pure a S. Michele di Pavìa,
benchè in troppa altezza per potere ben giudi-
carne : altre più copiose ch'esistono in Gallia-
no si trovano descritte negli *Opuscoli* del P. Allegranza a pag. 193. Al qual proposito osser-
vo che il Trattato di pittura da me già nominato si è trovato in un codice di Cantabrigia
avere avuto per titolo: *Theophilus Monachus*
(altrove *qui et Rugerius*) *de omni scientia artis*
pingendi. Incipit Tractatus Lumbardicus qualiter
temperantur colores etc. Questa è certa prova che
se la pittura aveva allora qualche asìlo in Italia,
sopra tutto avevalo in Lombardìa. E nella Basilica di S. Ambrogio nominata poc'anzi non
ne manca pur qualche saggio. Sopra la Con-
fessione è un volto di terra cotta con figure in
bassorilievo disegnate e colorite assai ragionevolmente, quasi sul far de' buoni musaici di
Ravenna e di Roma, e credesi fatto nel X secolo, o in quel torno. Vi son pure i SS. Dor-
mienti presso la porta, che dipinti circa il medesimo tempo, e poi coperti con calce, sono
finalmente ricomparsi a luce, e gelosamente vi
si mantengono da que' dotti religiosi, che pre-

siedono alla cura del tempio. Il portico ancora ha un Salvatore sedente con un Divoto genuflesso tutto di greco stile, ed una Crocifissione, che argomentandone da' caratteri più volentieri si ascriverebbe al XIII secolo, che al
susseguente. Lascio di ricordare alquante immagini di Gesù Crocifisso, e di N. Donna sparse per la città e per lo Stato; bastando per
tutte la N. S. presso S. Satiro, e quella di Gra-
vedona antichissime.

Dopo questi principj non credo spenta mai, *Sussidj per
la sua isto-
ria.*
nè sopita in Milano e nello Stato l'arte della
pittura: così avessimo memorie onde compi-
larne una copiosa istoria! Ma di questi artefici
poco hanno scritto, e solo per incidenza, i più
antichi; siccome fece il Vasari nelle vite di
Bramante, del Vinci, del Carpi; e il Lomazzo
nel *Trattato* e nel *Tempio* o Teatro (a) *della
Pittura*. Poco similmente, nè sempre con fondamenti da fare scienza, ne han detto alquanti
più moderni, il Torre, il Latuada, il Santago-
stini, le cui relazioni raccolse l'Orlandi e le
riunì nel suo Abbeccedario. Qualche supplemento ci han fatto le *Notizie delle Pitture d'Italia* per varj artefici e per la precisa età loro;
e la *Nuova Guida di Milano*; nuova veramente, anzi unica finora in Italia; ove il ch. Sig.
Ab. Bianconi indica non solo ciò ch'è di raro
in città, ma con sodi principj insegna a discernere il buono dal mediocre e dal cattivo. Anche il Sig. Consiglier de' Pagave su questa scuo-

---

(a) Prese la idea del libro dal *Teatro di Giulio Camillo*,
a cui paragona il suo lavoro nel capo 9. Quindi credo che
non disconvenga su l'esempio di alcuni libri che han due ti-
toli, chiamarlo con questo nome ancora; come altri ha fatto.

la ha pubblicate note interessantissime ne' tomi 3, 5, 8, del Vasari nuovamente edito in Siena. Nè poche notizie ancor MSS. avrò io il piacere d'inserire nella mia opera trasmessemi gentilmente da lui medesimo. Per esse e si conosceranno nuovi maestri, e a' già cogniti si apporranno note di cronologìa più sicure, spesso dedotte dal Necrologio di Milano, che gelosamente ivi si custodisse presso un pubblico magistrato.

Secolo XIV. Con questi ajuti e con altri, che verrò a mano a mano ricordando, scrivo della scuola di Milano ed entro già nel 1335, quando Giotto vi stette, lavorandovi alcune cose in varj luoghi della città, che a' tempi del Vasari erano tuttavia tenute bellissime. Nè molto di poi cominciò ivi a dipingere, chiamatovi da Matteo Visconti, quello Stefano Fiorentino, che la storia celebra come il migliore allievo di Giotto: egli però sopraggiunto da malattìa fu costretto a partire senza pure finirvi un'opera; nè si sa che altro giottesco per allora gli succedesse. Vennevi circa il 1370 Gio. da Milano scolar di Taddeo Gaddi, e così esperto, che il maestro in sul morire gli lasciò raccomandato Angiolo e un altro suo figlio perchè in sua vece gl'istruisse nella pittura. È dunque manifesto, che i fiorentini influirono assai presto nella scuola de' milanesi. Questi però non lasciarono di additarci due nazionali, che a detta del Lomazzo infin da' tempi del Petrarca, e di Giotto opera-

LAODICIA DI PAVIA. ANDRINO DI EDESIA.

vano; Laodicia di Pavìa, dal Guarienti detta pittrice, e Andrino di Edesia similmente creduto pavese; ancorchè il suo nome, e il nome di Laodicia dian sospetto almeno di greca origine. All'Edesia e alla sua scuola si ascrivono

in Pavia alcune pitture a fresco, che restano a
S. Martino, e altrove (a). Nulla asserisco degli autori; il gusto è ragionevole; e nel colo-
rito prevale a' fiorentini di quella età. Un Mi- Michel de Roncho.
chel de Roncho milanese ci ha scoperto il Con-
te Tassi scrivendo dei due Nova pittori di Bergamo. Dice che insieme con essi lavorò Michele in quel duomo dal 1575 fino al 77; e di
que' pennelli restano ancora reliquie men lontane dal far di Giotto che le pavesi. Un lodevole novarese ci fan noto alcune pitture in Domo-
dossola nel castello Sylva ed altrove con questa memoria: *Ego Petrus filius Petri Pictoris*
de Novaria hoc opus pinxi 1370. Ma senza par-
tirci di Milano, si veggono ivi nella sagrestìa
de' Conventuali ed in varj chiostri pitture del
secolo XIV senza notizia di certo autore, il più
delle volte conformi alla maniera fiorentina; e
talvolta ancora di uno stile nuovo, originale,
non comune ad altra scuola d'Italia.

Sopra tutto fra le opere anonime di stile antico è da notar ciò che resta nella sagrestìa
delle Grazie; ove ogni sportello presenta un
fatto o del vecchio Testamento, o del nuovo.
L'autore par che vivesse ne' confini del quar-
todecimo secolo e del seguente, nè di tal tempo si troverà facilmente in Italia altr'opera così copiosa di figure come questa è, condotta
da un solo artefice. Lo stile è secco, ma di Secolo XV.
un colore, ove il Sole non ha percosso, così
vivo, così bene impastato, così spiccato da'
suoi fondi, che non cede a' miglior veneti di
quella età, nè a' fiorentini migliori; e chiun-

(a) *Notizie dalle Pitture, Sculture, ed Architetture d'Ita-*
lia del Sig. Bertoli p. 41 ec.

que ne sia l' autore, è originale, nè altri somiglia fuor che sè stesso. Non è anonimo un altro lombardo (già tenuto per veneto) ma sì è
mal nominato dal Vasari nella vita del Carpac-
cio e in quella di Gian Bellini; poi dall' Orlandi e dal Guarienti in tre articoli dell' Abbeccedario. In un articolo dietro il Vasari è detto
dall' Orlandi Girolamo Mazzoni o Morzoni; in
due altri è nominato Giacomo Marzone, e Girolamo Morzone dal Guarienti, scrittor più felice
nell' accrescere i pregiudizj circa i pittori antichi, che nell' emendarli. Il vero suo nome trovasi scritto in una tavola ch' è tuttora in Venezia o sia nell' isola di S. Elena; ove con la Vergine Assunta rappresentò la Titolare, S. Gio.
Batista, S. Benedetto, e una S. Martire con questa epigrafe: *Giacomo Morazone à laurà questo
lauorier. an. Dni. MCCCCXXXXI.* L' onesto e
critico Sig. Zanetti persuaso dal dialetto lombardo, e dall' aver costui dipinte assai cose in
molte città di Lombardìa, come racconta il Vasari, non lo ha creduto punto veneto, ma piuttosto lombardo; tanto più che Morazzone che
gli dà il nome è luogo di Lombardìa. Vero è
che in ciò non fa un gran rifiuto; giacchè questo Giacomo che stando in Venezia fu competitore di Jacobello del Fiore, poco valse almeno in questa tavola, ove non è un piede che
secondo le regole della prospettiva posi sul piano; nè altro pregio, che lo distingua gran fatto da' trecentisti.

Tenne anche lo stile antico un tal Michelino, e continuò fino all' ultimo a far le figure
grandi e piccioli gli edifizj, cosa che biasima
il Lomazzo ne' pittori più vetusti. A costui però dà luogo fra' migliori del suo tempo e per

GIACOMO
MORAZO-
NE.

MICHELI-
NO.

gli animali di ogni sorte, che dipinse, dic'egli, stupendissimamente, e per le figure umane, che ben espresse non tanto nel serio, quanto nel buffo; nel qual genere rimase in esempio alla sua scuola. Par che Michelino fosse pregiato ancora fra gli esteri; leggendosi nella *Notizia* Morelli, che in casa Vendramini a Venezia custodivasi *un libretto in quarto in cavretto con animali coloriti* da questo artefice. Con poco intervallo di tempo, secondo il Sig. Pagave, si dee segnar l'epoca di Agostino di Bramantino non cognito al Bottari, nè a' più recenti indagatori della storia pittorica. Temo assai, che un errore del Vasari non ne abbia nella mente di questo accurato scrittore prodotto un altro. Il Vasari osservando che in una camera del Vaticano, ove poi dipinse Raffaello, furono per dargli luogo atterrate le pitture di Piero della Francesca, di Bramantino, del Signorelli, dell' Ab. di S. Clemente, suppose che i due primi contemporaneamente ve le facessero sotto Niccolò V, cioè intorno al 1450. Per la stima che aveva di quel Bramantino, si diede a raccorre le notizie delle altre sue opere, e trovò esser lui autore del Cristo Morto in iscorcio, e del famiglio che ingannò il cavallo in Milano, e di assai prospettive; equivochi tutti ove si credano appartenere a un Bramantino vivuto circa il 1450; e verità tutte, se si credano appartenute ad un Bramantino scolar di Bramante che viveva nel 1529. Non veggo pertanto come il Sig. Consiglier Pagave abbia nelle opere milanesi scoperto l'error del Vasari, e in quelle del Vaticano, che, secondo il Vasari stesso spettano a un medesimo individuo, abbia voluto secondarlo. Meglio era dire, che l'istorico er-

AGOSTINO DI BRA- MANTINO.

rò in cronologìa supponendo che Bramantino dipingesse sotto Niccolò V; che far l'ipotesi di un Bramantino antico chiamato Agostino, di cui in Roma si vedesse un'opera bellissima in palazzo del Papa, e poi null'altro nè in Roma, nè in Milano, nè altrove. Adunque io discredo questo antico artefice fino ad aver prove migliori di sua esistenza; e su tal questione raccoglierò nuovi lumi prima di uscire di quest'epoca.

Francesco Sforza. Nel tempo del celebre Francesco Sforza e del Card. Ascanio di lui fratello non men disposti ad arricchir la città di buone fabbriche, che le fabbriche di belli ornamenti, sorse un bel numero di architetti e di statuarj, e ciò che fa al nostro proposito, di pittori abili secondo quel secolo. La lor fama si sparse per tutta Italia, e trasse di poi Bramante in Milano, giovane di felicissima indole per l'architettura e per la pittura, che fattosi nome in Milano, insegnò di poi all'Italia e al mondo. Costoro non si erano avanzati gran fatto in colorito, ch'è forte, ma in certo modo malinconico; nè in panneggiamento, ch'è vergato e quasi a candele, fino a Bramante; e sono piuttosto freddi ne'sembianti e nelle mosse. Riformarono però la pittura in quella parte specialmente che tocca la prospettiva, non solamente operando, ma scrivendo ancora; e dieder occasione al Lomazzo di dire che come il disegno è propria lode de'romani, il colorito de' veneti, così la prospettiva è propria lode de' lombardi. Giovami riferire le sue parole tolte dal Trattato della Pittura a pag. 405. *Della quale arte* (di far ben vedere) *furono ritrovatori Gio. da Valle, Costantino Vaprio, il Fop-*

pa, il Civerchio, Ambrogio e Filippo Bevilac-
qui, e Carlo tutti milanesi, Fazio Bembo da
Valdarno, e Cristoforo Moretto cremonesi, Pietro Francesco Pavese, Albertino da Lodi (a);
i quali oltre diverse opere loro dipinsero intorno
alla corte maggiore di Milano que' Baroni arma-
ti ne' tempi di Francesco Sforza primo Duca della città; cioè dal 1447 fino al 1466.

Avendo a trattare di questi artefici, degli ultimi quattro non farò altre parole, avendo de'
due cremonesi scritto a suo luogo, e degli altri due non rimanendo, che io sappia, altro
che il puro nome in Milano: dico in Milano,
perchè di Pierfrancesco pavese, il cui cognome
fu Sacchi troveremo assai belle memorie in Genova, ove stette gran tempo. Si è dubitato
che del primo (Gio, della Valle) sopravviva GIO. DELLA
oggi una tavola; cosa assai dubbia. Nè anche VALLE.
di Costantino Vaprio ho trovata opera certa: COSTAN-
di un altro Vaprio è una Madonna fra varj SS. TINO VA-
in più spartimenti a' Serviti di Pavìa con que- PRIO.
sta epigrafe: *Augustinus de Vaprio pinxit* 1498;
opera di qualche merito.

Vincenzio Foppa, di cui dice il Ridolfi che VINCEN-
fiorì circa il 1407, è tenuto quasi il fondatore ZIO FOP-
della scuola milanese, in cui figurò nel princi- PA.
pato di Filippo Visconti, e in quello di Francesco Sforza. Accennai questo nome nella scuola veneta, a cui si ascrive come bresciano, che
che in contrario dica il Lomazzo. Io son uso
a schivar questioni di nazionalità; e il metodo

(a) Notisi che il Lomazzo non avrebbe qui taciuto il
nome di Agostino di Bramantino se fosse vero ch' egli fiorisse fin dal 1420; e dipingesse in Roma, onore che questi altri
milanesi non ebbono.

compendioso con cui scrivo mi dispensa dall'
agitarle, almeno circa a' pittori men celebri.
Ma in un caposcuola, come questi è, non ri-
cuso d'intertenermi alquanto a stabilirne la patria; dipendendo da ciò lo schiarimento di alcuni articoli della storia pittorica occupati da
errori. Si ha dal Vasari, nella vita dello Scar-
paccia, che intorno alla metà del secolo *fu te-*
nuto in pregio Vincenzio pittore bresciano se-
condo che racconta il Filarete. E nella vita di
questo buon architetto, e in quella di Miche-
lozzo scrive, che in certe lor fabbriche ordina-
te sotto il Duca Francesco dipinse Vincenzo di
Zoppa (emendasi Foppa) lombardo, *per non*
essersi trovato in que' paesi miglior maestro.
Che poi un Vincenzo bresciano fosse allora e
di poi tenuto fra' miglior maestri, lo comprova
Ambrogio Calepino nell' antica edizione del 1505
alla voce *pingo*. Quivi dopo aver lodato sopra
ogni altro pittore del suo tempo il Mantegna,
soggiugne: *huic accedunt Jo. Bellinus Venetus,*
Leonardus Florentinus, et Vincentius Brixia-
nus, excellentissimo ingenio homines, ut qui
cum omni antiquitate de pictura possint conten-
dere. Dopo sì bell' elogio scritto, se io non
erro, quando il Foppa era vivo, ma edito dopo sua morte (come dall' elogio scritto dal Boschini al Ridolfi notammo a suo luogo) riferi-
scasi anche quello del suo sepolcro nel primo
chiostro di S. Barnaba in Brescia: *Excellentiss.*
ac . eximii . pictoris . Vincentii . de Foppis . ci.
Br. 1492 (Zamb. pag. 32). A queste testimo-
nianze aggiungo quella di man dell'autore scoperta da me nella Galleria Carrara in Bergamo; ove in antico quadretto condotto con molto amore, e con vero studio di scorti, rarissi-

mo a que' tempi, è dipinto Gesù crocifisso fra'
due ladri, ed è scritto.... *Vincentius Brixien-
sis fecit* 1455. Qual prova più chiara della i-
dentità di un pittor medesimo ricordato da più
autori con tanta contraddizione di nome, di
patria, di età?

Stabiliscasi adunque dal confronto de' luoghi
addotti, che in essi si parla di un solo pittor
bresciano, e che questi non è sì antico quanto
decàntasi, nè potea dipingere nel 1407 dell'era
volgare, avendo tocco per poco il sestodecimo
secolo. Dopo ciò ripurghisi anco la storia da
quelle speciose favole, che il Lomazzo vi sparse dentro, asserendo che il Foppa trasse da
Lisippo le proporzioni delle sue figure; che da'
suoi scritti apprese Bramante la prospettiva, e
ne formò un libro stato utile a Raffaello, a Polidoro, a Gaudenzio; che Alberto Durero e Daniel Barbaro profittarono delle invenzioni del
Foppa, e ne furono plagiarj. Tali cose rifiu-
tate già in parte dal ch. Consiglier Pagave nelle note al Vasari (T. III p. 233) son fondate
nella età del Foppa creduta anteriore a Piero
della Francesca; da cui veramente cominciò la
prospettiva in Italia ad avere aumento conside-
rabile. Dopo lui il Foppa fu de' primi che col-
tivasser quest' arte; siccome appare nel quadretto di Bergamo già rammentato. In Milano restano di esso alcune opere in tela allo spedale;
a fresco è quel Martirio di S. Sebastiano a Brera, che nel disegno del nudo, nella verità delle teste, ne' vestiti, e nelle tinte è molto lodevole; ma nell' espressioni e mosse poco felice.
Spesso ho meco dubitato che due fossero i Vincenzj da Brescia; poichè il Lomazzo, oltre Vincenzio Foppa che contro la opinione comune

fa milanese, nota e distingue nell' indice un Vincenzio bresciano, di cui però in tutta l'opera non so che facesse mai menzione. Io dubito ch'essendo fuor di Milano alcune opere soscritte *di Vincenzio Bresciano* senza il cognome Foppa, lo storico fisso nella sua persuasione che il Foppa fosse milanese, di un sol pittore due ne facesse: che anzi potè questo essere un antico pregiudizio della scuola milanese, a cui il Lomazzo non sapesse rinunziare. I pregiudizj nazionali son sempre gli ultimi a deporsi. Nella *Notizia Morelli* due volte leggesi *Vincenzo Bressano il vecchio;* il quale aggiunto, se non è soprannome siccome fu nel Minzocchi, può esser nato da qualche falsa voce de' due Vincenzj bresciani. Si è notato replicatamente, che le denominazioni de' pittori si son tratte assai volte non da autentiche scritture, ma dalla bocca del volgo; *che quel che male udì peggio racconta.*

VINCEN-
ZIO CIVER-
CHIO.
Vincenzio Civerchio, dal Vasari nominato Verchio, e dal Lomazzo che vorrebbelo milanese, soprannominato il Vecchio, fu ricordato anch'egli da noi nella scuola veneta, alla quale dicesi appartenere come cremasco; quantunque e vivesse in Milano, e formasse a quella scuola allievi eccellenti; benemerito di lei sopra ogni altro dal Vinci in fuori. Il Vasari par che al Foppa non lo posponga quando il dichiara valentuomo in lavori a fresco. Nelle figure fu studiato, e ammirabile nel modo di collocarle in alto; sì che i piani sfugissero, e le altezze calassero dolcemente. Ne died'esempio a S. Eustorgio in certe storie di S. Pier Martire dipinte alla sua cappella, lodatissime dal Lomazzo, e oggidì coperte di bianco; rima-

nendo ivi di man del Civerchio i soli pennac-
chj della cupola, a' quali auguriamo più lunga
vita (a). Ambrogio Bevilacqua può conoscersi AMBROGIO
a S. Stefano in un S. Ambrogio, a' cui lati BEVILAC-
QUA.
stanno i SS. Gervasio e Protasio. Altre pitture gli avran conciliata la riputazione di bravo
prospettivo: in questa ne ha certamente viola-
te le regole. È però disegnata in guisa, che
quantunque non esente del tutto dalla secchezza, pur molto avvicinasi al buono stile. Di
questo pittore si trovano memorie fino al 1486:
di Filippo suo fratello ed ajuto, e di Carlo mi- FILIPPO E
lanese, che il Lomazzo nomina in quel suo CARLO MI-
LANESI.
contesto, nulla ho trovato. Trovo bensì dal
già lodato corrispondente ascritti a questa più
antica epoca Gio. de' Ponzoni, di cui resta un GIO. DE'
S. Cristoforo in una chiesa vicina alla città, PONZONI.
detta della Samaritana; e un Francesco Crivel- FRANCE-
SCO CRI-
li, che dicesi aver fatto ritratti in Milano prima VELLI.
di ogni altro.

Quei, che ora sieguono, altri formavano il *Ultimi*
corpo de' dipintori nel governo di Lodovico il *dell'antica scuola.*
Moro, al cui tempo il Vinci stette a Milano;
altri si andarono abilitando negli anni seguenti; niuno però di loro uscì affatto dal vecchio
stile. Sono da rammentare prima di ogni altro
i due Bernardi (che promiscuamente son detti
anche Bernardini) di Trevilio nel milanese;

(a) Circa questo artefice si leggon epoche difficili a con-
ciliarsi fra loro. Stando al Lomazzo, era già pittore intorno al 1460: e presso il Sig. Ronna nello *Zibaldone Cremasco* per l'anno 1795, si asserisce a pag. 84 esistere documenti che nel 1535 vivesse ancora. Se non voglion discredersi, conviene accordare al Civerchio una vita lunghissima
quale si legge vivuta da Tiziano, dal Calvi, e dagli altri più
canuti macrobj della pittura.

l'uno di casato Butinoni, l'altro Zenale, scolari del Civerchio, ed emulatori suoi nelle pitture e negli scritti. Trevilio è terra del milanese, compresa a que' tempi nel bergamasco,
e perciò dal Co. Tassi aggregata alla sua souola ;
ed è assai lontana da Trevigi, ove si è profittato
della somiglianza del nome per creare un Bernardino da Trevigi architetto e pittore, che non
fu mai. Il Vasari nomina un Bernardino da
BERNAR-
DINO DA
TREVILIO.
Trevio (volle dir Trevilio), che a' tempi di
Bramante era ingegnere a Milano, *disegnatore*
grandissimo, il quale dal Vinci fu tenuto mae-
stro raro, ancorchè la sua maniera fosse cru-
detta, e alquanto secca nelle pitture : e ne cita
fra le altre opere una Resurrezione al chiostro
delle Grazie con alcuni scorti bellissimi. Fa
maraviglia che il Bottari abbia cangiato Trevio
in Trevigi, e che l'Orlandi abbia interpretato
il Vasari come se scrivesse del Butinone; quando con la scorta del Lomazzo a pag. 271, e
in più altri luoghi del suo Trattato è facile congetturare, che ivi si parla dello Zenale di Trevilio. Fu uomo insigne, confidente del Vinci (a), paragonato nel Trattato della pittura al
Mantegna, e addotto continuamente in esempio nell'arte prospettica, sulla quale già vecchio compose un libro nel 1524, e scrisse diverse osservazioni. Ivi fra le altre cose trattò
la questione agitata molto a que' dì; se gli og-
get-

(a) Racconta il Lomazzo nel suo Trattato (L. I c. 9)
che avea Lionardo nel suo cenacolo data tanta bellezza al
volto dell'uno e l'altro S. Giacomo, che disperando poter
far più bello il Nazareno, andò a consigliarsi con Bernardo
Zenale, che per confortarlo dissegli: lascia Cristo così imperfetto : che non lo farai esser Cristo appresso quegli Apostoli;
e così Lionardo fece.

getti, che si rappresentano piccioli e in lontananza deggiano abbagliarsi, per imitar la natura, più che i grandi e i vicini; questione, ch'egli risolvea negativamente; volendo anzi, che le cose lontane fossero così finite e proporzionate quanto quelle d'innanzi. Ecco dunque il Bernardino tanto lodato dal Vasari; il cui giudizio circa questo artefice può tuttora verificarsi su la Risurrezione alle Grazie, e su di una Nunziata a S. Sempliciano, con un'architettura artificiosissima a ingannar l'occhio. Questa però è il meglio della pittura: le figure han del meschino in sè e ne' vestiti. Per ciò che spetta al Butinone suo conterraneo e compagno ancora quando dipinse a S. Pietro in Gessato, si può dire che fosse intelligentissimo in prospettiva, poichè il Lomazzo l'afferma; nel resto le sue opere son perite, toltone qualche quadro da stanza disegnato meglio che colorito. Una sua Madonna fra alcuni BB. vidi presso il Sig. Cons. Pagave; per cui suggerimento a' discepoli del Civerchio aggiungo Bartolommeo di Cassino milanese e Luigi de' Donati comasco, de' quali si han tavole autentiche.

Mentre questi fiorivano, venne in Milano Bramante, il cui vero nome tramandatoci dal Cesariani suo scolare e commentator di Vitruvio è Donato, il casato credesi, Lazari; cosa con forti ragioni impugnata nelle *Antichità Picene* al T. X. Quivi pure si prova a lungo che la vera sua patria non fu Castel Durante, ora Urbania, come tanti scrissero, ma una villa di Castel Fermignano. L'uno e l'altro luogo è nell'Urbinate; onde anticamente lo denominarono Bramante di Urbino. Quivi studiò su

Butinone.

Bartolommeo di Cassino. Luigi de' Donati.

Bramante Lazari.

le opere di Fra Carnevale, nè altro dice il Vasari della sua educazione. Continua poi a raccontare che partitosi dalla patria girò per alcune città di Lombardìa lavorando il meglio che poteva picciole opere, finchè venuto in Milano, e conosciuti gl'ingegnéri del duomo, fra' quali Bernardo, fermò seco di darsi tutto all'architettura, siccome fece; e che prima del 1500 ne andò a Roma, ove servì Alessandro VI e Giulio II, e vi morì settuagenario nel 1514. Vi è da dubitare che l'istorico sia stato ben poco sollecito d'investigar le memorie di questo grand'uomo. Più esatto ricercatore n'è stato il Sig. Pagave. Questi per amor della verità, anima della storia, ha fin rinunziato all'onore che traea la patria dall'avere ammaestrato un Bramante, nè perciò lo ha asserito scolare del Carnevale, o di Piero della Francesca, o del Mantegna, come qualche scrittore presso il Sig. Colucci. Ben ha osservato esser lui venuto in Milano di già maestro circa l'anno 1476, dopo aver nella Romagna innalzati e palazzi e tempj. Da questo tempo fino alla caduta del Moro, cioè fino al 1499, stette in Milano; ove con larghi stipendj servì la corte, e fu adoperato anche da privati spesso come architetto, non di rado come pittore.

Che Bramante fosse pittor valente, lo nega il Cellini nel trattato secondo, ove lo dà per mediocre pittore; e oggidì si sa da pochi della Italia inferiore, ove nelle quadrerìe mai non si nomina; ma è notissimo nel milanese. Lo avean già asserito il Cesariano e il Lomazzo, il quale ne ha scritto con lode in più luoghi della sua opera, contandone e ritratti, e pitture profane e sacre, e a tempera e a fresco. Osserva generalmente in lui un metodo simile molto a quello di Andrea Mantegna. Erasi anch'egli esercitato grandemente nel copiar gessi; e quindi venne che desse lumi troppo risentiti alle carni. Vestiva i modelli, come il Mantegna, or di tele incollate, or di carte; onde potè nelle pieghe emendar gli antichi. Usò pur come lui dipingendo a tempera una cert'acqua viscosa; di che il Lomazzo adduce per prova un quadro da sè rinetto. Le pitture di Bramante a fresco nominate dal Lomazzo e dallo Scaramuccia in pubblici luoghi di Milano son oggi perite o guaste: solamente ne' palazzi Borri e Castiglioni per entro alcune camere se ne conserva un buon numero. Nella Certosa di Pavìa resta pure una cappella, che si dice da lui dipinta. Le proporzioni sono quadrate, e talora sentono un po' del tozzo; i volti son pieni; le teste de' vecchj grandiose; il colorito vivace e staccato da' fondi, ma non senza qualche crudezza. La stessa maniera ho osservata in una sua tavola con varj SS. e con bella prospettiva presso il Sig. Cav. Melzi. La stessa in una tavola alla Incoronata di Lodi, tempio vaghissimo, che sul disegno di Bramante edificò Gio. Bataggio lodigiano. Il capo d'opera, che se ne vegga in Milano, è un S. Sebastiano nella sua chiesa, ove appena si trova orma di quattrocento. La *Notizia Morelli* ci scuopre una sua Pietà a S. Pancrazio di Bergamo, che il Pasta avea creduta del Lotto; e rammenta anche nella città istessa i Filosofi da Bramante dipinti nel 1486.

Fece in Milano due allievi, de' quali resta memoria. L'uno è Nolfo da Monza. Dice la storia, che dipinse co' disegni di Bramante a S.

NOLFO DA MONZA.

Satiro, e altrove; pittore se non uguale a' primi, nondimeno eccellente e degno, come ne giudica lo Scannelli. Nella sagrestìa pur di S. Satiro, presso il tempietto graziosissimo di Bramante, son varie pitture antiche, verisimilmente di Nolfo. L'altro è Bramantino creduto dall' Orlandi precettor di Bramante, da altri con lui confuso, e finalmente scoperto suo favorito discepolo; onde n'ebbe anco il soprannome. Il suo vero nome fu Bartolommeo Suardi; architetto, e, ciò che spetta al mio intento, pittore di gran merito. Giunse a par degli antichi a ingannare gli animali, come il Lomazzo racconta nel principio del libro III. Per qualche tempo tenne dietro al maestro: avendo poi veduto Roma migliorò lo stile non tanto nelle proporzioni e nelle forme, quanto ne' colori, e nelle pieghe, le quali di poi fece più larghe e piazzose. Non dubito, che a Roma fosse o invitato o condotto da Bramante; e che ivi sotto Giulio II facesse que' ritratti così lodati dal Vasari, che dovendosi gettare a terra, affinchè Raffaello dipingesse dov' essi erano, furon prima copiati ad istanza di Monsig. Giovio, che nel suo Museo voleva inserirgli. Certo le pitture vaticane di Bramantino non appartengono a' tempi di Niccolò V, come abbiam provato. Ritornò quindi in Milano, come si ha dal Lomazzo; e di questa miglior epoca sembra essere un S. Ambrogio, e un S. Michele insieme con N. Signora; quadro colorito alla veneta, della scelta Gallerìa Melzi ricordata, e da ricordarsi altre volte. Anche in S. Francesco sono alcune tavole disegnate e colorite da lui, e vi si scuopre una grandiosità superiore quasi alla sua epoca. Ma la lode sua caratteristica è la pro-

(marginale:) BRAMAN-TINO.

spettiva, le cui regole sono state dal Lomazzo inserite nel suo libro per venerazione verso tant'uomo. Lo adduce anco in esempio per quel Cristo morto fra le Marie dipinto alla porta del S. Sepolcro, opera che inganna la vista; parendo che le gambe del Redentore, da qualunque punto si mirino, volgansi giustamente all'occhio di chi riguarda. So che lo stesso han fatto poi molti altri: ma è trito proverbio che val più un primo che molti secondi. Un'opera di questo gran prospettivo hanno i PP. Cisterciensi entro il monistero, ch'è una Discesa di Cristo al Limbo. Vi ha poste poche figure, nè di aspetto scelto a bastanza; ma di un vero e sodo colorito, ben piantate, ben degradate, divise in be' gruppi con un grato sfuggimento de' pilastri che distinguono il luogo, e con un accordo che ferma ogni spettatore. Fu suo allievo Agostin da Milano peritissimo nel sotto in su, di cui mano era al Carmine un dipinto così stimato, che il Lomazzo lo pone in esempio insieme con la cupola del Coreggio, ch'è al duomo di Parma. Costui è molto apertamente indicato a noi nell'indice del Lomazzo con quelle parole: *Agostino di Bramantino milanese, pittore, discepolo di esso Bramantino*. Non so come ciò uscisse di veduta al Sig. Pagave; e ci proponesse quell'antichissimo Agostino di Bramantino, così detto dal nome di sua famiglia, non già da quello del maestro, la cui esistenza abbiam noi provata ideale, e nata da un equivoco del Vasari. Questi che qui collochiamo esistè veramente; ma sì poco è noto in Milano, che ci fa credere esser lui più che in patria vivuto altrove. E non saria punto da riprendere chi so-

AGOSTIN DA MILANO.

spettasse, lui essere quell'*Agostino delle Prospettive*, che troveremo in Bologna nel 1525. Tutti gl'indizj corrispondono a segno da potervelo arrestare se fosse un reo fuggitivo; il nome di Agostino, la età convenevole a un discepolo del Suardi, la eccellenza nell'arte degna di trarne il soprannome, il silenzio del Malvasìa, che non potè ignorarlo, ma perciocchè tesseva la storia della scuola bolognese, non ne fece motto.

Altri circa il 1500 discesi, come si crede, dal Foppa dipingevano in quello stile, che

Ambrogio Borgognone. chiamiamo antico moderno. Ambrogio Borgognone effigiò a S. Simpliciano in un chiostro le istorie di S. Sisinio e compagni Martiri. La sottigliezza delle gambe e qualche altro residuo della prima educazione non tanto spiace in quest'opera, quanto piace la naturalezza e l'accurato studio, con cui è condotta; teste giovanili assai belle, varietà di fisonomìe, vestiti semplici, usanze di que'tempi fedelmente ritratte negli arredi ecclesiastici e nel viver civile, e non so qual grazia di espressione non ovvia in questa, nè in altra scuola.

Gio. Donato Montorfano. Gio. Donato Montorfano dipinse una Crocifissione abbondantissima di figure nel refettorio delle Grazie, ove poco curasi, avendo a fronte il gran Cenacolo del Vinci. Non può competer con un rivale, a cui i maggior maestri pressochè tutti cedon la palma. Prevale solamente nell'arte del colorire; per cui dura tuttavia l'opera fresca e vegeta, ove quella del Vinci declinò in pochi anni. Il Montorfano ha di singolare una certa evidenza ne'volti, e nelle mosse, che se andasse congiunta con più eleganza avria in questo genere pochi pari. Vi è un gruppo di soldati, che giocano; ogni volto ha impressa l'attenzione e l'impegno di vincere. Vi sono anche nel delicato alcune teste assai belle, ancorchè dipinte con la stessa forza le più lontane e le più vicine. Grandiosa e ben intesa è l'architettura nelle porte e ne' casamenti di Gerusalemme, e con quegli sfuggimenti di prospettiva, di cui allora tanto pregiavasi questa scuola. Tien pure l'uso durato fra' milanesi fino a Gaudenzio, benchè riformato altrove gran tempo avanti, di frammischiare alle pitture qualche lavoro di plastica; e così formar di rilievo nimbi di Santi, e ornamenti d'uomini e di cavalli.

Ambrogio da Fossano (luogo del Piemontese) (a) quegli, che alla gran Certosa di Pavìa disegnò la grandiosa facciata della chiesa, oltre essere architetto fu dipintore. Nel tempio poc'anzi detto è una tavola, che dicon essere o sua, o di un suo fratello; opera di pennello men fino, ma di gusto non molto dissimile dal Mantegna. Andrea Milanese, ch'è stato confuso da un annotator del Vasari con Andrea Salai, riscosse plauso dallo Zanetti per una bella tavola a Murano fatta nel 1495; e sembra che studiasse in Venezia. Non posso consentire al Bottari che sia lo stesso che Andrea del Gobbo, nominato dal Vasari nella vita del Co-

AMBROGIO DA FOSSANO.

ANDREA MILANESE.

(a) Molti luoghi, che ora son compresi nel Piemonte, furono già nello Stato milanese, come avvertiamo più volte. La città di Vercelli fu aggregata alla R. Casa di Savoja nel 1427, e in progresso fu soggetta a varie vicende. Molti de' suoi pittori più antichi si riferiscono fra' milanesi perchè loro scolari; ma possono stare fra' piemontesi come cittadini. Questa dichiarazione serva di supplemento per varj luoghi di questo e del V Tomo.

reggio; poichè questi fu seguace di Gaudenzio (Lomaz. Tratt. c. 37). Fiorì circa lo stesso tempo Stefano Scotto, maestro di Gaudenzio Ferrari, assai celebrato dal Lomazzo nell'arte di far rabeschi; della cui famiglia' è peravventura un Felice Scotto, che in Como dipinse assai per privati, e lasciò in S. Croce pitture a fresco molto considerabili su la vita di S. Bernardino. È vario, espressivo, giudizioso in comporre; uno de'miglior quattrocentisti, che vedessi in queste bande; allievo forse di altra scuola, avendo disegno più gentile, e colorito più aperto che non usarono i milanesi. Può ampliarsi questo catalogo con altri nomi, che il Morigia raccolse nel libro della *nobiltà milanese;* in cui si trovano lodati Nicolao Piccinino, Girolamo Chiocca, Carlo Valli, o di Valle fratel di Giovanni, tutti milanesi; e Vincenzo Mojetta nativo di Caravaggio, che fiorì in Milano circa il 1500 e alquanto prima; siccome gli altri nominati con esso lui. Nel tempo istesso lo studio della miniatura era promosso singolarmente da'due Ferranti, Agosto il figlio e Decio il padre, di cui nel duomo di Vigevano si conservano tre opere, un messale, un evangeliario, un epistolario miniati con finissima diligenza.

Altri professori contò allora lo Stato, de'quali resta o la memoria ne'libri, o qualche opera con soscrizione. Era allora il Milanese molto più esteso che oggi non è dopo che buona parte ne fu ceduta alla R. Casa di Savoja. Gli artefici di tal parte saran da me considerati in questa scuola, a cui spettano e perchè in essa educati, e perchè educatori ad essa di nuovi artefici. Quindi, oltre i pavesi, i comaschi, e

Marginal notes:
STEFANO SCOTTO.
FELICE SCOTTO.
PICCININO, CHIOCCA, VALLE, E MOJETTA.
I DUE FERRANTI.
Artefici dello Stato.

gli altri dello Stato odierno, si leggeranno in
questo capitolo i novaresi, i vercellesi (su i
quali trarrò anche notizie dalle prefazioni a' tomi X e XI del Vasari ristampato in Siena dal
P. della Valle) ed altri del vecchio Stato. Ebbe Pavia un Bartolommeo Bononi; e ne con- BARTO-
serva una tavola a S. Francesco con data del LOMMEO
BONONI.
1507, ed ebbe un Bernardin Colombano, che BERNAR-
ne pose al Carmine un'altra nel 1515. Qual- DIN CO-
LOMBANO.
che incognito, che assai partecipa dello stile
bolognese di quella età, notai in altre chiese; e
potrebb' essere quel Gio. di Pavia, che il Mal- GIO. DI
PAVIA.
vasia inserì nel catalogo degli scolari di Lorenzo Costa. Visse ne' medesimi anni un Andrea
Passeri di Como, ove nella cattedrale dipinse ANDREA
PASSERI.
una N. Signora fra varj Apostoli, le cui teste
e tutto il fare tira al moderno; ma vi è secchezza nelle mani, e doratura ne' vestiti non
degna del 1505, in cui quel quadro fu dipinto. Poco meno che giorgionesco è un Marco MARCO
Marconi comasco, che vivea circa il 1500, for- MARCONI.
se allievo de' veneti. Troso da Monza assai TROSO DA
dipinse in Milano, e alcune cose a S. Gio. nel- MONZA.
la sua patria. Oggidì gli si ascrivono in quella chiesa certe storie della Regina Teodelinda
in varj spartimenti fatte nel 1444. Non è facile tener dietro alle sue invenzioni alquanto far-
raginose, e nuove per le vesti e gli usi longobardici che vi ha espressi. Vi sono alcune buone teste, e un colorito non dispregevole; nel
resto è cosa mediocre, e forse della prima età
del pittore, lodatissimo dal Lomazzo per altre
sue opere, che lasciò presso il palazzo Landi.
Sono istorie romane; *cosa*, dice il Lomazzo
(p. 272) *miracolosissima così per le figure, come per l'architettura, e prospettiva, ch'è stu-*

pendissima . Il P. Resta citato dal Morelli che la vide nel 1707 dice che lo fece stupire *per la bontà, bellezza, e soavità* (*Lett. Pittor.* T. III. p. 342).

Gio. An-tonio Merli. Nel nuovo Stato del Piemonte è Novara, ove nell'archivio della cattedrale un Gio. Antonio Merli colorì di verde terra Pietro Lombardo co' tre altri novaresi cospicui; buono e vivace ritrattista per la sua età. Nella vicina Vercelli

Boniforte, ed Ercole Oldoni, e F. Pietro Giovenone. professavan pittura circa il 1460 Boniforte, ed Ercole Oldoni, e F. Pietro di Vercelli: di questo conservasi a S. Marco un'antica tavola. Sorse poi Giovenone, che in quella città è tenuto primo istruttore di Gaudenzio, comechè il Lomazzo ne taccia. Se non fu, era degno di esserlo. I PP. Agostiniani ne hanno un Cristo risorto, fra una S. Margherita e una S. Cecilia, e due Angiolini, pittura di assai bel carattere, che ritrae da Bramantino e da' miglior milanesi, condotta con buona intelligenza di nudo e di prospettiva.

EPOCA SECONDA

IL VINCI STABILISCE ACCADEMIA DI DISE-
GNO IN MILANO. ALLIEVI DI ESSO, E DE'
MIGLIOR NAZIONALI FINO A GAUDENZIO.

Nella scuola florentina scrivemmo compendio-
samente della educazione pittorica di Lionardo Lionardo da Vinci.
da Vinci, del suo stile, della sua dimora in
varie città, fra le quali si nominò Milano, e
l'Accademia che quivi aperse. Vi venne, secondo il Vasari, nell'anno 1594, che fu il primo di Lodovico il Moro Principe; o piuttosto
vi fu se non continuo, almeno per incombenze fin dal 1482, come si è recentemente con-
getturato (a), e ne partì dopo che i Galli tennero la città, cioè nel 1499. Gli anni, che Lionardo stette in Milano, furono forse i più tranquilli per lui, e certamente i più giovevoli all'
arte fra quanti ne visse. Il Duca lo avea de-
putato a reggere un'accademia di disegno; la
quale, se io non erro, fu la prima in Italia,
che diede norma alle altre migliori. Ella continuò anche dopo la partenza del Vinci ad essere frequentata, ed a formar eccellenti artefici; tenendo le veci del pristino direttore i suoi
precetti, i suoi scritti, i suoi esempj. Non ci *Suo metodo d'insegna-*
son rimase memorie molto distinte del suo me- *re.*
todo: sappiamo però che vi s'insegnava per
via di principj scientifici dedotti dalla filosofia,

(a) Amoretti *Memorie Storiche di Leonardo da Vinci* p. 20.

che il Vinci possedeva in ogni sua parte. Il suo trattato della pittura, il quale, benchè imperfetto, riguardasi quasi un altro canone di Policleto, fa vedere come Lionardo insegnasse (*a*). Lo fanno anche conoscere i suoi tanti e sì varj scritti; che lasciati da lui in eredità al Melzi, e in processo di tempo distratti adornano varj gabinetti. Quattordici volumi di essi donati al pubblico esistono nell'Ambrosiana; e molti son fatti per appianare alla gioventù le difficoltà dell'arte. Si sa in oltre che avendo stretta amicizia con Marcantonio della Torre, lettor di Pavìa, concorse con lui ad illustrar la scienza della notomìa dell'uomo poco nota in Italia; e che formò esattamente quella del cavallo, nella cui intelligenza fu tenuto principe. Si sa pure quanto presidio per l'arte ei ponesse nell'ottica; e che la prospettiva aerea da niuno posseduta meglio che da lui (*b*) è stata quasi un retaggio e un distintivo della sua scuola. Era egli coltissimo non solo nella musica e nel suono della lira; ma eziandio nella poesìa e nella storia; e in ciò ancora fu seguìto dal Luini e da altri; anzi a lui si dee principalmente che la scuola milanese sia stata in Italia una delle più osservanti dell'antichità e

(*a*) Si è ristampato in Firenze insieme con le figure nel 1792. Questa edizione è tratta da un esemplare di mano di Stefano della Bella, esistente nella Librerìa Riccardi, il cui dotto bibliotecario Sig. Ab. Fontani l' ha pubblicato, aggiuntovi l'elogio del Vinci copiosissimo di notizie non pur su la vita e le pitture, ma anco su i disegni dell'autore. Vi è aggiunto l'elogio di Stefano, e una dissertezion del Lami *su i pittori e scultori italiani che fiorirono* dal 1000 al 1300.

(*b*) Il Cellini afferma di aver tratte infinite osservazioni bellissime su la prospettiva da un discorso del Vinci. *Trat. II pag.* 153.

del costume. Il Mengs ha avvertito prima di
me, che nella gran forza del chiaroscuro niuno prevenne il Vinci. Egli insegnava a tener
conto del lume come di una gemma, non dandolo troppo chiaro per riservarlo a miglior lo-
co: e quindi nasce ne' suoi dipinti e de' miglior suoi discepoli quel gran rilievo, per cui
le pitture e specialmente le faccie sembrano
staccarsi dal fondo.

Era gran tempo che la pittura avea comin- *Ricercato e*
ciato a raffinarsi, e a considerar le cose minu- *grandioso.*
te; e ne aveano avuto lode il Botticelli, il
Mantegna, ed altri: ma come la minutezza è
nimica del sublime, mal si accordava con la
grandiosità, nella qnale sta,il sommo dell'arte.
Lionardo, sembra a me, conciliò questi due
estremi prima che altri. Ove s'impegnò a far
cosa finita, non solo perfezionò le teste, con-
traffacendo i lustri degli occhi, il nascer de' pe-
li, i pori, e fino il battere dell'arterie; ma ogni
veste, ogni arredo ritrasse minutamente, ne'
paesi ancora niun'erba espresse, e niuna foglia
di albero che non fosse un ritratto della scelta
natura; e alle foglie stesse diede piegatura e
moto convenevolissimo a rappresentarle scosse
dal vento. Mentre però attendeva così alle piccole cose, diede, come osservò il Mengs, i principj della grandiosità, e fece gli studj più profon-
di che mai si udissero nella espressione, ch'è
la parte più filosofica e più sublime della pittura; e appianò la via, mi sia lecito dirlo, anche
a Raffaello. Niuno fu più curioso in cercare, o *Diligenza*
più attento in osservare, o più pronto a disegnar *di Lionar-*
subito i moti delle passioni, che si dipingono ne' *do.*
volti e negli atti. Frequentava i luoghi di più
concorso, e gli spettacoli dove l'uomo spiega la

maggiore sua attività; e in un libricciuolo, che sempre si tenea pronto, delineava le attitudini che andava scegliendo, solito a far conserva di tali disegni, e ad usarli di espressione più o men forte secondo le opportunità, e le gradazioni che volea fare. Perciocchè fu suo costume come nelle ombre rinforzar sempre fino ad arrivare al grado più alto; così nelle composizioni di più figure andar crescendo fino al sommo gli affetti e le mosse. La stessa gradazione tenne nella grazia, di cui fu forse il primo vagheggiatore; giacchè i pittori antecedenti non par che la distinguessero dalla bellezza; e molto meno usarono di dispensarla a' soggetti leggiadri salendo dal meno al più, come praticò il Vinci. Tenne la stessa regola fin nel ridicolo facendo una caricatura sempre più bizzarra dell' altra; ed era suo detto, che dovea venirsi a tal colmo, da far ridere, se fosse possibile, infino a' morti.

Squisitezza di gusto. Adunque il carattere di questo incomparabile artefice consiste in una squisitezza di gusto, a cui si stenta a trovar esempio prima o dopo di lui; se già non abbia a ricordarsi quell' antico Protogene, in cui Apelle non potea notare altro titolo da anteporglisi, fuorchè la soverchia diligenza del competitore (a). E veramente anco il Vinci non si ricordò sempre di quel *nequid nimis*, in cui sta la perfezione delle umane cose. Fidia istesso, dicea M. Tullio, ebbe in mente una più bella Minerva, ed un più bel Giove di quel che potè scolpire; ed è

(a) Plin. lib. XXXV c. 10. *Uno se præstare, quod magnum ille de sabula nescivit tollere:* ciò disse in proposito di quel Gialisio, in cui Protogene avea consumati sette anni.

consiglio da saggio aspirare all'ottimo, ma contentarsi del buono. Il Vinci non era contento del suo lavoro se non lo rendeva così perfetto come vedevalo nella sua idea; e non trovando via di giugnere a sì alto grado con la mano e col pennello, or lasciava l'opera sol disegnata; or la conducea fino a un certo segno, indi l' abbandonava; or vi spendeva tempo sì lungo, che parea rinnovar quasi l'esempio di quell' antico occupato nel suo Gialisio per sette anni. Ma siccome le bellezze di quella figura non si finiron mai di conoscere, così a detta del Lomazzo le perfezioni delle pitture del Vinci; anche di quelle, che il Vasari ed altri riferiscono come imperfette.

Prima di passar oltre è dover d'istorico, a- *Opere imperfette.* vendo qui nominate le opere sue imperfette, avvertire il lettore del vero senso di così fatto vocabolo quando si ragiona del Vinci. Egli lasciò varie opere veramente ammezzate, com'è in Firenze la Epifanìa nella R. Gallerìa del Gran Duca, o la Sacra Famiglia a Milano in quella dell'Arcivescovo. Ma il più delle volte non altro sona tal voce che mancanza di certa ultima finitezza, che l'autore potea dare a qualche parte della pittura; mancanza che non si scuopre sempre anche da'periti. Per figura il ritratto di M. Lisa Gioconda, dipinto a Firenze in quattro anni, e poi lasciato imperfetto secondo il Vasari, fu dal Mariette osservato minutamente nella Quadrerìa del Re di Francia, e dichiarato di tal finitezza, che non parea possibile spingerla più avanti. Più facilmente il difetto si potrà conoscere in altri ritratti, parecchj de'quali restano ancora in Milano; come uno di donna presso il Sig. Principe Albani, uno di uomo in palazzo Scotti Gallerati: avendo notato il Lomazzo, che, toltine tre o quattro, in tutti gli altri lasciò le teste imperfette. Ma le sue imperfezioni e i suoi vizj sarebbono le perfezioni e le virtù d'infiniti altri.

Cenacolo dipinto dal Vinci. Tutta la storia ci dà anco per imperfetto quel gran Cenacolo, che dipinse nel refettorio de' PP. Domenicani a Milano, e nondimeno tutta la storia si accorda in celebrarlo come una delle più belle pitture, che sian uscite di mano d'uomo. È questo il compendio non solo di quanto insegnò Lionardo ne' suoi libri, ma eziandio di quanto comprese co' suoi studj. Espresse ivi il momento più opportuno ad avvivare la sua istoria; quello, cioè, in cui l'amabilissimo Redentore dice a' discepoli: uno di voi mi tradirà. Ognuno di quegl'innocenti scuotesi, come a fulmine, a questo detto; chi è più lontano credendo di aver male inteso ne interroga il vicino; gli altri secondo i varj lor naturali variamente ne son commossi; chi sviene, chi resta attonito, chi si rizza con furia, chi protesta con certa semplice candidezza di dover essere fuor di sospetto. Giuda intanto ferma il viso; e quantunque contraffaccia innocenza, non lascia in dubbio ch'egli sia il traditore. Raccontava il Vinci che per un anno era ito pensando come rappresentare in un volto l'immagine di sì nera anima; e che frequentando molto una contrada, ove capitavano i più tristi uomini, copiò ivi un ceffo molto a proposito; ma vi aggiunse anco de' lineamenti di varj altri. Simile industria usò per ritrarre nell'uno e nell'altro S. Jacopo belle forme convenevoli al lor carattere: e non avendo potuto dare a Cristo idea più grande della loro,

la-

lasciò la testa di esso imperfetta, come afferma il Vasari; ma quest'ancora all'Armenini parve finitissima. Il rimanente del quadro, la tovaglia con le sue pieghe, gli altri utensili, la mensa, l'architettura, la distribuzione de'lumi, la prospettiva del soffitto (che nell'arazzo di S. Pietro di Roma è cangiato quasi in un orto pensile) tutto era fatto con isquisita diligenza; tutto era degno del più fine pennello, che fosse al mondo. Se Leonardo avesse voluto seguir la pratica di quel tempo di dipingere a tempera, l'arte avrebbe anco' oggi questo tesoro. Ma egli, che tentava sempre nuove vie, lo avea dipinto sopra certa sua imprimitura con olj stillati; e questo suo metodo fu cagione che la pittura si venisse a poco a poco spiccando dal muro; com'è quasi avvenuto di una Madonna dipinta da lui a S. Onofrio di Roma; benchè custodita sotto vetri. Dopo 5o anni da che era fatto il Cenacolo, cioè quando l'Armenini lo vide, era già *mezzo guasto*; e lo Scannelli, che l'osservò nel 1642, attesta *che a fatica si potea discernere la già stata istoria.* Nel secol presente si è creduto di poter far rivivere questa grande opera per mezzo di non so qual vernice o segreto, come può vedersi presso il Bottari. Ma su questo segreto, e su di altre vicende del Cenacolo dee anche leggersi il Sig. Bianconi nella relazione, o quasi verrina, che ne fa a pag. 329 della sua *Nuova Guida* (a). A me basta solamente di aggiugnere

(a) Ha pure declamato contro gl'inconsiderati ripulimenti delle pitture il Sig. Baldassare Orsini nella *Risposta* p. 77, ove anche fa menzione di una lettera del Sig. Hakert in difesa delle vernici, e di un'altra in risposta, in cui l'uso delle vernici si disapprova con esempj: cita in oltre una *Lettera di*

che in tutto il quadro nulla rimane del pennello del Vinci, se non tre teste di Apostoli delineate piuttosto che colorite. Milano ne ha poche opere. Le più, che additan per sue, sono della sua scuola, talora da lui ritocche, come la tavola di S. Ambrogio *ad Nemus*, che ha grandi bellezze. Si dà certamente per sua nel palazzo Belgiojoso d' Este una Madonna col Bambino; e qualche altro quadro presso privati. E certamente poche opere ivi lasciò, sì per certa sua ritrosìa a dipingere, sì perchè assai era distratto e dal suo genio, e dal Principe in altri lavori di ballistica, d' idraulica, di macchine a varj usi, e forse anche di architettura (*a*); sopra tutto in quel sì decantato modello di un cavallo, che per la sua grandezza non si potè mai gettare in bronzo, come si ha dal Vasari. E par che a lui deggia credersi più che a verun altro, e perchè vicino a que' tempi, e perchè non facile a ignorare un' opera, che avria quasi uguagliata la fama di Lionardo a quella di Lisippo (*b*).

Scolari di Lionardo. Adunque di quanto fece in Milano nulla è più degno che si rammemori che la sua acca-

---

di *supplemento* estratta dal *Romano Giornale delle Belle Arti* 20 Dicembre 1788.

(*a*) Moltissimi disegni se ne veggono ne' volumi MSS. dell' Ambrosiana. V. la lettera del Mariette nel Tomo II delle *Lett. Pittoriche* pag. 171, e le *Osservazioni sopra i disegni di Lionardo* del ch. Sig. Ab. Amoretti edite in Milano nel 1784.

(*b*) Dovea servire alla statua equestre di Francesco Sforza padre di Lodovico. Il Cav. Fr. Sabba da Castiglione ne' suoi *Ricordi* al num. 109 lasciò scritto che questo ingegnoso modello decantatissimo nella storia delle arti, che costò al Vinci sedici anni di lavoro, videlo l' anno 1499 fatto bersaglio a' balestrieri guasconi di Luigi XII, quando s' impadronì di Milano.

demia, i cui allievi formano la bella e florida
epoca di questa scuola. Costoro non sono u-
gualmente cogniti; e spesso avviene nelle quadrerie e nelle chiese che nella indicazione delle pitture si dican essere della scuola del Vinci, senza individuarne l'autore. Le lor tavole
d'altare rade volte escono dalla composizione
comune allora a ogni scuola; nostra Signora
col divin Figlio in un trono fra alcuni SS. per
lo più ritti, e qualche Angiolino ne' gradi. I
vincieschi però, se io non erro, furon de' primi a richiamar le figure alla unità di qualche
azione; onde mostrassero di favellare tra loro,
e di conversare. In tutto anche il rimanente
han gusto pressochè uniforme; rappresentano
le fisonomìe stesse, alquant'ovali, le bocche
sorridenti, lo stesso gusto di contorni precisi e
talora secchi, la stessa scelta di colori modera-
ti e bene armonizzati, lo stesso studio del chiaroscuro, che i men dotti caricano fino al tetro,
i migliori usano moderatamente.

Un de' più vicini al suo stile fu in certo
tempo Cesar da Sesto, detto anco Cesare Mi- <small>CESAR DA</small>
lanese, non rammentato dal Vasari fra' suoi di- <small>SESTO.</small>
scepoli, nè dal Lomazzo; ma da' moderni co-
munemente. È di lui nell'Ambrosiana una testa di vecchio studiata e sfumata così alla leo-
nardesca, ch'è una maraviglia. In certe altre
opere è seguace molto di Raffaello, che in Roma conobbe; anzi è fama che quel Principe
della pittura gli dicesse un giorno: parmi strana cosa, ch'essendo noi tanto amici, nella pittura non ci portiamo punto rispetto; quasi egli
gareggiasse con Cesare, e questi con lui. Conobbe anche Baldassar Peruzzi; e con lui dipinse nella rocca di Ostia; e in questo lavoro,

che fu de' primi di Baldassare, sembra che il
Vasari dia la maggior lode al Milanese. È tenuto il migliore scolar del Vinci; e dal Lomazzo è tratto tratto messo in esempio nel disegno, nelle attitudini, e specialmente nell' arte
dell'allumare. Cita di lui una Erodiade, di cui
vidi copia presso il Sig. Consiglier Pagave, e
parvemi faccia somigliantissima alla Fornarina
di Raffaello. Una Sacra Famiglia molto raffaellesca ne ha il Sig. Cavalier D. Girolamo Melzi, il quale pochi anni sono a gran contante
acquistò in oltre quella tanto rinomata tavola,
che aveane S. Rocco. È divisa in più spartimenti. Nel mezzo oltre il Titolare è una N. S.
col divino Infante imitata da quella, che di
Raffaello esiste in Foligno. Dalla disputa del
Sacramento del medesimo autore ha tolto il
S. Gio. Batista sopra nuvole; a cui ha dato
per compagno un S. Gio. Evangelista pur su
le nuvole. Questi ornano la parte superiore
del quadro; e la inferiore due SS. seminudi,
S. Cristoforo e S. Sebastiano, l'uno e l'altro
egregio nel suo carattere, e il secondo in uno
scorto bellissimo e nuovo. Son figure di grandezza più che poussinesca, e con tale imitazione del Coreggio, dice il Sig. Abate Bianconi,
che si torrebbon per sue se non ne sapessimo
il vero autore: tanta è la morbidezza, l'unione, la lucidezza delle carni, tale il gusto del
colore, e dell' armonìa che indora tutto il dipinto. Era chiusa questa tavola con due sportelli, ove pur con certa analogìa di pari con
pari son coloriti i due Principi degli Apostoli,
e due SS. a cavallo, S. Martino e S. Giorgio;
pitture che scuopron le stesse massime, ma
non la stessa diligenza. Di qui può argomen-

tarsi che questo pittore non aspirò, come il Vinci, a far sempre de' capi d'opera; ma si contentò, come il Luini, di farne di tanto in tanto.

La chiesa di Sarono, che sta fra Pavìa e Milano, ha in quattro pilastri molto angusti quattro SS., i due Cavalieri già detti, e i due che s'invocano contro la peste, S. Sebastiano e S. Rocco. Vi è scritto *Caesar Magnus* f. 1533. Son fatti in bello scorto per servire al luogo; e il S. Rocco specialmente ha una composizione simile al già nominato. Le faccie tondeggiano, e non han molta bellezza da S. Giorgio in fuori. Queste pitture sono comunemente ascritte al pittore, di cui scriviamo in questo articolo, e dalla soscrizione argomentano alcuni ch'ei fosse de' Magni. Da altri però se ne dubita; non parendo questi freschi, quantunque buoni, corrispondere al suo gran nome; e trovandosi in un MS. comunicatomi dal Sig. Bianconi la morte di Cesare da Sesto consegnata all'anno 1524; ancorchè d'una maniera, che non toglie ogni dubbio. A me fa qualche forza in contrario la varietà degli stili notata in questo pittore, la conformità di varie idee ne' freschi e nella tavola, il silenzio del Lomazzo per altro esatto in nominare i miglior lombardi; il quale non ricorda fra' pittori altro Cesare che quello da Sesto.

Non iscompagnerò da questo eccellente figurista il paesista Bernazzano, congiunto con lui strettamente in amicizia e in interessi. Non so se il Vinci gli desse istruzioni: profittò al certo de' suoi esempj, e nell'imitar campagne, frutti, fiori, uccelli fece quelle maraviglie, che in Apelle e in Zeusi tanto ha celebrato la Grecia;

BERNAZZANO.

e che i pittori d'Italia han rinnovate assai volte, quantunque con meno applauso. Avendo dipinto un fragoleto in un cortile, i pavoni ingannatine tanto beccarono in quel muro, che lo guastarono. Fece il paese in un Battesimo di Cristo dipinto da Cesare, e vi aggiunse in terra alcuni uccelli in atto di pasturare: esposta al sole la tavola, i veri uccelli vi volarono come a compagni. Costui, che si conoscea d'altra parte debole figurista, fece consorteria con Cesare, che a que' paesi aggiugneva favole e istorie, e talora con qualche licenziosità condannata dal Lomazzo. Tali quadri son di gran prezzo quando il figurista vi ha messo tutto il suo studio.

GIO. ANTONIO BELTRAFFIO. Gio. Antonio Beltraffio (così è scritto nel suo titolo sepolcrale) gentiluomo milanese esercitò la pittura nelle ore, ch'ebbe libere da cose più serie, e fece alquante opere in Milano e altrove; ma la migliore in Bologna. È alla Misericordia; e vi avea segnato il suo nome, quello del Vinci suo maestro, e l'anno 1500; soscrizione che ora non vi si legge. Vi è dipinta fra S. Gio. Batista e S. Bastiano N. Signora, e ginocchione a piè del trono Girolamo da Cesio, che commise il quadro. È l'unica opera del Beltraffio, che sia al pubblico, e perciò preziosa. Tutto annunzia la sua scuola ricercatissima nelle teste, giudiziosa nella composizione, sfumata ne' contorni: il disegno però è alquanto più secco che ne' condiscepoli; effetto forse della prima educazione sotto i milanesi quattrocentisti non corretta a sufficienza.

FRANCESCO MELZI. Francesco Melzi pur nobile milanese è contato fra' discepoli di Lionardo, comechè iniziato da lui al disegno nella prima adolescenza.

Si avvicinò più che altri alla maniera del Vinci, e fece quadri che sovente confondonsi con quei del maestro, ma lavorò poco perch' era ricco (a). Era amato singolarmente dal Vinci perchè a bellissimo aspetto congiungeva gratissimo animo, fino a seguitar il maestro in Francia nell'ultimo suo viaggio. Egli ne fu ben ricambiato, lasciato erede da Lionardo di tutt' i suoi disegni, istrumenti, libri, e manoscritti. Provvide poi al nome di Lionardo, somministrando notizie su la sua vita al Vasari e al Lomazzo; e conservando alla posterità il prezioso deposito de' suoi scritti. Finchè avran vita que' tanti volumi dell' Ambrosiana, avrà il mondo gran fondamento per crederlo un de' primi restauratori non solo della pittura, ma della statica ancora, della idrostatica, dell' ottica, della notomia.

Andrea Salai, o Salaino per la stessa commendazione del volto e dell' animo piacque al Vinci, e lo prese, giusta il parlar di que' tempi, per suo creato, solito valersene di modello in far figure leggiadre, umane, ed angeliche. Gl' insegnò, dice il Vasari, molte cose dell' arte, e ritoccò i suoi lavori, i quali credo che a poco a poco abbiano cangiato nome, perchè un Salai non val quanto un Vinci. Si addita col nome del Salaino un S. Gio. Batista grazioso assai, ma un po' secco, nell' Arcivescovado; un ritratto d' uomo vivacissimo in palazzo Aresi, e non molti altri pezzi. Sopra tutto è celebre il quadro della sagrestia di S. Celso. Fu tratto dal cartone di Lionardo, fatto a Firenze, e tanto applaudito, che la città concorse a ve-

ANDREA SALAI.

(a) Amoretti *Mem. Stor. del Vinci* p. 130.

derlo come si concorre alle solennità. Il Vasari lo chiama il carton di S. Anna, che insieme coh N. Signora vagheggia il divin Fanciullo, mentre con lui trastullasi il picciolo Precursore. Venne poi in tanta fama, che Francesco I, avendo chiamato in Francia Leonardo, desiderava che si mettesse a colorirlo; ma egli, dice il Vasari, *secondo il suo costume lo tenne gran tempo in parole*. Si sa per altro da una lettera del P. Resta, inserita nel tomo III delle pittoriche, aver fatti il Vinci di questa S. Anna tre cartoni; un de' quali fu colorito dal Salai. Questi corrispose mirabilmente al gusto dell'inventore nelle tinte basse e bene armonizzate, nell'amenità del paese, nel grandissimo effetto. Tal pittura ebbe in quella sagrestia lungo tempo a fronte una Sacra Famiglia di Raffaello, che ora è in Vienna; e reggevasi al gran paragone. Simil copia di quel cartone il presente nostro Sovrano Ferdinando III acquistò in Vienna, collocata ora nella R. Galleria di Firenze, anch'ella forse del Salai.

MARCO DA OGGIONE. Marco Uglone, o Uggione, o da Oggione dee computarsi fra' miglior pittori milanesi. Questi non si occupò in soli quadri da cavalletto, come per lo più gli scolari del Vinci, soliti a far poco e bene; ma fu egregio frescante; e i suoi lavori alla Pace mantengono tuttavia intatti i contorni, e vivo il colore. Alcuni di questi sono in chiesa, ed una copiosissima pittura della Crocifissione è nel refettorio; opera sorprendente per la varietà, bellezza, spirito delle figure. Pochi lombardi son giunti al grado di espressione, che qui si vede; pochi a far composizioni sì artificiose, e vestiti così bizzarri. Nelle figure umane ama la sveltez-

za, ne' cavalli si ravvisa scolar del Vinci. Per
un altro refettorio (e fu quello della Certosa
di Pavia) copiò il Cenacolo di Leonardo; ed
è tal copia, che in qualche modo supplisce la
perdita dell'originale. Ha Milano due sue tavole, una a S. Paolo in Compito, una a S. Eufemia, su lo stile della scuola già da noi descritto, belle e pregevoli; ma la maniera che
tenne ne' suoi freschi è più pastosa e più conforme al far moderno.

Nelle *Memorie Storiche* del Vinci scritte dall'
Amoretti trovasi fra scolari di Lionardo un Galeazzo, che non si sa ben decidere chi costui
fosse, ed altri nominati ne' MSS. del Vinci, come un Jacomo, un Fanfoja, un Lorenzo che
potria interpretarsi per Lotto, ma l'epoche
dateci dal Sig. Co. Tasso e dal P. Federici di
questo pittore non pare che si adattino al Lorenzo del Vinci, il quale era nato nel 1488, e
venne a stare con Leonardo nell'aprile del
1505, forse mentre il Vinci era a Fiesole, poichè ivi era nel pendente marzo, cioè un mese
prima (*Amor. p.* 90), e continuò a dimorare
con lui, quanto almeno stette in Italia. Io in-
clino a crederlo suo servo.

Il P. Resta nella sua *Galleria Portatile*, citata
da me nel capo 3, ha inserito fra gli scolari
milanesi del Vinci un Gio. Pedrini, il Lomaz- GIO. PE-
zo, un Pietro Ricci, de' quali non so più oltre. DRINI. PIETRO
Vi è pur chi vi computa Cesare Cesariano ar- RICCI. CESARE
chitetto e miniatore, di cui il Poleni scrisse la CESARIA-
vita. Il Lattuada vi nomina Niccola Appiano, NO. NICCOLA
e lo fa autore di una pittura a fresco sopra la APPIANO.
porta della Pace, che certamente è leonarde-
sca. Cesare Arbasia, di cui scriveremo nel li- CESARE
bro VI del Tom. V, ove si tratterà del Piemon- ARBASIA.

te, mal fu creduto in Cordova scolare del Vinci, e ci è additato per tale dal Palomino. Egli non potè esserlo, considerate l'epoche della sua vita, e il carattere di sue pitture. Se la somiglianza dello stile bastasse ad argomentare del magistero, io dovrei aggiungere alla scuola del Vinci non pochi altri e milanesi e statisti. Ma non posso rinunziare a una massima, che in diversi aspetti ho molte volte insinuata al lettore; ed è, che la sola storia manifesti gli scolari, lo stile gl'imitatori. Adunque non potendo dirgli discepoli, dirò piuttosto imitatori del Vinci il Conte Francesco d'Adda, solito dipingere in tavole ed in lavagne per private stanze, Ambrogio Egogui, di cui resta a Nerviano una bella tavola fatta nel 1527, Gaudenzio Vinci novarese conosciuto per altra tavola in Arona con data anteriore alla precedente. Non vidi le opere che cito; ma so che leonardesche son parute ad ognuno; e che l'ultima è cosa stupenda. Un'altra ne comparve in Roma son pochi anni, ed era una N. Signora, tutta sul far di Leonardo, siccome udii, e con questa epigrafe *Bernardinus Faxolus de Papia fecit* 1518. Fu acquistata dal Sig. Principe Braschi per la scelta sua Gallerìa; e parve nuovo in Roma che tanto pittore si presentasse alla nostra età da sè solo, e senza raccomandazione di qualche istorico. Ma tali casi in Italia non sono rari, ed è parte della sua gloria il contare i suoi grandi artefici a schiere, non già a numero.

Rimane a scrivere del più celebre imitatore del Vinci, Bernardin Lovino, com' egli scrive, o Luini, come dicesi comunemente, nativo di Luino nel Lago Maggiore. Il Resta asserisce,

[marginal notes:]

FRANCESCO D'ADDA.

AMBROGIO EGOGUI.

GAUDENZIO VINCI.

BERNARDINO FASOLO.

BERNARDIN LOVINO.

che non venne in Milano se non dopo la partenza del Vinci, e che imparò dallo Scotto. L'autor della *Guida* a p. 120 lo annovera fra gli scolari di Lionardo; e per la età, se io non erro, poteva esserlo. Perciocchè se Gaudenzio nato nel 1484 fu *discepolo dello Scotto e insieme del Lovino*, come si ha dal Lomazzo a pag. 421 del suo Trattato, ne siegue che Bernardino fosse già pittore circa al 1500 quando il Vinci lasciò Milano. Ed è intorno a questo tempo che il Vasari colloca Bernardino da Lupino, che a Sarono dipinse tanto delicatamente lo Sposalizio e altre storie di Maria Vergine, ove dovea dir da Luino; e mi spiace che un annotator del Vasari abbia voluto cangiare Lupino in *Lanino*, che fu scolare di Gaudenzio. Conferma le mie congetture su la età di Bernardino il ritratto, ch'egli a sè fece in Sarono nella Disputa di Gesù fanciullo, ove si rappresentò già vecchio; e correva allora l'anno di N. S. 1525, come ivi leggesi.

Potè dunque il Luini aver luogo fra gli scolari del Vinci; e l'ebbe certamente nella sua Accademia. Vi sono altri di quella scuola, che gli andarono innanzi nella finezza del pennello, o nella grazia del chiaroscuro; nel qual genere il Lomazzo loda Cesare da Sesto, e dice che il Luini fece le ombre più grossamente. Contuttociò nel totale di un pittore niuno si appressò al Vinci più che Bernardino; disegnando, colorendo, componendo assaissime volte tanto conformemente al suo caposcuola, che fuor di Milano molti suoi quadri passan per Vinci. Tal è il sentimento de' veri intelligenti, riferito e approvato dall'autor della *Nuova Guida*, ch'è sicuramente uno del loro numero.

Nel qual proposito addita egli due quadri dell'
Ambrosiana; la Maddalena e il S. Giovanni,
che carezza il suo pecorino; che i forestieri
appena si persuadono poter essere d'altrui che
di Lionardo. Di uguale merito, o quasi, ho
vedute altre sue pitture in più quadrerie di Milano nominate da me più volte.

Convien però aggiugnere ciò che in proposito di Cesar da Sesto notai poc'anzi; ch'egli ha
pure in certe sue opere gran somiglianza con
lo stile raffaellesco; come in una Madonna
presso S. A. il Principe di Keweniller, e in
qualche altra, che so essere stata comprata
per cosa di Raffaello. Di qui è nato, cred'io,
il parere di alcuni, ch'egli fosse in Roma: ciò
che l'Ab. Bianconi meritamente richiama in
dubbio alla pag. 591, e pende anzi alla parte
del no. Nè io mi terrò al sì senz'averne prove di fatto; parendomi debole l'argomento,
che si deduce dalla somiglianza della maniera.
Trattai di proposito questo punto nel terzo capitolo scrivendo del Coreggio; e se mi parve
più verisimile che quella divina indole tanto
ampliasse e aggraziasse il suo stile senz'aver
veduto in Roma Michelangiolo, nè Raffaello;
non discredo ora che la medesima cosa inter-
venisse al Luini. La natura è il libro ugualmente esposto ad ogni pittore; il gusto è quello, che insegna a scegliere; l'esercizio passo
passo conduce alla esecuzione della scelta. Il
gusto di Lionardo era tanto conforme a quel
di Raffaello nel delicato, nel grazioso, nell'e-
spressivo degli affetti, che s'egli non si fosse
distratto in molti altri studj, ed avesse scema-
to qualche grado alla finitezza per aggiunger-
ne qualche altro alla facilità, all'amenità, e al-

la pienezza de' contorni ; lo stile di Lionardo spontaneamente si sarebbe ito ad incontrare con quel di Raffaello, con cui ha in alcune teste specialmente gran vicinanza. Ciò credo accaduto in Bernardino, il quale avea fatto suo il gusto del Vinci, e viveva in un secolo, che correa già verso una maggiore scioltezza e pastosità. Cominciò anch' egli da uno stile men pieno e pendente al secco ; qual vedesi apertamente nella sua Pietà alla Passione; poi a grado a grado venne rimodernandolo. Quel quadretto medesimo della ubbriachezza di Noè, che per una delle sue opere più singolari si mostra a S. Barnaba, ha una precisione di disegno, un taglio di vesti, un andamento di pieghe, che sente residuo di quattrocento. Più se ne allontana nelle istorie di S. Croce fatte circa al 1520, alcuna delle quali ripetè a Sarono cinque anni appresso, ove par vincere sè medesimo. Queste ultime sono le opere, che più somiglino il fare di Raffaello : ritengono però la minuzia nelle trine, la doratura nei nimbi, il trito negli ornamenti de' tempj, quasi come nel Mantegna e ne' coetanei; usanze lasciate da Raffaello quando giunse al migliore stile.

Io credo pertanto, che quest' uomo deggia il suo stile non tanto a Roma, dalla quale potè aver qualche stampa e copia degli artefici che vi eran fioriti ; quanto all' Accademia del Vinci, delle cui massime lo veggo imbevuto singolarmente ; e sopra tutto al proprio genio grande nel suo genere, e da paragonarsi con pochi. Dico nel suo genere; e intendo il soave, il vago, il pietoso, il sensibile. In quelle storie di N. Donna a Sarono ella è rappresentata in sembianze, che confinano con la bellezza, con la dignità, con la modestia che le dà Raffaello, benchè non sian desse. Pajon sempre attemperarsi alla storia dipinta, o che la S. Vergine si appresenti allo sposalizio; o che oda con maraviglia le profezie di Simeone; o che accolga penetrata dal gran mistero i Magi dell'Oriente; o che fra il dolore e la gioja interroghi il divin Figlio nel tempio perchè l'abbia così lasciata. Le altre figure ancora han bellezza conveniente al carattere, teste che pajon vivere, guardature e mosse che pajon chiedervi risposte, varietà d'idee, di panni, di affetti tutti presi dal vero; uno stile in cui tutto par naturale, nulla studiato; che guadagna al primo vederlo, che impegna a osservarlo parte per parte, che fa pena a distaccarsene, questo è lo stile del Luini in quel tempio. Poco diverso è nelle altre pitture, che condusse con più impegno e in età più matura in Milano; nè intendo come il Vasari possa scusarsi ove dice, che *tutte* le sue opere son *ragionevoli;* quando ve ne ha tante, che fanno inarcar le ciglia. Veggasi il suo Gesù flagellato a S. Giorgio, e dicasi da qual pennello sia stato dipinto il Redentore con volto più amabile, più umile, più pietoso: e veggansi presso i Sigg. Litta e in altre case patrizie i suoi quadri da stanza più studiati; e dicamisi quanti altri allora potessero a par di lui. Nel resto non sembra essere stato il Luini punto lento, almeno in lavori a fresco. La Coronazione di Spine, che si vede entro il Collegio del S. Sepolcro, opera di molte figure, pagatagli 115 lire, gli costò 38 giornate oltre le undici, che vi spese un suo giovane. Di tali ajuti si valse anche nel coro di Sarono, nel Monistero Maggiore a Milano, in più chiese del Lago Maggiore, e in altri luoghi dove dipinse; e a questi par da ascrivere ciò che vi ha di men buono.

De' suoi allievi non si conoscono, che io sappia, se non i due suoi figli, i quali nel 1584, quando il Lomazzo pubblicò il suo Trattato, viveano ancora, e son nominati da lui con onore. Di Evangelista Luini, che sembra essere stato il secondogenito, dice che ne' festoni, e nell' arte di ornatista era ingegnoso e capriccioso, ed anche in altre parti della pittura lo predica come raro: gradirei che ci avesse indicato qualche suo lavoro. Aurelio è lodato più volte in quell'opera, e poi nel Teatro per la intelligenza della notomìa, per l'arte di far paesi, per la prospettiva. Nel Trattato poi della pittura Aurelio è introdotto come il miglior de' milanesi allora viventi, giunto a emular felicemente lo stile di Polidoro, e se ne predica una vasta pittura a fresco sulla facciata della Misericordia. Più liberamente dopo due secoli ne ha potuto scrivere il Sig. Bianconi; affermando esser lui stato figlio, ma non seguace di Bernardino, dalla purità del cui stile molto è lontano. E veramente, toltane la composizione, non è cosa che molto appaghi in questo artefice. Vi si ravvisa assai volte lo stil paterno; peggiorato però e manierato: le idee son volgari, le mosse men naturali, le pieghe trite, come dicono, e fatte di pratica. Ciò scrivo in veduta di alcune opere sue più certe; fra le quali è un quadro nella quadreria Melzi, col suo nome e coll'anno 1570. Altre però ne ho vedute in Milano di gusto miglio-

(margine:) EVANGELISTA LUINI.

(margine:) AURELIO LUINI.

re, specialmente in S. Lorenzo, ove gli si a-
scrive il Battesimo di Cristo; tavola che par
dipinta da Bernardino. Aurelio istruì Pietro
Gnocchi; e, se mal non mi appongo, fu dallo
scolare avanzato nella sceltezza, e nel buon
gusto. Conoscendosi un Pietro Luini pittor dolce e accurato, e tenuto per ultimo de' Luini,
mi è sorto dubbio, che non sia il Pietro, di
cui trattiamo, cognominato talvolta col casato
del maestro, come si vide nel Porta e in altri
del secolo sestodecimo. Di costui è a S. Vittore il S. Pietro, che riceve la potestà delle
chiavi; e nella *Nuova Guida* ascrivesi realmen-
te allo Gnocchi.

Pietro Gnocchi.

Veduta come in un albero di famiglia la successione di Lionardo in Milano, c' invita a sè
quell' altra scuola, che riconosceva per suoi
fondatori il Foppa, e gli altri quattrocentisti
nominati a suo luogo. Ella non si confuse con
la scuola del Vinci, ed è separatamente considerata dagli scrittori: profittò però molto da' suoi
esempj, e credo anco da' suoi discorsi: perciocchè quest' uomo ci è descritto, come Raffaello, per umanissimo e graziosissimo in acco-
gliere ognuno, e in comunicar senz' invidia i
suoi lumi agli studiosi. Chiunque osserverà Bramantino e gli altri milanesi fin dopo la metà
del sesto decimo secolo gli troverà qual più e
qual meno imitatori del Vinci; studiosi del suo
chiaroscuro, applicati alla sua espressione, scu-
retti nelle carnagioni, rivolti a tingere piuttosto con forza che con amenità di colori. Sono però meno ricercatori del bello ideale,
meno nobili nelle idee, meno squisiti nel gusto, eccetto Gaudenzio, che in tutto compete co' primi della sua età. Ed è il solo dell'

Scuola de' Milanesi.

an-

antica scuola che insegnando la promulgasse.

Gaudenzio Ferrari da Valdugia dal Vasari è detto Gaudenzio milanese. Noi ne trattammo fra gli ajuti di Raffaello, riferendo il parer dell'Orlandi, che lo fa scolare di Pietro Perugino, e nominando certi quadri, che a lui si ascrivono nella Italia inferiore. Ma in quelle bande, ove solamente fu come ospite, e ove forse tentò qualche nuova maniera, mal può conoscersi; e molto ha del dubbio ciò che se ne dice, e se ne addita: di che nella scuola ferrarese tornerà il discorso. Ora nella Lombardìa se ne può scrivere più francamente; essendovi molte sue opere, e molte cose trovandosi di lui narrate dal Lomazzo, suo nipote nell'arte, come vedremo. Questi gli dà per maestro lo Scotto principalmente, e poi anco il Luini; e che innanzi a questi studiasse sotto Giovanone è tradizione de' vercellesi. Novara crede di aver una delle prime sue pitture; ed è una tavola in duomo con varj spartimenti all'uso del quattrocento, e con le dorature applaudite in quel secolo. Vercelli ha in S. Marco la copia del carton di S. Anna, a cui sono aggiunti S. Giuseppe e qualche altro Santo; opera anch'ella giovanile, che indica aver Gaudenzio di buon' ora rivolti gli occhi verso Lionardo, da cui secondo il Vasari trasse grand'utile. Giovane andò in Roma, ove dicesi che Raffaello l'impiegasse fra' suoi ajuti; e ne riportò una maniera più grande in disegno, e più vaga in colorito di quante ne avean prodotte i suoi milanesi. Il Lomazzo disapprovato dallo Scannelli lo esalta fra' sette primi pittori del mondo, fra' quali a torto omise il Coreggio. Perciocchè chi fa il paragone fra la cupola di S. Gio. di Parma, e quella di S. Maria presso a Sarono dipinta da Gaudenzio intorno a' medesimi anni, trova nella prima bellezze e perfezioni, che non si conoscono nella seconda. Anzi per quanto questa sia popolata di belle, varie, e ben atteggiate figure, nondimeno in essa, come in qualche altra opera di Gaudenzio, rimane a sbandire qualche orma del vecchio stile; come la durezza, la disposizione delle figure troppo simmetrica, alcune vesti di Angioli piegate alla mantegnesca, e qualche figura fatta in rilievo di stucco, e poi colorita; uso che tenne altrove nelle bardature de' cavalli, e in altri accessorj alla maniera del Montorfano.

Fuor di quest'eccezioni, che nelle opere migliori schivò del tutto, Gaudenzio è pittor grandissimo, ed è quegli fra gli ajuti di Raffaello che più si avvicini a Perino e a Giulio Romano. Ha anch'egli una portentosa feracità d'idee, benchè in genere diverso; essendosi Giulio impiegato assai nel profano e nel lascivo, ove questi si tenne al sacro; e parve unico in esprimere la maestà dell'Esser divino, i misterj della religione, gli affetti della pietà, della quale fu lodevol seguace, detto *eximie pius* in un sinodo novarese. Prevalse nel forte; non che usasse di far muscolature risentite molto, ma scelse attitudini strane, come il Vasari le qualifica, cioè fiere e terribili ove il soggetto le richiedeva. Tal'era la Passione di Cristo alle Grazie in Milano, ov'ebbe Tiziano per competitore; e la Caduta di S. Paolo a' Conventuali di Vercelli; quadro il più vicino che io vedessi a quello di Michelangiolo nella cappella Paolina. Nelle altre pitture ancora piace a sè stesso negli scorti difficili, e ne fa uso conti-

nuamente. Che se nella grazia e nella bellezza non uguaglia Raffaello, non è però che non
tenga molto di quel carattere, come a S. Cristoforo di Vercelli; ove, oltre il quadro del Titolare, ha dipinte nelle pareti varie storie di G.
C. e alcune altre di S. Maria Maddalena. In
questa grande opera ha spiegato carattere di
pittor vago, più forse che in altra; inserendo-
vi teste bellissime e Angioletti quanto gaj nelle forme, altrettanto spiritosi nelle azioni. Ho
udito celebrar questa come la migliore sua o-
pera; ma il Lomazzo e l'autor della *Guida* as-
seriscono che la via tenuta da Gaudenzio nel
sepolcro di Varallo è stata miglior di tutte.

Venendo più ad altri particolari del suo stile, il Ferrari è coloritore sì vivo e sì lieto oltre l'uso de' milanesi, che in qualche chiesa
dove ha dipinto non vi è bisogno di cercare
le sue pitture; elle si presentano subito all'occhio dello spettatore, e il chiamano a sè; carnagioni vere e diverse secondo i soggetti; vestiti pieni di capricci e di novità, variati come
l'arte varia i suoi drappi; cangianti artificiosis-
simi da non trovarne de' più leggiadri in altro
pittore. Meglio anche de' corpi, se è lecito
dirlo, ritraea gli animi. Questa parte della
pittura è delle più studiate da lui: in pochi altri si osservano atteggiamenti sì decisi, volti sì
parlanti. Che se alle figure aggiunge o campagna o architettura, il paese è accompagnato
per lo più da certa bizzarrìa di rupi e di sassi, che vi dilettano con la stessa novità; e le
fabbriche son condotte con le regole di un eccellente prospettivo. Ma della sua mirabil' arte sì nella pittura e sì nella plastica ha tanto
scritto il Lomazzo, ch'è inutile a dirne più ol-

tre, Ben potrò aggiugnere con dispiacere, che tant' uomo fu poco noto, o poco accetto al Vasari; onde gli oltramontani, che tutto il merito misurano dalla istoria, mal lo conoscono; e negli scritti loro lo han quas' involto nel silenzio.

Scolari di Gaudenzio. I seguaci del Ferrari han continuato la sua maniera per lungo tempo; i primi sempre più fedelmente che i secondi, e i secondi più che i terzi. I più di loro non tanto ne hanno emulata la grazia del disegno e del colorito, quanto la espressione e la facilità; fino a cadere talvolta ne' vizj affini, che sono la caricatura e la negligenza. Meno celebri scolari di Gaudenzio

ANTONIO LANETTI. FERMO STELLA. GIULIO CESARE LUINI. furono Antonio Lanetti da Bugnato, di cui non so che resti lavoro certo; Fermo Stella da Caravaggio, e Giulio Cesare Luini valsesiano, che in certe cappelle di Varallo tuttavia si conoscono. Il Lomazzo nel cap. 37 del suo *Trattato* ci dà per imitatori di Gaudenzio, oltre il Lanino da nominarsi fra poco, Bernardo Fer-

BERNARDO FERRARI. rari da Vigevano, nella cui cattedrale sono due sportelli d'organo da lui dipinti; e An-

ANDREA SOLARI. drea Solari, o Andrea del Gobbo, o Andrea Milanese, come il Vasari lo chiama a piè della vita del Coreggio, a' cui tempi visse. Lo dice *pittore e coloritor molto vago, eccellente, e amatore delle fatiche dell' arte;* citandone e pitture in privato, e un' Assunta alla Certosa di Pavia; nel qual luogo il Torre (p. 158) lo fa compagno del Salaino. I due più rinomati sono Gio. Batista della Cerva e Bernardino Lanino, da' quali si derivarono quasi due branche di una medesima scuola, la milanese e la vercellese.

GIO. BAT. DELLA CERVA. Rimase in Milano il Cerva, e, se dipinse o-

gni quadro come quello ch'è in S. Lorenzo, e
rappresenta l'Apparizione di Gesù Cristo a S.
Tommaso ed agli altri Apostoli, può aver luogo fra'primi della sua scuola; così scelte e a-
nimate son quelle teste; così vivi e ben com-
partiti sono i colori; così sorprendente è l'insieme e l'armonìa di quel dipinto. E dee credersi profondo nell'arte, ancorchè più opere il
pubblico non ne abbia; giacchè da lui apprese
Gio. Paolo Lomazzo milanese i precetti eh' e-   Gio. Pao-
spresse nel *Trattato della pittura* edito nel 1584,   Lo Lo-
e che compendiò nella *Idea del Tempio del-*   mazzo.
la pittura stampato nel 1590, senza dire de'
suoi versi, che molto riguardano la stessa professione.

L'Orlandi nell'articolo di questo scrittore ha
inserite epoche non vere, corrette poi dal Sig.
Bianconi, che fissa il principio della sua cecità
circa il 1571, trentesimo terzo della età sua.
Fin che vide, attese ad erudirsi per quanto lo
permettevano que'tempi, veramente in certi generi alquanto pregiudicati. Viaggiò per l'Italia;
studiò nelle amene lettere e nelle scienze; e di
queste in certo modo s'innebbriò, volendo comparir fuor di luogo, filosofo, astrologo, e mate-
matico, e trattando perciò le cose ancora più
ovvie d'una maniera astrusa e falsa talvolta,
come falsi sono i principj dell'astrologìa circo-
latoria. Questo difetto nella sua opera grande
dispiace, ma perdonasi facilmente perchè di-
sperso qua e là e disunito; grava assai nel
Compendio, o sia nella *Idea del Tempio della*
pittura, ov'è raccolto in un punto di veduta
disgustoso veramente al buon senso. Mentre
insegna un'arte, che sta nel disegnare e colo-
rir bene, egli vola di pianeta in pianeta; a

ciascun de' sette pittori, che chiama principali,
assegna un di que' corpi celesti, e poi anche
un metallo corrispondente ; e a questa mal
conceputa idea ne connette poi delle altre più
stravaganti . Per tal metodo, e per la stucche-
vole prolissità, e per mancanza d'indice esatto
i suoi trattati poco son letti, e saria pregio
dell'opera rimpastarli, sceverandone le foglie,
e scegliendone i frutti. Perciocchè essi ridon-
dano non pur di notizie istoriche interessanti ;
ma in oltre di ottime teorìe udite da que', che
conobbero Leonardo e Gaudenzio, di giuste osservazioni su la pratica de' miglior maestri, di
molte erudizioni circa la mitologia, e la storia,
e gli antichi costumi. Preziose specialmente sono le sue regole di prospettiva, compilate da'
MSS. del Foppa, dello Zenale, del Mantegna,
del Vinci (*Tratt.* p. 264); oltre le quali ci
ha conservati pur de' frammenti di Bramantino (p. 276), che fu in quest'arte spertissimo.
Per tali cose, e per cert'andatura di scrivere,
sénon piacevole come quella del Vasari, non
geroglifica almeno come quella dello Zuccaro,
nè volgare come quella del Boschini, è il trattato del Lomazzo, opera degna che leggasi da'
pittori provetti ; e ch'essi ne propongano i
migliori capitoli anche a' più maturi studenti.
Niun'altra certo a me nota è più adatta a fe-
condare una mente giovane di belle idee pittoresche per ogni tema ; niun'altra le affeziona
meglio e le istruisce a trattare argomenti di cose antiche ; niun'altra meglio le dispone a conoscere il cuore umano, e quali affetti vi abi-
tino, e con quai segni si manifestino al di fuori, e com'essi un colore vestano in un paese e
un diverso in un altro, e quali siano i termini

della lor convenevolezza ; niun'altra in somma
in un sol volume chiude più utili precetti a
formare un artefice riflessivo, ragionatore, formato secondo lo spirito di Lionardo, che fu il
fondatore della milanese scuola, e, mi sia leci-
cito dirlo, anche della pittorica filosofia, che
tutta sta nel pensar profondo di ciascuna parte
della professione.

Le pitture del Lomazzo non cadono in dubbio, avendo egli cantata la sua vita e le sue
opere in certi versi fatti alla buona, credo, per
sollievo della sua cecità, e intitolati *Grotteschi* (*a*). Le prime, come avviene in ognuno,
son deboli, e dee computarsi in questo numero la copia del Cenacolo di Lionardo, che si
vede alla Pace. Nelle altre si conosce il maestro, che vuol mettere in pratica le sue massime; e vi riesce or più or meno felicemente.
Una delle più fondamentali era il considerare
come pericolosa la imitazione delle altrui fatiche, o si tolga da' dipinti, o dalle stampe.
Vuol dunque che il pittore miri ad essere originale, formandosi nella mente tutta la composizione, e le particolari cose copiando dalla natura e dal vero. Questa massima derivata da
Gaudenzio campeggia sì in altri di quel tempo, e sì specialmente nel Lomazzo. Nelle sue
tavole è sempre qualche tratto d'originalità;

(*a*) Chi dubita, se il Lomazzo, quando componea tali
versi, fosse o non fosse un cieco, legga, e giudichi.
   Quindi andai a Piacenza, et ivi fei
   Nel refetorio di Sant' Agostino
   La facciata con tal historia pinta.
   Da lontan evvi Piero in oratione
   Che vede giù dal Ciel un gran lenzuolo
   Scender pien d' animai piccoli et grandi,
   Onde la Quadragesma fu introdotta etc.

come in quella a S. Marco, ove invece di mettere secondo l'uso comune in mano a S. Pietro le sue chiavi, fa che il S. Bambino con
certa pueril leggiadrìa gliele porga. Più spicca la sua novità nelle grand'istorie, qual è il
Sacrificio di Melchisedech nella libreria della
Passione, copiosissimo di figure, ove l'intelligenza del nudo gareggia con la bizzarrìa del
vestito, e la vivacità de' colori con quella delle
attitudini. Vi aggiunge di lontano un combat-
timento, ideato e degradato assai bene. Non
ho veduta di questo pennello istoria più benin-
tesa. In altre cade nel confuso e nell'affolla-
to, talor anche nello strano; come in quel
grande affresco fatto in Piacenza al refettorio
di S. Agostino, o sia de' Rocchettini, che ha
per soggetto il vitto quadragesimale. È questo
un convito ideale di cibi magri, ove in luoghi
separati i Sovrani (e vi sono espressi quei del
suo secolo) e i Signori di qualità siedono a
lauta mensa di pesci; la poveraglia mangia di
ciò che ha, e vi è un ghiotto che smania per
un boccone attraversato alla gola. N. Signore
benedice la tavola; e in alto vedesi il lenzuolo
mostrato in visione a S. Pietro. Chiunque vede questo gran quadro resta sorpreso per le
cose particolari ritratte con la maggior verità
e con una tenerezza che il Girupeno dice non
avere uguagliata il Lomazzo nelle opere in Milano da lui fatte: ma l'insieme non è felice,
perchè il campo è troppo pieno, e perchè vi è
un mescuglio di sacro e di ridicolo, di Scrittura e di taverna, che non fa buona lega.

Nomina il Lomazzo come suoi scolari due
milanesi, Cristoforo Ciocca, e Ambrogio Figino; e dovette erudirgli per poco, poichè quan-

CRISTOFO-
RO CIOCCA.

do già cieco pubblicò il suo trattato erano in
assai fresca età. Gli loda fra' ritrattisti; e il
primo par che non divenisse mai compositor
molto abile; non essendo forse di lui al pubblico se non le pitture di S. Cristoforo a S. Vittore al Corpo, cose mediocri. Il Figino riuscì AMBROGIO
valentuomo non pur ne' ritratti, che ne fece FIGINO.
anco a' Sovrani, e ne fu encomiato dal Cav.
Marino; ma nelle composizioni ancora, che
quasi sempre condusse a olio, inteso a distinguersi nella perfezione delle figure, non
nel gran numero. Alcuni suoi quadri, come
il S. Ambrogio a S. Eustorgio, o il S. Matteo
a S. Raffaello, senza moltiplicare in figure,
appagano per la grandiosità del carattere, che
ha impresso in que' Santi; nè altri de' milanesi
si è in quest' arte avvicinato meglio a Gaudenzio, che ne lasciò sì nobili esempj nel S. Girolamo e nel S. Paolo. Vale anco nelle maggiori tavole, com' è l' Assunta a S. Fedele, e
la graziosa Concezione a S. Antonio. Il suo
metodo è descritto dal precettore nel suo trattato a pag. 438. Si avea prefisso il lume e l'
accuratezza di Leonardo, la maestà di Raffaello, il colorito di Coreggio, i contorni di Michelangiolo. Di quest' ultimo specialmente è stato un degl' imitatori più felici ne' suoi disegni,
che perciò sono ricercatissimi; nel resto poco
noto fuor di Milano alle quadrerie ed alla storia. Non dee confondersi con Girolamo Figino GIROLAMO
suo contemporaneo, *valente pittore, e accurato* FIGINO.
miniatore a detta del Morigia. Si trova pur
computato fra' discepoli del Lomazzo un Pietro PIETRO
Martire Stresi, che assai si distinse in far co- MARTIRE
pie di Raffaello. STRESI.
L'altra branca de' gaudenzisti nominata di so-

pra comincia da Bernardino Lanini vercellese,
che istruito da Gaudenzio fece ne' primi tempi
a Vercelli opere singolari su lo stil del maestro. Vi è a S. Giuliano una sua Pietà con data del 1547, che si torrebbe per cosa di Gaudenzio, se non vi si leggesse il nome di Bernardino. Lo stesso avviene in altre sue pitture fatte da lui ancor giovane in patria: il più
che le faccia discernere è il disegno non così
esatto, e la minor forza del chiaroscuro. Più
adulto dipinse con libertà maggiore, che tiene
assai del naturalista, e comparve fra' primi in
Milano; ingegno vivacissimo nell'ideare e nell'
eseguire, nato come il Ferrari per grand' istorie. Quella di S. Caterina nella sua chiesa presso
S. Celso è molto celebre anco per ciò che ne
scrive il Lomazzo; piena di fuoco pittoresco ne'
volti e ne' movimenti, colorita alla tizianesca;
sparsa di leggiadrìa sì nel volto della Santa,
che ha del Guido, sì nella gloria degli Angioli,
che pareggia quelle di Gaudenzio; se vi è da
desiderare qualche studio maggiore è quello
de' panni. Molto lavorò in città e per lo Stato; particolarmente in Novara, nel cui duomo
dipinse quelle Sibille e quel Padre Eterno così
ammirato dal Lomazzo; e ivi presso certe
istorie di N. Donna, che ora guaste nel colore
incantano tuttavia per lo spirito e per la evidenza del disegno. Si dilettò qualche volta
questo grande ingegno di tenere anch'egli le
vie del Vinci; come in un Cristo paziente fra
due Angioli che rappresentò in S. Ambrogio;
ed è così beninteso in ogni parte, così bello,
così pietoso, e di tal rilievo, che si tiene per
una delle più belle pitture della Basilica.

Sortì Bernardino due fratelli ignoti fuor di

Vercelli; Gaudenzio, di cui dicesi un quadro GAUDEN-ZIO, E GI-ROL. FER-RARI. in tavola nella sagrestìa de' PP. Barnabiti con N. Signora fra varj SS., e Girolamo, di cui in una casa particolare vidi un Deposto di croce. L'uno e l'altro ha una lontana somiglianza con Bernardino nella verità dei volti, e il primo anche nella forza del colorito: nel disegno ne son lontani. Altri tre Giovenoni, dopo ALTRI GIOVENO-NI. Girolamo, dipingean quiv' intorno agli anni del Lanini; Paolo, Batista, e Giuseppe, che divenne eccellente in ritratti. Costui era cognato del Lanini; e generi pure al Lanini furono due buoni pittori; il Soleri, che riserbo al Piemonte, e Gio. Martino Casa nativo di Vercelli, GIO. MAR-TINO CA-SA. e vivuto in Milano, donde n' ebbi notizia. Ultimo forse di questa scuola fu il Vicolungo di IL VICO-LUNGO. Vercelli. Ne vidi in quella città una Cena di Baldassare in privata casa; quadro colorito ragionevolmente e pieno di figure, strane ne' vestiti, volgari nelle idee, e da non ammirarvi nulla se non la progenie di Raffaello ridotta a poco a poco in povero stato.

In questa felice epoca non mancarono a' mi- *Inferior pittura.* lanesi buoni paesisti specialmente della scuola del Bernazzano; ignoti di nome, ma superstiti in qualche quadrerìa. E forse è di tal drappello quel Francesco Vicentino milanese tanto ammi- FRANCE-SCO VI-CENTINO. rato dal Lomazzo, che giunse a rappresentare nel paesaggio fin l' arena sollevata dal vento: costui fu anche buon figurista; e ne resta qualche raro saggio alle Grazie e altrove. Abbiamo altrove nominato qualche ornatista, e dipintore di grottesche; ed ora vi si può aggiugnere Aurelio Buso, che lodammo fra' veneti per la patria, e qui non è mal rammentato per le operazioni. Ritrattista eccellente fu Vincen- VINCENZIO

LAVIZZA-
RIO.
GIO. DA
MONTE.

zio Lavizzario, ch'è quasi il Tiziano de' milanesi; a' quali è dà annettere Gio. da Monte
cremasco considerato nel precedente libro, e
meritevole che si rammemori in questo. Con

GIUSEPPE
ARCIM-
BOLDI.

lui visse Giuseppe Arcimboldi, scelto pel suo
talento in ritrarre a pittor di corte da Massimi-
liano II Augusto; nel quale uffizio continuò
anche sotto Ridolfo. E l'uno e l'altro valsero in certi capricci, che poi andarono in disu-
so. Eran figure, che vedute in distanza pa-
rean uomo, o donna; ma appressandosi al quadro, la Flora diveniva un composto di varj
fiori, e frondi; il Vertunno una composizione
di frutti con le lor foglie. Scherzarono questi
due pennelli non solo intorno a soggetti già fab-
bricati dalla Favola antica, come son Flora e
Vertunno; ma intorno ad altri parimente, a'
quali essi poeticamente davan persona. Così il
primo dipinse la Cucina, componendole il capo e le membra di pentole, di pajuoli, e di altrettali masserizie; e il secondo, che da queste
invenzioni trasse il maggior credito, fece fra le
altre cose l'agricoltura di stive, di vagli, di
falci, e di attrezzi simili.

RICAMATO-
RI.

Per ultimo è da ricordare un'arte di quelle,
che soggiacciono alla pittura appena da me nominata altrove, perchè dovea riserbarsi alla scuola milanese, che sopra tutte in essa si segnalò;
ed è l'arte del ricamare non pur fiori e fogliami,
ma figure e istorie. Tal magistero anche dopo
i tempi romani era in Italia durato; e n'è un
preziosissimo avanzo la così detta casula ditti-
ca del Museo di Classe in Ravenna, o, a dir
meglio, alcune striscie di essa; broccato d'oro
ove a ricamo son riportati i ritratti di Zenone,
di Montano, e di altri SS. Vescovi; il qual mo-

numento del sesto secolo è stato illustrato dal
P. Ab. Sarti, poi da Monsig. Dionisi. Lo stesso
uso di ricamare a figure i sacri paramenti par
dalle antiche pitture che continuasse in secoli
rozzi; anzi in certe sagrestìe ne avanzan reliquie. Le più intatte che vedessi sono a S. Niccolò collegiata di Fabriano; un piviale con figure di Apostoli e SS. diversi; e una pianeta
con misterj della passione; ricamo di secco e
rozzo disegno del secolo XIV. Il Vasari di
quest'arte scrive in più luoghi; e, senza dir
degli antichi, in età più colte ci ha nominati
alcuni, che in essa si eran distinti; siccome
Paol da Verona e quel Niccolò Veneziano, che   PAOL DA
servendo in Genova al Principe Doria, intro-   VERONA.
dusse Perin del Vaga in quella corte, e Anto-   NICCOLÒ
  VENEZIA-
nio Ubertini fiorentino, di cui demmo un cen-   NO.
no nella sua scuola.   ANT. U-
  BERTINI.

Il Lomazzo prende da alto il racconto de'
milanesi. Luca Schiavone, dic'egli, condusse   LUCA
questo magistero al più alto segno; e lo co-   SCHIAVO-
  NE.
municò a Girolamo Delfinone, vivuto a' tempi   GIROLAMO
dell'ultimo Duca Sforza, il cui ritratto fece in   DELFINO-
  NE.
ricamo, oltre non poche opere assai copiose,
e fra esse la vita di Nostra Signora pel Cardinale di Bajosa. Questa lode divenne eredi-   SCIPIONE
taria nella famiglia; e vi si distinse a par di   E M. ANT.
  DELFINO-
Girolamo anche Scipione suo figlio; le cui   NI.
caccie di animali erano accettissime ne' gabinetti sovrani; e n'ebbero Filippo Re di Spagna, e Arrigo d'Inghilterra. Seguì poi le
tracce de' maggiori Marcantonio figlio di Scipione, considerato dal Lomazzo come giovane di aspettazione non volgare nel 1591. Questo scrittore ha pur lodata in ricamo Caterina   CATERINA
Cantona nobile milanese; e forse perchè allora   CANTONA.

men nota ha pretermessa la Pellegrini, quella Minerva de' suoi tempi. Altri di questo casato son nominati fra' dipintori; un Andrea, che dipinse nel coro di S. Girolamo, e un Pellegrino suo cugino, uomo celebre nella storia del Palomino per ciò che fece all' Escuriale, architetto insieme e pittore della R. Corte. Questa, di cui scrivo, non so in qual grado loro congiunta, tutta si diede a pinger coll' ago; e di sua mano furono ricamati il paliotto e qualche altro sacro arredo, che nella sagrestia del duomo tuttavia si conservano, e si mostrano a' forestieri insieme con altre molte rarità di erudizione, e di antiche arti. Nella *Guida* del 1785 è chimata Antonia, in quella del 1787 è detta Lodovica, se già non fossero due diverse ricamatrici. Nel secolo susseguente il Boschini celebrò com' eccellente e senza pari una Dorotea Aromatari, che facea coll' ago, dic' egli, le maraviglie che i pittori più diligenti e più vaghi fan col pennello. Ricorda ancora con lode qualche altra ricamatrice di quella età; e noi scrivendo di Arcangela Paladini ne lodammo le pitture a un tempo, e i ricami.

(note a margine:) ANDREA E PELLEGRINO PELLEGRINI. · DOROTEA AROMATARI. · ARCANGELA PALADINI.

EPOCA TERZA

*I PROCACCINI ED ALTRI PITTORI ESTERI E
CITTADINI STABILISCONO IN MILANO NUO-
VA ACCADEMIA E NUOVI STILI.*

Le due serie, che abbiam finora descritte,
ci han passo passo guidati al secolo XVII, nel
quale non rimaneva quasi orma dello stile del
Vinci, nè di quello di Gaudenzio: mercechè gli
ultimi lor successori adottate aveano qual più
e qual meno le maniere nuove insinuatesi di
tempo in tempo in Milano a scapito delle antiche. Fin da' tempi di Gaudenzio vi era com-
parsa con molto applauso la Coronazione di
Spine dipinta da Tiziano; onde alcuni scolari
di lui vennero in Milano a stabilirsi, e vi con-
corsero pure altri esteri. Si diedero anco circostanze sinistre, e specialmente la pestilenza,
che più di una volta in un medesimo secolo
invase lo Stato; per cui mancati gli artefici nazionali, sottentrarono i forestieri alle loro commissioni quasi come a una eredità vacante per
morte de' primi eredi. Quindi il Lomazzo nel
fine del suo Tempio non loda tra' figuristi milanesi allora viventi se non il Luini, lo Gnocchi, e il Duchino; gli altri son tutti esteri.
Molto pur valse a invitarvegli il genio signorile di alcune nobili famiglie; sopra tutte della
Borromea, che al trono arcivescovile della patria diede due Prelati memorabilissimi fra loro
cugini, il Card. Carlo, che accrebbe il nume-

ro de' Santi agli altari; e il Card. Federigo,
che per poco non ha conseguito gli stessi onori. Animati ammendue da un medesimo spirito di religione erano parchi in privato, magnifici in pubblico. Fra la loro astinenza pasce-
vano innumerabili cittadini; fra la domestica
parsimonia promovevano la grandiosità del santuario e della patria. Molti furono gli edifizj,
ch' eressero, o ristorarono; moltissimi quei che
ornarono di pitture in città e fuori; fino a potersi dire che non meno dovea Milano a' Bor-
romei, che Firenze a' suoi Medici, o Mantova
a' suoi Gonzaghi. Il Card. Federigo erudito
prima in Bologna, indi a Roma, avea non solamente trasporto, ma gusto ancora per le belle
arti; e sortì giorni più tranquilli, e pontificato
più lungo, che Carlo, onde potere proteggerle
e alimentarle. Non pago d' impiegare nelle
pubbliche opere architetti, statuarj, pittori i
più abili che potè avere, raccolse quella quasi
scintilla, che ancor viveva dell' Accademia del
Vinci, e con nuove industrie e con molta spesa riprodusse alla città una nuova Accademia
di belle arti. La fornì di scuole, di gessi, di
sceltissima quadrerìa (a) a pro de' giovani stu-
dio-

(a) Fu de' primi in Italia a ricercare i quadretti della
scuola fiamminga, che a' suoi tempi cominciava a divenir
grande. Esiste il carteggio che tenne con Gio. Breughel, che
per la quadrerìa dell' Accademia milanese dipinse i quattro
Elementi; quadretti replicatissimi, che si riveggono nella R.
Gallerìa di Firenze, nella Raccolta Melzi in Milano, e in'
alcune di Roma. L' autore, ch' era eccellente in figurar fiori,
frutti, erbe, uccelli, quadrupedi, e in farne copiose e vaghe
composizioni, sfoggiò ivi nel numero degli oggetti, e non
fu minor di sè stesso nella finezza del pennello, nella lucentezza del colore, e nelle altre doti, che gli conciliarono la
stima de' più grandi artefici; fra questi fu Rubens, che di lui
si valse per aggiugnere il paese a' suoi quadri.

diosi; prendendo norma dall'Accademia di Roma fondata, nè senza sua cooperazione, pochi
anni prima. Onore di questa nuova scuola e
del fondatore è stato quel gran Colosso di S.
Carlo, che sul disegno del Cerani fu fatto in
rame e collocato in Arona, ove il Santo era
nato; opera che avendo di altezza quattordici
uomini ha emulate le più grandi produzioni
della statuaria greca ed egizia. Ma nella pittura, se dee dirsi il vero, non ha la nuova
scuola uguagliata l'antica; quantunque non le
sian mancati de' valentuomini, siccome vedremo. Intanto è da ripigliare il filo della storia,
e da far conoscere come ridotti a ristretto numero i milanesi, e cresciuto il bisogno de' dipintori per le chiese e per gli altri pubblici e-
difizj che si moltiplicavano, altri stili furono
recati in Milano da pittor forestieri, com'erano
i Campi, e i Semini, i Procaccini, i Nuvoloni;
altri cercati in forestieri paesi da' cittadini di
Milano, specialmente dal Cerano e dal Morazzone. Questi furono gli educatori di tutta quasi la gioventù milanese e dello Stato; questi
cominciando a operare circa al 1570, e conti-
nuando anche dopo il 1600, vinsero le antiche
scuole non tanto in sodezza di massime, quanto in amenità di colori, e l'estinsero a poco a
poco. Nè solo insegnarono a trattar nuovi stili, ma alcuni di loro a trattargli in fretta, e
ad ammanierargli, ond'è che la scuola decad-
de in fine, e par che adottasse per massima
di lodar le teorie degli antichi, e a seguir la
fretta de' moderni. Torniamo in via.

Dissi, poc'è, de' tizianeschi; ed avendo già *Maestri*
ricordato Callisto da Lodi, e Gio. da Monte in *esteri ve-*
altro proposito, si vuole qui rammemorare Si- *neti.*

Tom. IV.   P

SIMONE
PETERZA-
NO.
mone Peterzano, o Preterazzano, che nella Pietà a S. Fedele si soscrive *Titiani discipulus*; e
gli si presta facile fede; tanto lo imita. Fece
alcune opere anche a fresco; e specialmente a
S. Barnaba alcune istorie di S. Paolo. Quivi sembra aver voluto innestare al colorito veneto la
espressione, gli scorti, la prospettiva de' milanesi; grandi opere, se fossero in tutto corrette, e se l'autore fosse stato sì buon frescante,
com'era pittore a olio. Da Venezia pure, anzi dal suo Senato venne a domiciliarsi in Mila-

CESARE
DANDOLO.
no Cesare Dandolo, le cui pitture sono in varj
palazzi, stimate per l'arte e ammirate per la
condizione dell'autore.

Cremonesi.
I Campi furon de' più solleciti a insinuarsi a
Milano, e molto vi operarono; Bernardino più
che niun altro. Dipinse anche nelle città vicine, e fu allora che compiè alla Certosa di Pavìa la già ricordata tavola di Andrea Solari,
che, rimasa imperfetta per morte dell'inventore, fu da Bernardino dopo molti anni perfezionata sul medesimo stile sì che parve tutta di
una mano. Non reggendo egli solo alle commissioni, facea colorire i suoi cartoni da alcuni ajuti, i quali riuscirono, com'egli era, accurati, precisi, degni delle lodi, che ne ha

GIUSEPPE
MEDA.
fatte il Lomazzo. Un di essi fu Giuseppe Meda, architetto e pittore, che in un organo della metropolitana effigiò Davide, che suona davanti l'Arca. Quest'opera è citata dall'Orlan-

CARLO
MEDA.
di sotto il nome di Carlo Meda, che forse è
della famiglia del precedente, e nell'Abbeccedario comparisce minor di età. Poche altre
pitture se ne veggono, come notò lo Scannel-

DANIELLO
E RIDOLFO
CUNIO.
li. L'altro fu Daniello Cunio milanese, che finì paesista di molto merito; forse fratello o

consanguineo di quel Ridolfo Cunio, che in molte quadrerìe di Milano s'incontra, e pregiasi particolarmente pel disegno. Il terzo fu Carlo Urbini da Crema, uno de'men celebrati, ma de'più degni artefici del suo tempo, di cui si è parlato altrove. Il Lamo dice che Bernardino ebbe un numero quas'infinito di scolari e di ajuti, e per le sue relazioni possiam qui aggiugnere Andrea da Viadana, Giuliano o Giulio de'Capitani da Lodi, Andrea Marliano pavese. Fors'anco a lui spetta Andrea Pellini, che ignoto in Cremona sua patria si conosce in Milano per un Deposto di croce collocato in S. Eustorgio nel 1595.

Carlo Urbini.

Viadana, Capitani, Marliano, e Pellini.

Più tardi comparvero in Milano i due Semini genovesi; e molto anch'essi vi dipinsero, seguaci ambedue del romano più che di altro stile. Ottavio, il maggior di essi, insegnò a Paol Camillo Landriani detto il Duchino, che nel Tempio del Lomazzo è lodato come giovane di ottima speranza; nè a torto. Egli fece poi tavole d'altare in gran numero, e fra esse una Natività di Gesù a S. Ambrogio, ove al disegno del maestro e alla sua grazia unisce peravventura più morbidezza. I professori finora descritti non toccaron l'epoca della decadenza, se non forse nella estrema lor vita; onde non è fuor di luogo l'elogio che qui ne tesso.

Genovesi.

Il Duchino.

Ma quegli, che più operarono e più istruirono in Milano, furono allora i Procaccini di Bologna, i quali non mentovati dal Lomazzo nel suo Trattato, cioè nel 1584, son ricordati con molt'onore nel Tempio, cioè nel 1590; onde sembra che fra questi anni cominciassero ad esser celebri in Milano, ove poi si stabilirono

Bolognesi.

nel 1609.. Ercole è il capo di questa famiglia. L'Orlandi dopo il Malvasìa ce lo rappresenta come un Generale, che avendo perduto il campo in Bologna, ove *non potè competere co' Samacchini, co' Cesi, co' Sabbatini, co' Passarotti, co' Fontana, co' Caracci, fece poi fronte in Milano ai Figini, ai Luini, ai Cerani, a' Morazzoni.* Non vedo come verificar questo detto. Ercole era nato nel 1520, come lessi in un MS. del P. Resta nella Biblioteca Ambrosiana; e nel 1590, quando uscì dal torchio il *Tempio della Pittura*, era già vecchio, nè mise mai in Milano al pubblico veruna pittura; onde il Lomazzo dovette cercare di che lodarlo in Parma e specialmente in Bologna. Quivi restano ancora molte sue opere, ove conoscere se avessero più ragione il Malvasìa e il Baldinucci qualificandolo come *pittor mediocre*; o il Lomazzo, che lo chiama *felicissimo imitatore del colorare del gran Coreggio, e della sua vaghezza e leggiadrìa*. Per quanto a me apparisce, egli veramente è un po' minuto in disegno, ed alquanto fiacco nel colorito quasi a norma de' fiorentini; cosa così comune a' contemporanei, che io non so come se ne potesse far carico a lui solo. Nel resto è grazioso, accurato, esatto quanto pochi del suo tempo; e forse la soverchia sua diligenza in una città, ove dominava il frettoloso Fontana, potè fargli ostacolo. Ma questa, oltre il tenerlo esente dal manierismo a cui già piegava il secolo, lo dispose ad essere un ottimo precettore; il cui principal dovere sta nel frenare la intolleranza e il fuoco de' giovani, e avvezzarli alla precisione e alla finezza del gusto. Così dalla sua scuola uscirono allievi eccellenti, un Samacchini, un Sabbatini, un Bertoja. Istruì anco alla pittura i tre figli, Camillo, Giulio Cesare, e Carlo Antonio, di cui nacque l'Ercole giuniore; maestri tutti della gioventù milanese; de' quali è da dire ordinatamente.

Camillo è il solo de' tre fratelli, che fosse cognito al Lomazzo, presso cui è descritto per famoso pittore in disegno e in colorito. Ebbe i prim' insegnamenti dal padre, e spesso lo dà a conoscere nelle teste, e nel comparto delle tinte; quantunque ove operò con più studio le avvivasse e rompesse meglio, e facesse uso de' cangianti con più artifizio. Vide altre scuole; e, se ne crediamo ad alcuni biografi, si esercitò in Roma sopra Michelangiolo e Raffaello; e più che in altri studiò per teste nel Parmigianino, della cui imitazione traspajon segni in ogni sua opera. Ebbe una facilità maravigliosa d'ingegno, e di pennello; e una naturalezza, una venustà, uno spirito, che guadagna l'occhio, ancorchè non contenti sempre la mente. Nè è maraviglia; avendo egli scosso fin da principio il freno della educazione paterna, e fatte opere per dieci pittori, in Bologna, in Ravenna, in Reggio, in Piacenza, in Pavìa, in Genova; cognominato da molti il Vasari e lo Zuccaro della Lombardìa; benchè a dir vero gli avanzi nella dolcezza dello stile, e nel colorito. Dipinse sopra tutto in Milano; e questa città ha molte delle sue migliori pitture, con le quali ivi si fece nome, e molte delle peggiori, con le quali contentò gli estimatori del nome suo. Sono ivi delle sue prime opere e più esenti da maniera gli sportelli dell'organo alla

CAMILLO PROCACCINI.

Metropolitana con varj misterj di N. S. e con due storie di Davide, che sona l'arpa; istorie che il Malvasìa ha descritte minutamente. Non però in Milano fece cosa tanto ricordevole, quanto è il Giudizio a S. Procol di Reggio tenuto per uno de' più begli affreschi di Lombardia, e quel S. Rocco fra gli appestati, che sgomentava Annibal Caracci quando dovette fargli il quadro compagno (Malv. p. 466). Buone pure e studiate sopra il cosume di Camillo son le pitture, che lavorò al duomo di Piacenza, ove il Duca di Parma lo fece competere con Lodovico Caracci artefice già provetto. Camillo vi figurò N. Signora coronata da Dio Regina dell'Universo, con una copiosa gloria di Angeli, ne' quali veramente fu leggiadrissimo: e a Lodovico toccò di rappresentare iv' intorno altri Angioli; e rimpetto alla Coronazione i Padri del Limbo. Il primo ebbe il posto più degno della tribuna; ma ebbe ed ha ancora il men degno nella stima de' riguardanti. Per quanto comparisca ivi valentuomo, e riceva applausi dal Girupeno e da altri e storici e viaggiatori, pure a quella vicinanza egli in certo modo impiccolisce: la novità delle idee del Caracci scuopre meglio la comunalità delle sue; la verità de' volti, degli atti, de' simboli, che Lodovico mette ne' suoi Angeli, fa parer monotona e languida la gloria del Procaccini: il grande, che impresse il Caracci in que' Patriarchi, fa dispiacere che altrettanto non ne imprimesse Camillo nella divinità. Fecero pure alcune storie della Madonna l'uno rimpetto all'altro; e quasi con la stessa proporzione che abbiamo detto. Ma come i Caracci eran pochi, così il Procaccini trionfò le più volte vicino a' competitori. Anche oggidì è ben ricevuto nelle quadrerie de' Grandi; e il nostro Principe ne ha recentemente acquistata un' Assunta con Apostoli intorno al sepolcro ben variati e di gran maniera.

Giulio Cesare, il migliore de' Procaccini, dopo avere per qualche tempo esercitata la scultura con molta lode, rivolse l'animo alla pittura come ad arte più ingenua, e meno laboriosa. Frequentò in Bologna l'Accademia de' Caracci; e dicesi che, offeso da Annibale con un motto pungente, lo percotesse e lo ferisse. L'Abbreviatore franceso, che segna la nascita di Giulio Cesare nel 1548, differisce questa rissa fino al 1609, nel quale i Procaccini si stabilirono in Milano. Ma ella dovett'essere avvenuta assai prima; poichè nel 1609 Giulio Cesare era gran pittore, e Annibale finì di esserlo. Gli studj di Giulio Cesare furono specialmente sugli originali del Coreggio, ed è opinione di molti che niun altro si sia meglio di lui avvicinato a quel grande stile. Ne' quadri da stanza, e di poche figure, ov' è più facile l'imitazione, spesso è stato confuso col suo esemplare; quantunque in lui la grazia non sia nativa e schietta ugualmente; nè l'impasto de' colori sì vigoroso. Una sua Madonna, ch'è in Roma a S. Luigi de' franzesi, fu incisa, non ha molto, come opera dell'Allegri, da un bravo artefice: e ve ne ha delle meglio contraffatte nel palazzo Sanvitali in Parma, in quello de' Careghi in Genova, e altrove. Fra le sue tavole d'altare, che molte sono, la più coreggiesca che io ne vedessi è a S. Afra di Brescia. Rappresenta N. Signora

GIULIO CESARE.

col S. Bambino, ed alcuni Angioli e Santi, che lo vagheggiano, e ridono inverso lui. Nel che forse ha oltrepassati i limiti del decoro per servire alla grazia, come ha pur fatto nella Nunziata a S. Antonio di Milano; ove la S. Vergine e il S. Angiolo corridono insieme; cosa men degna di tal tempo e di tal mistero. Anche nelle mosse è caduto qualche rara volta nel soverchio; come nel Martirio di S. Nazario alla sua chiesa; quadro che incanta per l'insieme, per l'armonìa, per la grazia; ma il carnefice è in una mossa troppo forzata. Ha lasciate Giulio Cesare molte copiosissime istorie, come il Passaggio del mar rosso a S. Vittore, in Milano, e più anche in Genova, ove il Soprani le ha indicate; e ciò che sorprende in tanto numero, è stato esatto nel disegno, vario nelle invenzioni, studiato nel nudo e nel panneggiamento, accompagnando il tutto con un grande, che, se io non erro, derivò da' Caracci. Nella sagrestìa di S. M. di Sarono è una sua pittura de' SS. Andrea, Carlo, ed Ambrogio, che ha tutto il sublime di quella scuola; se già non dee dirsi ch'egli a par de' Caracci lo derivò da' magnifici originali di Parma.

CARLAN- A questi due vuole aggiugnersi Carlantonio
TONIO Procaccini non come figurista, ma come buon
PROCACCI- paesista, e dipintore accreditato di fiori e di
NI. frutti. Ne lavorò assaissimi quadri per le Gallerìe di Milano; i quali piaciuti a Corte, che a que' dì era spagnuola, n'ebbe frequenti commissioni per la Spagna; ond' egli, ch' era il pittore più debole della famiglia, divenne per questa via il più conosciuto.

I Procaccini tennero scuola in Milano, ed

ebbon fama di amorevoli e diligenti maestri,
sicchè diedero a quella città e a tutto lo Stato tanto numero di pittori, che raccorgli tutti
non è possibile, nè utile ad una storia. Vi ebbe tra loro qualche inventore di nuovo stile,
come avvenne fra' caracceschi; ma i più s'in-
gegnarono di tener dietro alla maniera de' lor
maestri; alcuni sostenendola con l'accuratezza,
altri peggiorandola con la fretta. Riserbiamo la
loro serie all'ultima epoca per non distrarre
una scuola medesima in diverse parti.

Ultimo de' forestieri, che insegnò allora in
Milano, fu Panfilo Nuvolone nobil cremonese,
del cui stile si parlò a bastanza fra gli allievi del Cav. Trotti suo maestro. Pittore diligente piuttosto che immaginoso non fece in
Milano opere di gran macchina, senonchè per
le monache de' SS. Domenico e Lazzaro dipinse nella volta il fatto di Lazzaro e dell'Epulo-
ne con vero sfoggio di pittura; siccome pur
fece nell'Assunzione di N. Signora alla cupola
della Passione. Nelle tavole degli altari, e nelle storie fatte per la Galleria Ducale di Parma,
attese più a perfezionar le figure che a molti-
plicarle. Iniziò all'arte medesima quattro figli;
due rimasti ignoti alla storia; due nominati
molto da que', che descrissero le pitture di Milano, di Piacenza, di Parma, di Brescia; ove
sono dal nome del genitore cognominati anche i Panfili. Ma di essi dovremo scrivere nel
secolo in cui fiorirono.

Altra estera maniera recò in Milano Fede
Galizia, s'ella fu di Trento come vuole l'Orlandi. Padre di lei era Annunzio miniator celebre, nativo di Trento, e domiciliato in Milano, da cui forse trasse quel gusto di dipin-

PANFILO
NUVOLO-
NE.

FEDE GA-
LIZIA.

gere accurato e finito non meno nelle figure
che nel paese ; simile nel rimanente più a' bolognesi preceduti a' Caracci che ad altra scuola. Del suo stile sono alcuni saggi nelle quadrerìe anch' estere. Un de' quadri più studiati è a S. Maria Maddalena, ove dipinse la Titolare con G. C. in sembianza di Ortolano.
Questa pittrice dal degno autor della *Guida* è
criticata pel troppo bello ideale, che ha voluto mettere nel disegno e nel colorito a svan-
taggio del vero e del naturale ; uso assai di-
volgato in Italia a que' giorni. Visse anco e
operò molto in Milano circa a questi tempi
ORAZIO
VAJANO.
Orazio Vajano, detto ivi il fiorentino dalla sua
patria ; ch' io non intendo come sia stato scambiato in certa sua pittura col Palma vecchio,
al dir dell' Orlandi ; il suo fare a S. Carlo,
e a S. Antonio Abate è giudizioso e diligente, ma piuttosto languido nel colorito ; e nel
maneggio della luce molto vicino al Roncalli.
Fu anche in Genova. Ma nè questi, nè la
Galizia lasciarono, che io sappia, allievi in Milano ; nè i due Carloni di Genova frescanti e-
gregj ; nè Valerio Profondavalle di Lovanio pittor di vetri, e pittore insieme di grido a olio
e a fresco che molto operò a corte.

Milanesi
che studia-
rono in pae-
si esteri.
          Passando ora a quegli che studiarono altro-
ve, ricorderò brevemente il Ricci di Novara,
il Paroni, e il Nappi di Milano, e se v' ha altri milanesi fra que', che il Baglioni comme-
mora nelle sue vite. Costoro dimorati in Roma non contribuirono alla scuola patria nè e-
sempj, nè allievi ; e a Roma stessa crebber più
il numero alle pitture, che l' ornamento alla
IL RICCI.
città. Il Ricci fu frescante abile a contentare
la fretta di Sisto V, a' cui lavori presedè pro-

movendo il gusto snervato che allora correva; benchè facile, e di belle forme. Il Paroni *IL PARO-NI.* tentò le vie del Caravaggio, ma poco visse. Il Nappi è vario; e dove ha dipinto nel suo *IL NAPPI.* stile lombardo, come in un'Assunta al chiostro della Minerva, e in altre cose all'Umiltà, è un naturalista che appaga più che i manieristi del suo tempo.

Visse medesimamente in Roma per qualche anno il Cav. Pierfrancesco Mazzucchelli, dal paese della nascita denominato il Morazzone; *IL MO-* e, dopo avere ivi esercitata la mente e la ma- *RAZZONE.* no in vista de' buoni esemplari, tornò alla sua scuola milanese, dove insegnò, e anche migliorò senza paragone il primiero stile. Basta ricordarsi della Epifanìa, che rappresentò a fresco in una cappella a S. Silvestro *in capite*; pittura senz'altra bellezza che di colore; e veder l'altra Epifanìa, che ne ha Milano a S. Antonio Abate, che sembra cosa di tutt'altro pennello: vi è disegno, vi è effetto, vi è sfoggio di vestire all'uso de' veneti. Dicesi che in Tiziano ed in Paolo studiasse molto; e vi ha degli Angioli da lui dipinti con braccia e con gambe di quelle lunghe proporzioni, che non sono il meglio del Tintoretto. Anzi generalmente parlando l'ingegno del Morazzone non par fatto pel delicato, ma pel forte e pel grandioso; siccome appare a S. Gio. di Como nel S. Michele vincitore de' rei Angioli, e nella cappella della Flagellazione a Varese. Nel 1626 fu invitato a Piacenza per dipingere la gran cupola della cattedrale; lavoro che occupato da morte lasciò quas'intatto al Guercino. Egli vi avea fatto due Profeti, che in ogni altro luogo sarebbono consideratissimi; ma quivi restan oscurati dalle vicine figure del suo successore, cioè di quel mago della pittura, che ivi pose il più grande incantesimo che mai facesse. Il Morazzone servì alle quadrerie non men che alle chiese, impiegato molto e dal Card. Federigo e dal Re di Sardegna, da cui ebbe l'abito di Cavaliere.

GIO. BA-
TISTA
CRESPI.
Visse contemporaneamente Gio. Batista Crespi più conosciuto sotto il nome di Cerano sua patria, picciol luogo nel Novarese; di famiglia pittorica, che in S. Maria di Busto ha lasciate di sè memorie, avendo ivi dipinto Gio. Piero avo, e Raffaello, non so se padre o zio di questo Gio. Batista, di cui scriviamo. Egli studiò in Roma e in Venezia, e alla pittura unì gran cognizione di architettura e di plastica, e perizia ancora in amene lettere e in arti cavalleresche. Con tanti ornamenti primeggiò sempre e nella Corte di Milano, da cui era provvisionato, e nelle vaste intraprese del Card. Federigo, e nella direzione dell'Accademia. Per tacere delle sue fabbriche e delle statue e bassirilievi, che fece, o che disegnò, come di cose estranee al mio tema; dipinse buon numero di tavole, ove a grandi virtù congiunse talora, se io non erro, gran vizj. È franco, spiritoso, accordato sempre; ma non di rado è manierato per affettazione o di grazia, o di grandiosità; come in certe storie alla Pace, ove i nudi dan nel pesante, e le mosse di varie figure nel violento. Altrove ha moderato questi difetti; ma ha caricato gli scuri sopra il dovere. Tuttavia in gran parte delle sue opere sovrabbonda tanto il buono ed il bello, che apparisce uno de' miglior maestri della scuola. Così nel Battesimo di S. Ago-

stino, ch' è a S. Marco, compete con Giulio
Cesare Procaccini che gli è a fronte, e a detta di alcuni lo vince: così a S. Paolo in una
·tavola de' SS. Carlo ed Ambrogio supera i
Campi almanco nel gusto del colorito: così
nel celebre quadro del Rosario a S. Lazzaro
fa parere men riguardevole il bel fresco del
Nuvoloni. Ebbe particolarissimo talento in dipingere uccelli e quadrupedi; e ne compose
quadri da stanza, come si raccoglie dal Soprani nella vita di Sinibaldo Scorza. Formò varj
allievi, che si riserbano a inferior epoca; eccetto Daniele Crespi milanese, che per la di- DANIELE
gnità e pel tempo in che visse non dee dis- CRESPI.
giungersi dal maestro.

Daniele è un di que' grand' italiani, che si
conoscono appena fuor della patria. Ma egli
fu un raro ingegno, che, istruito dal Cerano,
poi dal miglior Procaccini, avanzò il primo
senza controversia, e a parer di molti ancora
il secondo; quantunque non compisse il giro
di quarant' anni. Dotato di un ingegno pene-
trante in conoscere, facile in eseguire, seppe
ne' maestri imitare il meglio, e schivare il men
lodevole; e forsechè saputa le massime della
scuola caraccesca, anche senza frequentarla,
le adottò e le praticò felicemente. Molto ne
tiene in ciò ch' è compartimento di colori;
nelle idee de' volti è diverso, scelto però, e
studioso in atteggiarli secondo gli affetti dell'
animo; mirabile sopra tutto nell' esprimer ne'
Santi l'idea di una bell' anima. Nella distribuzione delle figure tiene un ordine così naturale e insieme così beninteso, che niuna si vor-
ria collocata in diverso posto; il lor vestito
è ben variato, e negli opulenti è assai ricco.

Colorisce con vigore grandissimo non meno a olio che a fresco; nella chiesa ornatissima della Passione, ov'è quel suo gran Deposto di croce, ha lasciati molti ritratti d'insigni Lateranensi, che posson dirsi del miglior gusto tizianesco. È questi uno di que' rari pittori, che perpetuamente gareggiarono seco stessi; ingegnandosi che ogni lor nuovo lavoro avanzasse gli altri già fatti; i nei, che si scuoprono nelle sue prime pitture, son corretti nell'estreme; e le doti, che in quelle pajon nascenti, in queste compariscono adulte e perfette. Le sue ultime pitture (e sono istorie della vita di S. Brunone alla Certosa di Milano) son le opere più ammirate. Famosa fra tutte è quella del Dottor Parigino, che levatosi sopra il feretro manifesta la sua riprovazione. Qual disperazione in lui! quale orrore ne' circostanti! Lodatissima è anche quell'altra, ove il Duca di Calabria, andando a caccia, scuopre il S. Solitario; e dove l'autore scrisse *Daniel Crispus mediolanensis pinxit hoc templum an.* 1629. Ciò fu un anno prima della sua morte, poichè il contagio del 1650 lagrimevolmente lo estinse insieme con tutta la sua famiglia.

Si possono aggiugner qui come per corollario alcuni artefici, de' quali se incerta è la scuola, è tuttavia certo il merito. Tal è Gio. Batista Tarillio, di cui nella chiesa soppressa di S. Martino in Compito fu una tavola con data del 1575. Di un altro milanese per nome Ranuzio Prata è rimasa memoria in alcune pitture fatte a Pavìa: non le vidi, ma le trovo lodate da altri. Egli fioriva circa il 1635. Due fratelli ebbe allora il Novarese coloritori di ra-

GIO. BATISTA TARILLIO.

RANUZIO PRATA.

gionevole gusto; il primo de' quali fu anche disegnatore valente; Antonio e Gio. Melchio-re Tanzi. Antonio competè co' Carloni in Mi-lano, si distinse in Varallo, e in S. Gauden-zio di Novara figurò la battaglia di Sennache-rib, opera tutta piena di vivacità e d'intelli-genza. Di lui in varie Gallerie di Vienna, di Venezia, di Napoli si conservan opere di sto-ria e di prospettiva; del fratello non resta co-sa di gran merito.

ANTO-NIO, E GIO. MEL-CHIORE TANZI.

EPOCA QUARTA

*DOPO DANIELE CRESPI LA PITTURA VA PEG-
GIORANDO. FONDASI UNA TERZA ACCA-
DEMIA PER MIGLIORARLA.*

Siamo all'ultima epoca, che meritamente
intitoliamo di decadenza. Mi ricordo di avere
udito da un intendente, che Daniel Crespi si
può dir l'ultimo de' milanesi, come in altro
genere Catone fu detto l'ultimo de' romani.
La proposizione è vera ove s'intenda di certi
genj superiori alla comun sorte : nondimeno
saria falsa quando escludesse da tutto questo
giro di tempo ogni buon pennello; e farebbe
ingiuria a' Nuvoloni, al Cairo, e ad alquanti
altri, che son vivuti in età a noi più vicine.
Ma come Cassiodoro e qualche altro dotto non
toglie al suo secolo la nota della barbarie; così i pittori predetti non tolgono all'epoca loro
la nota della decadenza. È il maggior numero
che qualifica il gusto de' tempi; e chi vide Milano e lo Stato può aver notato, che quando
cominciò a prevalere la scuola de' Procaccini,
si trascurò più che mai il disegno, e la pratica succedette al ragionato e colto dipingere.
Gli artefici pel contagio eran divenuti più rari: dopo la morte del Card. Borromeo, cioè
dopo il 1631, divennero anche meno concor-
di; onde l'Accademia da lui fondata per venti anni restò chiusa; e se per opera di Antonio Busca fu poi riaperta, non perciò produsse
frut-

frutti congeneri a que' di prima. Fosse il metodo d'insegnare, fosse la mancanza del miglior mecenate, fosse la copia delle commissioni e la bontà de' commettenti, che animava
i giovani a produrre i loro aborti prima del
tempo; niuna scuola forse, rimasa orfana de'
buoni maestri, ne ha prodotti tanti de' mediocri e de' cattivi. Non mi tratterrò molto a de-
scriverli; procurerò solo di non ometter coloro, che si tengon tuttora in qualche considerazione. Noto generalmente che i pittori di
questa epoca, benchè usciti di varie scuole, si
somigliano scambievolmente quasi fossero discesi da un sol maestro. Niun carattere spie-
gano, che dia nell'occhio; non bellezza di
proporzioni, non vivacità di volti, non grazia
di colorito. Tutto par che languisca: la stessa
imitazione de' capiscuola non piace in loro, perchè o è scarsa, o è soverchia, o traligna nella piccolezza. Nella elezion de' colori vedete
non so che di simile alla scuola bolognese, da
cui le lor guide non erano state aliene: ma ei
trovate spesso quel tenebroso, che occupò allora le altre scuole pressochè tutte.

A questa uniformità di stile in Milano non *Scolari de'*
è inverisimile che molto cooperasse Ercole Pro- *Procaccini.*
caccini detto il giuniore, nel quale chi non è **ERCOLE** **PROCAC-CINI.**
prevenuto da passione troverà spesso il carat-
tere già descritto; ancorchè in opere studiate,
come in un' Assunta a S. M. Maggiore di Bergamo, mostri grandiosità, spirito, imitazione
dello stil del Coreggio. Fu istruito alla pittura
prima da Carlantonio suo padre, indi da Giulio Cesare zio paterno. Si sa che col suono,
col buon garbo, con la gloria domestica si a-
gevolò la via ad una stima, che superava for-

se il suo merito; e che visse circa 80 anni,
Quindi potè trarre molti a seguirlo; tanto più
ch'egli in sua casa tenne aperta accademia di
nudo, e succedette agli zii nel magistero della
pittura; veloce al pari di essi, ma non del pari fondato. Dipinse molto; e dalle migliori quadrerìe di Milano, se non è ricercato come molti altri, non n'è rimosso.

CARLO VI-
MERCATI.
Due giovani usciti dalla sua scuola gli han
fatt' onore singolarmente; Carlo Vimercati, che
però dee il suo meglio a un pertinace studio fatto su le opere di Daniele alla Certosa,
ove per lungo tempo quotidianamente da Milano si trasferiva; e Antonio Busca, che similmente si esercitò intorno a' migliori esemplari
in Milano e a Roma. Il Vimercati non espose in Milano alla vista pubblica se non poche cose; più dipinse in Codogno e nella sua
miglior maniera, e in una diversa che riuscì
ANTONIO
BUSCA.
molto inferiore. Il Busca lavorò in compagnìa
del maestro; e in S. Marco anche in competenza. Ivi a fronte di alcune istorie del Procaccini si vede il suo Crocifisso in atto pieto-
sissimo con una N. Signora, e una Maddalena, e un S. Giovanni che piangono, e sforzan
quasi a piangere chi gli mira. Così avesse o-
perato sempre! Ma la gotta, che gli tolse l'uso
de' piedi, lo invilì e lo condusse a uno stile ab-
bietto e di mera pratica. In quello stato, credo io, si trovava allora, che alla Certosa di
Pavìa dipinse due sacre istorie nella cappella
di S. Siro, l'una a fronte dell'altra; ripetendo
pigramente nella seconda volti, che avea effi-
giati nella prima: tanto un artefice è talora in
contraddizione con sè stesso. Simil querela può
rinnovarsi, ma per ragione diversa, circa lo

stile di Cristoforo Storer di Costanza. Scolare CRISTO-
del medesimo Ercole fece anch' egli opere di FORO STO-
sodo gusto, come un S. Martino, che vidi RER.
presso il Sig. Abate Bianconi, pregiato molto
dall' intelligente possessore: divenne poi am-
manierato, nè molto schivò le idee grossolane
e volgari. Nel resto è pittor di spirito, e un
de' pochi di questa età, a cui competa la lode
di bravo coloritore. Gio. Ens milanese non so GIO. ENS.
se uscisse dal medesimo studio, nè in quali
anni vivesse; so che fu pittor men finito e di
una delicatezza, che confinò talora col languido, come a S. Marco in Milano. Lodovico LODOVICO
Antonio David di Lugano, scolare di Ercole, ANTONIO
e del Cairo, e del Cignani, visse molto in Ro- DAVID.
ma facendo ritratti, e viaggiò pure per l'Italia: Venezia ne ha a S. Silvestro una Natività
di una maniera minuta, che scuopre un seguace di Camillo più che di altro de' Procaccini.
Scrisse in pittura, e raccolse notizie intorno al
Coreggio, su le quali è da veder l'Orlandi nell'
articolo di questo pittore (a), o piuttosto il Tiraboschi nella sua vita.

Presso il nipote de' miglior Procaccini collochiamo il genero di uno di essi, il Cav. Fede- FEDERIGO
rigo Bianchi, a cui Giulio Cesare, dopo aver- BIANCHI.
lo istruito, congiunse una figlia. Egli ha preso dal suocero piuttosto le massime che le forme, o le mosse; le quali nel Bianchi han dell'
originale, e sono senz' affettazione graziose e
leggiadre. Si fa molto conto di alcune sue Sa-

(a) Nelle giunte all'Abbeccedario fatte dal Guarienti dopo l'articolo dell'Orlandi si legge Lodovico David di Lugano, di cui non trovò altra notizia se non la pittura a
S. Silvestro di Venezia. E' un degli equivochi di quel continuatore.

cre Famiglie a S. Stefano e alla Passione; e di altrettali quadri di non molte, ma ben ideate figure; siccom' è una Visitazione a S. Lorenzo, degna in tutte le parti di un discepolo prediletto di Giulio Cesare. Per le grandi composizioni non ha forse gran lena; copioso per altro e di bell'armonìa, e certamente un de' miglior milanesi del nostro secolo. Molto operò anche nelle città del Piemonte; e deggiamo alla sua diligenza non poche memorie di artefici, che raccolse e comunicò al P. Orlandi, da cui furono pubblicate. Non dee confondersi con Francesco Bianchi amico di Antonmaria Ruggieri, e compagno pressochè indivisibile. Dipingevano ambedue di concordia per lo più a fresco; e senza querela si ripartivano fra loro il denaro, la lode, e il biasimo. Essi spettano a questo secolo, a cui han lasciati miglior esempj di amicizia che di pittura.

Il maggior numero de' procaccineschi uscì dalla scuola di Camillo. Avea egli insegnato ancora in Bologna; ma non si conosce ivi se non Lorenzo Franco, che istruito da esso divenne poi buon imitator de' Caracci; quantunque, a giudizio del P. Resta, dia nel minuto: egli visse, e morì in Reggio. In Milano la scuola di Camillo fu piena sempre; e niuno la illustrò tanto, quanto Andrea Salmeggia bergamasco, di cui nell' antecedente libro si è scritto. Questi divenuto raffaellesco in Roma, si fece di tempo in tempo rivedere e ammirare in Milano. Come costoro fu seguace di Camillo una volta, ma poi vi aggiunse molto di altrui Gio. Batista Discepoli, detto lo Zoppo di Lugano; uno de' coloritori più veri, più forti, più sugosi del suo tempo; nel resto da collo-

FRANCE-
SCO BIAN-
CHI.
ANTONMA-
RIA RUG-
GIERI.

LORENZO
FRANCO.

GIO. BA-
TISTA DI-
SCEPOLI.

carsi fra' naturalisti piuttosto che fra 'gl' ideali.
Son varie sue pitture in Milano, e specialmente in S. Carlo un Purgatorio espresso con molto artifizio: molto è di lui in patria e per
quella riviera, e qualcosa a Como; ove a S.
Teresa dipinse la Titolare co' quadri laterali,
che tiensi una delle migliori tavole della città. Nè inferior lode raccolse, sebbene in tutt'
altro stile, un Carlo Cornara, autore di non   CARLO
molte opere, ma condotte con una certa squi-   CORNARA.
sitezza di gusto del tutto sua, che le rende
preziose alle quadrerìe. Una delle migliori tavole che facesse, fu il S. Benedetto alla Certosa
di Pavia, pittura oggidì molt' offesa dal tempo:
ve n'è qualch' altra terminata dopo la morte
del padre da una sua figlia pittrice, che ne fece anco d'invenzion propria.

Gio. Mauro Rovere, che dalla maniera di   I FIAM-
Camillo passò a quella di Giulio Cesare, fu de' MINGHINI.
primi che aderissero a' Procaccini; e potria per GIO.MAU-
la età situarsi nella loro epoca, se la sua ma- RO ROVE-
niera di dipingere soverchiamente veloce non   RE.
meritasse inferior luogo. Abbondava di quel
fuoco, che usato con giudizio dà l'anima alle
pitture; abusato ne scompone la simmetrìa.
Rare volte, ma pur talora lo temperò; come
in una Cena di N. Signore a S. Angelo, quadro studiato. Un Giambatista, e un altro suo
fratello, che trovo nominato Marco, operarono
con lui per chiese e per case private; scorret-
ti, ma spiritosi. Ne restano non solo lavori a
fresco, ma in oltre quadri a olio d'istorie, di
battaglie, di prospettive, di paesi, quas' in o-
gni angolo della città. Gli trovo cognominati
anco Rossetti; e più son cogniti sotto il nome
di Fiamminghini, dedotto dalla nazione di Ric-

cardo lor padre, che di Fiandra venne a stabilirsi in Milano.

I SANTA-
GOSTINI. Ai tre Rossetti succedettero i tre Santagosti-
ni; il primo de' quali, Giacomo Antonio scolare di Carlo Procaccini, poco ha messo al
(
E.) pubblico: molto i suoi figli Agostino e Giacin-
to, talora unitamente, come le due grand'istorie a S. Fedele; spesso anche separatamente.
Si distinsero dal volgo de' coetanei, specialmente Agostino. Egli fu il primo a scrivere sulle
pitture di Milano una operetta edita nel 1671,
e intitolata: *L'immortalità e glorie del pennello*. Qualunque luogo gli meriti fra gli scrittori
un libro di questo titolo, la Sacra Famiglia da
lui dipinta a S. Alessandro, e certe altre opere
più limate lo fan conoscere buon pittore secondo que' tempi; vago, espressivo, accordato,
benchè alquanto minuto. L'Ossana, il Biffi, il
Ciocca, il Ciniselli, ed altri procaccineschi men
nominati in Milano stesso potran mancare senza molto scapito alla mia storia.

Scolari de'
Nuvoleni. I due Nuvoloni nominati non ha gran tempo, benchè istruiti dal padre, possono sotto
qualche aspetto appartenere anche a' Procaccini; perciocchè Carlo Francesco, il maggiore,
tenne sul principio la maniera di Giulio Cesare;
e in Giuseppe si vide sempre una composizione e un colorito derivato da quella scuola. Ma
il primo scorto dal genio diedesi alla sequela
di Guido; e tanto vi riuscì, che n'è tuttora
CARLO NU-
VOLONI. chiamato il Guido della Lombardia. Non abbonda in figure; ma in esse è delicato e gentile; grazioso nelle forme e nel girar delle teste, con una soavità e armonìa di tinte, che
piace fra pochi. Vidi a S. Vittore una sua tela, ove rappresentò il miracolo di S. Pietro al-

la Porta Speciosa, e non poche altre in Milano, a Parma, a Cremona, a Piacenza, a Como
sul gusto poc'anzi detto. Fu scelto a ritrarre
la Reina di Spagna quando venne in Milano; e
si conservano per le case de'nobili i ritratti che
fece a' privati. Le sue Madonne sono ambìte
dalle quadrerie; una delle quali ne hanno i Sigg
Conti del Verme, ricca di tutte le grazie del
suo pennello; se già non ne sparse ivi in troppa
abbondanza a scapito della maestà. L'Orlandi
riferisce le opere di pietà, che solea premettere
quando si accingeva a dipingere le immagini
della Vergine. Non so come ne penseranno alcuni de'suoi, e de'miei lettori. Io amo singolarmente, siccome Giusto Lipsio fra'letterati, così
questo Carlo Francesco fra'dipintori, che quantunque in istato di secolari professavano una fi-
liale pietà verso Maria Santissima Nostra Signora; pietà che da'primi Padri della Chiesa è tra-
passata di mano in mano fino a'dì nostri come
una tessera degli eletti. Il minor fratello è pittore
più macchinoso, di più fuoco, di più fantasìa;
ma non sempre scelto ugualmente, nè esente
sempre dagli scuri troppo gagliardi. Dipinse assai più di Carlo non solo per le città della
Lombardia, che nominai poco sopra; ma eziam-
dio per lo Stato veneto, e in più chiese di Brescia. Le sue pitture a S. Domenico di Cremona, e specialmente la gran tela del Morto risuscitato dal Santo, ornata di bellissime architetture, e avvivata da naturalissime espressioni,
sono delle opere sue migliori. È da credere
che fosser condotte ne' suoi anni più vegeti;
perciocchè ve ne ha delle altre che sentono di
vecchiaja, avendo egli dipinto fino all'età otto-
genaria, in cui fu colto da morte.

GIUSEPPE
NUVOLO-
SI.

Non è a mia notizia, ch'egli lasciasse allievi di nome. Dal fratello Carlo Francesco fu istrui- **Gioseffo Zanata.** to Gioseffo Zanata, erudito pittore, come ne giudica l'Orlandi. Presso lui, e quindi anco **Federigo Panza.** presso i veneti maestri studiò Federigo Panza, e dipinse di forte macchia, che avanzandosi nella età riformò e rese più dolce; adoperato e premiato dalla R. Corte di Torino. La stessa **Filippo Abbiati.** scuola frequentò Filippo Abbiati, uomo di un talento vasto, e nato a opere macchinose; ferace d'idee, e risoluto nell'eseguirle. Dipinge con una certa franchezza, e, come dicono, sprezzatura, che quantunque non finisca, pur piace; e piaceria maggiormente se ne' precetti dell' arte fosse più profondo. Competè con Federigo Bianchi nella gran volta di S. Alessandro Martire, e con altri bravi professori in simili lavori a fresco, e dappertutto impresse orme di gran genio. Singolarmente par che si compiacesse in una Predicazione del Batista a Sarono, ove appose il suo nome. È di poche figure, ma belle e ben variate, di tinte forti, e con opportuni sbattimenti; onde nasce assai **Pietro Maggi.** bello effetto. Pietro Maggi suo discepolo non lo pareggiò nell'indole, e lo avanzò nella fret- **Giuseppe Rivola.** ta. Giuseppe Rivola, che servì più a' privati che al pubblico, merita pur ricordanza; contandolo i suoi cittadini fra' migliori allievi dell' Abbiati.

Scolari de' Crespi. Il Cerano, benchè distratto in più cure e soprintendenze, istruì molti, e con particolare suc- **Melchiorre Giraldini.** cesso Melchiorre Giraldini. Giunse questi a trattare lo stile del maestro con buon possesso; facile, gajo, armonioso; inferiore però sempre all'istruttore nel tocco magistral del pennello. Alla Madonna presso S. Celso è di sua mano

una

una S. Caterina da Siena, ch'è lodatissima.
Dal Cerano fu scelto per genero, e lasciato e-
rede del suo studio. Incise anco in acqua forte certe minute istorie e battaglie sul far del
Callot; e in questo genere di lavori addestrò
un figlio, che nelle quadrerìe fu bene accolto
tra' battaglisti. Vi addestrò anco un giovane
di Gallarate, Carlo Cane, che in età più ferma **CARLO CANE.**
datosi tutto a copiare e a seguire il Morazzone
molto si avanzò in quello stile. Contraffece assai bene quel vigor di tinte e quel rilievo; nel
resto comunale nelle forme e nelle invenzioni.
Gli altari ne han tavole; e nel maggiore del
duomo di Monza ve n'è uno di varj SS., a
piè de' quali è un cane, che per significare il
suo nome mettea dappertutto, anche in paradiso. Ovunque lavorò a fresco tenne ottimo metodo: le due storie di S. Ambrogio, e di S. Ugo
dipinte nella gran chiesa della Certosa di Pavìa, ed altri suoi freschi conservano tutto il lor
colorito. Tenne scuola in Milano, e dalla sua
mediocrità può congetturarsi di quella de' suoi
seguaci. Qualche nome fra essi godè Cesare **CESARE FIORI.**
Fiori, di cui alcune opere di macchina sono
pubblicate; e dopo lui Andrea Porta suo sco- **ANDREA PORTA.**
lare, che voll' emulare lo stile del Legnanino.
Vi sono altri che si accostano a' due Cerani mi-
gliori; come un Giuliano Pozzobonelli, pittore **GIULIANO POZZOBO-**
di molto credito; e un Bartolommeo Genove- **NELLI.**
sini (a), di cui ci avanzano opere che hanno **BARTO-LOMMEO**
del grandioso; e quel Gio. Batista Secchj co- **GENOVE-SINI.**
gnominato dalla patria anco il Caravaggio, che **GIO. BATI-STA SEC-CHJ.**

(a) Lo nominai così nell' altra edizione, perchè gli altri scrittori tutti così lo avean detto: ma il suo casato fu
Roverio, e il soprannome Genovesino. V. il primo Indice.

a S. Pietro in Gessato mise una tavola della Epifania col suo nome.

Il Morazzone contò scolari, imitatori, copisti in gran numero in Milano e fuori. Onore di tale scuola fu il Cav. Francesco Cairo, che avendo incominciato, com'è costume, dal seguir l'orme del maestro, cangiò poi maniera in vista di migliori esemplari, che studiò in Roma e in Venezia. È anch'egli pittor grandioso, e coloritore di effetto; lo unisce però ad una delicatezza di pennello, ad una gentilezza di forme, ad una grazia di espressione, che il tutto de' suoi dipinti vi presenta uno stile, che ha del nuovo e sorprende. I quattro SS. Fondatori a S. Vittore; la S. Teresa svenuta di amor celeste a S. Carlo; il S. Saverio a Brera; varj ritratti alla tizianesca, e altri quadri in privato e in pubblico a Milano, a Torino, e altrove gli fan tenere fra' pittori un grado distinto, comechè non ischivi ogni volta la taccia di tenebroso. Nè niun onore recarono al Morazzone i due fratelli Gioseffo e Stefano Danedi, comunemente detti i Montalti. Il primo introdotto da lui nell' arte s'ingentilì sotto Guido Reni, del cui stile sente quanto basta, come si può veder nella Strage degl'Innocenti a S. Sebastiano, e nella Nunziata compagna. Stefano, che io sappia, non frequentò scuole estere: non però si attenne del tutto alla maniera del Morazzone suo maestro; l'affinò anch'egli su l'esempio del fratello, e dipinse con accuratezza e con amore più che non consigliavano i suoi tempi. Il martirio di S. Giustina, che fece a S. Maria in Pedone, è condotto con questa finezza; e di più va esente da un certo che di freddo e di languido, che scema il pregio ad altre sue opere. Uno de' più attaccati alla maniera del Morazzone e più vicini a lui per la bravura del pennello fu il Cav. Isidoro Bianchi, altramente detto Isidoro da Campione, miglior frescante che dipintore a olio per quanto appare a Milano nella chiesa di S. Ambrogio, e in varie chiese di Como. Costui fu scelto dal Duca di Savoja a terminare una gran sala in Rivoli, rimasta imperfetta per la morte di Pierfrancesco. Ivi fu dichiarato pittor Ducale nel 1651.   ISIDORO BIANCHI.

Circa il medesimo tempo vissero in Como oltre i Bustini (a) due fratelli, discepoli pure del Morazzone, Gio. Paolo e Gio. Batista Recchi, la cui maggior lode è ne' freschi. Ne hann' ornato S. Giovanni, e altre chiese della patria, due cappelle di Varese, ed altre in que' contorni. Il secondo si è distinto anche fuor di Stato, specialmente a S. Carlo di Torino, ove si vede presso il maestro. Ha uno stile sodo e robusto, tinge con forza, e nella ragione del sotto in su non cede a molti del suo tempo. Di ciò il Pasta nella *Guida* di Bergamo lo ha commendato meritamente, scrivendo di una Santa Grata, che sale in cielo; opera, dic' egli, che *mirabilmente diletta*. In certe camere della Veneria di Torino ebbe per compagno un Gio. Antonio suo nipote. La *Guida* di Milano ne nomina non pochi altri, che allo stile sembrano istruiti da' precedenti, come Paolo Caccianiga, Tommaso Formenti, Giambatista Pozzi.   I BUSTINI. GIO. PAOLO E GIO. BATISTA RECCHI.

    PAOLO CACCIANIGA. TOMMASO FORMENTI. GIAMBATISTA POZZI.

(a) Benedetto Crespi d' una maniera forte insieme ed elegante, come ne scrive l' Orlandi; Antonio Maria suo figlio e scolare, e Pietro Bianchi erede de' suoi disegni: tutti e tre chiamati Bustini.

Mentre la scuola milanese andava invecchiando, e non più dava maestri, che promettessero quanto i primi, o i secondi, la gioventù provvedeva a se stessa, cercando di bere a fonti più accreditati; e molti furono allora, che qua e là si dispersero in traccia di nuovi stili. Tralascio la famiglia de' Cittadini, che si stabilì a Bologna, o, a dir meglio, la riserbo a quella scuola. Stefano Legnani, detto il Legnanino per non confonderlo col padre Cristoforo ritrattista, riuscì un de' più chiari artefici, che fossero in Lombardia intorno a' principj di questo secolo, avendo frequentato il Cignani in Bologna, il Maratta in Roma. Nell' una e nell' altra città saria computato fra' buoni allievi di que' due maestri, se vi avesse lasciate opere; ancorchè in processo di tempo alquanto si manierasse. È scelto, sobrio, giudizioso nelle sue composizioni, con un certo impasto e lucentezza di colorito, che non è in uso fra' maratteschi. Si è distinto in istorie a fresco: ne ha S. Marco, ne ha S. Angiolo; e qui è una sua battaglia vinta con la protezione di S. Jacopo Apostolo, che mostra un fuoco da trattare i più difficili temi della pittura. Ha lasciate moltissime opere anche in Genova, in Torino, e pel Piemonte; e a Novara quella cupola di S. Gaudenzio, di cui non fece forse cosa più bella.

Andrea Lanzani, dopo aver prese lezioni dallo Scaramuccia scolar di Guido, che per qualche tempo si trattenne in Milano, passò a quelle del Maratta in Roma; ma il genio lo portò in fine a stile men placido, e si diede a imitar Lanfranco. Le sue opere migliori, come in altri si è osservato, son quelle che tornato da Roma lavorò in patria ne' primi tempi, memore ancora de' precetti e degli esempj romani; e tra esse il S. Carlo in gloria, che in certi giorni si espone con altri quadri nella metropolitana. Fece pure nella biblioteca Ambrosiana un bel quadro delle geste del Card. Federigo: nè in simili rappresentanze lascia desiderare copia d'idee, ricchezza di abiti, effetto di chiaroscuro. Le più volte però trae la sua lode dalla facilità, e dalla franchezza del pennello più che d'altronde. Finì i suoi giorni in Germania, onorato ivi del grado di Cavaliere, e in Italia non lasciò migliore allievo di Otta- OTTAVIO vio Parodi, che assai stette in Roma, ed è lo- PARODI. dato dall'Orlandi. Da Roma pure e dalla scuo- la di Ciro Ferri tornò Ambrogio Besozzi per- AMBROGIO chè alla maniera marattesca facesse anco in Mi- BESOZZI. lano contrapposto la cortonesca: ma egli dipinse ornati più che istorie, abile ancora in queste per quanto indica il suo S. Sebastiano a S. Ambrogio. In Venezia studiò il Pagani e IL PAGA- v'insegnò ancora; contandosi il celebre Pelle- NI. grini fra' suoi allievi. Nota lo Zanetti che v'introdusse nelle accademie un nuovo gusto di disegnare il nudo, caricato alquanto, ma di buon effetto. Vi lasciò qualche tavola in pubblico; e tornò in Lombardìa a chiudere i suoi giorni. Delle sue pitture abbondan le chiese e le quadrerìe in Milano; e ne ha anco quella di Dresda.

Pietro Gilardi dalla scuola patria passò a Bo- PIETRO logna, e apprese ivi dal Franceschini e da GILARDI. Giangioseffo del Sole come migliorarsi. Il suo dipingere è sfumato, facile, armonioso, adatto a ornar cupole, e volte, e grandi pareti, siccome fece nel refettorio di S. Vittore a Milano, opera che gli fa onore. Terminò a Varese la cappella dell'Assunzione sui cartoni del Legnanino morto prima di compierla: e qualche sua opera interrotta per la sua morte fu continuata e finita dal Cav. Gio. Batista Sassi.

GIO. BATISTA SASSI.

Lo stile di questo, che si esercitò molto in Napoli sotto Solimene, è ragionevole in ciò ch'è disegno; e quantunque dipingesse per più chiese in Pavìa e in Milano, pure il suo maggior credito l'ebbe da piccioli quadri da stanza. Non so s'egli recasse in queste bande quel colorito verdastro, che da Napoli si è propagato in più scuole; o se piuttosto qua s'innoltrasse per la via di Torino, ove dipinse e figurò molto Corrado Giaquinto. Tal moda non è dispiaciuta qui ad alcuni. Gioseffo Petrini da Carono, che fu scolare del Prete Genovese, l'ha portata innanzi fino all'eccesso; e non se n'è guardato in ogni lavoro Piero Magatti di Varese, vivuto fino a questi ultimi anni; l'uno e l'altro riputati buoni artefici secondo la loro età. Nè potea mancare a città sì vasta qualche seguace de' veneti, che han figurato in questo secolo: veggonsi alcune imitazioni del Piazzetta, ed alcune del Tiepolo in certe chiese; essendo costume de' giovani, che s'iniziano alla pittura, correre dietro a' vivi che lucrano, e curar meno i morti che già lucrarono. Dovria qui aver luogo un maggior milanese, che in paese estero ampliò l'onor della patrìa; Francesco Caccianiga assai noto in Roma, poco fra' suoi. Ma avendone io scritto nella scuola romana, qui non farò altro che rinfrescarne al lettore la memoria e la stima. Ben nominerò il suo contemporaneo Antonio Cucchi, rimaso in Milano, non perchè l'uguaglias-

GIOSEFFO PETRINI.

PIERO MAGATTI.

FRANCESCO CACCIANIGA.

ANTONIO CUCCHI.

se, ma perchè su le orme de' romani pur si distinse, se non per lo spirito, almen per la diligenza. Nè tacerò Ferdinando Porta lodevole Ferdinando Porta. per varie pitture, che condusse ad imitazione del Coreggio; ma incostante e non uguale a sè stesso. E questi bastino alla presente epoca, che ne ha prodotti altri di qualche grido, ma non esteso gran fatto oltre il suolo natio. Il libro delle *Pitture d'Italia*, e la *Nuova Guida di Milano*, fin che le lor memorie non si raccolgano, porgeranno a' curiosi la notizia de' nomi e delle opere loro.

Dopo che la capitale cominciò a preferir le Pittori dello Stato. scuole forestiere alla sua propria, quei dello Stato facean lo stesso; sopra tutto i pavesi, i quali in questo ultimo secolo hanno avuti più professori, che in altra età. Niuno di questi moderni è molto noto fuor della patria. Ben dovrebb' esserlo Carlo Soriani, (come lo chiama Carlo Soriani. il Bartoli) che nella cattedrale dipinse il quadro del Rosario co' quindici misterj all'intorno; grazioso lavoro sul far del Sojaro. La serie de' pittori accennati comincia da Carlo Sacchi, che l'Orlandi dice istruito dal Rosso pavese; Il Rosso Pavese. ma questi è verisimilmente Carlantonio Rossi milanese, che nel duomo di Pavìa dipinse il S. Siro e i due laterali di buon gusto procaccinesco, e nell' Abbeccedario è descritto per uomo lunatico, ma perito nell'arte sua. Il Sacchi continuò in Roma e in Venezia i suoi studj; e quando volle imitar Paolo, come in un Carlo Sacchi. miracolo di un morto risuscitato da S. Jacopo ch'è agli Osservanti, vi riuscì bene; buon coloritore, ornatore sfoggiato, spiritoso nelle attitudini; senonchè in queste eccede talora, e dà in affettazione. Ha servito anco a quadrerie:

Io ne vidi un Adamo con Eva presso il Sig. Cav. Brambilla in Pavìa degni di quella scelta collezione. Dubbiamente fra' suoi condiscepoli pongo Gio. Batista Tassinari, risguardando solo nel tempo in cui visse. Con più certezza su la relazione dell' Orlandi credo scolare di lui stesso Carlo Bersotti buon professore della inferior pittura, in cui si fermò. Tommaso Gatti insieme con Bernardino Ciceri furono i suoi allievi migliori; che fatti altri studj, il primo in Venezia, il secondo a Roma riuscirono buoni pratici. Il Gatti educò Marcantonio Pellini, e lo consegnò di poi a' veneti e a' bolognesi, che nol promossero oltre la sfera del maestro. Al Ciceri succedette il suo scolare Gioseffo Crastona pur tinto della erudizione di Roma, ove divenne pittor di figure, e più di paesi, de' quali è gran copia in Pavìa. Degli ultimi sono stati Pierantonio Barbieri discepolo di Bastiano Ricci, e Carlantonio Bianchi seguace del dipinger romano. I pittori, che ho nominati quasi per serie, han piene di lor tavole e di lor freschi tutte le chiese di Pavìa, che pur son molte; dando alla patria più di novità, ma non molto più di splendore: niuno vede Pavìa per loro.

Altri pur dello Stato e delle sue vicinanze circa i tempi del Sacchi, o non molto dopo ne uscirono, e altrove divenner celebri, siccome il Mola dello Stato di Como, di cui altrove si è scritto; e Pietro de' Pietri, che nato nel Novarese studiò e morì in Roma, ove fu da noi lodato fra' maratteschi. In Roma pure si abilitò Antonio Sacchi comasco; donde tornato in Lombardìa e presa a dipingere una cupola nella sua patria, prese il punto troppo

alto e fece figure sì gigantesche, che ne accoo-
rò e morì di dolore. Comasco similmente fu
un F. Emanuele Min. Riformato, che, inserito   F. EMA-
dall'Orlandi nell'Abbeccedario come pittore for-   NUELE.
matosi da sè stesso, merita che si corregga
tal detto. Conciossiachè destinato ad abitare
in Messina, si diede scolare al Silla, ed emen-
data la debole maniera fattasi in patria, ornò
con miglior gusto varj luoghi del suo Ordine
in Sicilia e in Roma. In Como sono due sue
pitture presso i Riformati; in refettorio una
cattiva Cena sul fare della scuola milanese ca-
dente; in chiesa una Pietà fra varj SS. di buono stile; tanto può l'esercizio e la riflessione,
e il buono indirizzo anche in età adulta.

Questa epoca produsse un prospettivo eccel-   *Prospettivi*
lente, del quale si è fatta menzione nella scuo-   *e Ornatisti.*
la romana, ove imparò e lasciò alcune opere,
Gio. Chisolfi scolare di Salvator Rosa. Ora è   GIO. CHI-
da aggiugnere che tornato in Milano, oltre le   SOLFI.
architetture ove si conta fra' primi, diessi a
lavorare anche istorie in grande, e tavole d'altare, e con molto buon gusto lavorò anche a
fresco nella Certosa di Pavìa e nel Santuario
di Varese. Un suo nipote nominato Bernardo   BERNARDO
Racchetti lo seguì con lode, le cui prospettive   RACCHET-
non meno che quelle di Clemente Spera non   TI.
son rare nelle quadrerìe. Il Torre fa menzione   CLEMEN-
ancora di un lucchese, che assai bene dipingea   TE SPERA.
prospettive, e figure, detto Paolo Pini. Io non   PAOLO PI-
ne vidi altro che una storia di Rahab in S. M.   NI.
di Campagna a Piacenza: l'architettura è bella
molto; le figure svelte e toccate con brio. In
vaste opere di ornati a fresco è lodato dall'Orlandi Pierfrancesco Prina, e i due Mariani Do-   PIERFRAN-
menico e Gioseffo suo figlio. Il padre stette   CESCO PRI-
  NA, I DUE
  MARIANI

fermo in Milano, e fra varj allievi informò il
Castellino da Monza; l' altro si recò a Bologna, e quivi apprese come migliorare il paterno stile, e distinguersi per la Italia e per la
Germania. Questi basterà aver ricordati in un
' tempo che non è stato del miglior gusto in tal
genere di pittura.

Paesista di grido sul far dell' Agricola suo
maestro fu Fabio Ceruti, de' cui quadri non ha
penuria la città, nè lo Stato. Vive anche la
memoria di un Perugini nominato dal Cav. Ratti nella vita di Alessandro Magnasco di Genova detto Lisandrino. Questi uscito dalla scuola
dell' Abbiati, e fermatosi gran tempo in Milano,
a' quadri del Perugini, dello Spera, e di altri
aggiugnea figurine di quel merito, che descri-
veremo nella sua scuola natìa.

Il Magnasco medesimo ancor da sè può con-
siderarsi come buono artefice della minor pittura per que' quadrettini all' uso fiammingo di
bambocciate e di popolari rappresentanze, onde ornava le quadrerie. Tenne anche scuola
in Milano, e vi ebbe imitatori un Coppa ed alquanti altri; ma più che niun altro gli si appressò Bastiano Ricci, ingegno maravigliosa-
mente pieghevole ad ogn' imitazione. Nel medesimo gusto dipinse in Milano Martino Cignaroli, che da Verona e dalla scuola del Carpioni
recò abilità a' quadri specialmente da stanza.
Insieme con Pietro suo fratello e con la famiglia si stabilì in questa sua nuova patria, ov'
ebbe un figliuolo detto Scipione, che in Roma
si formò paesista di merito, e visse poi in Milano e in Torino.

Circa il 1700 si stabilì in Milano Lorenzo
Comendich ricordato da noi fra gli scolari del

Monti; e in casa del Barone Martini suo mecenate fece molte opere: la più applaudita fu la
Battaglia di Luzzara, che vinta da Luigi XIV
videla con gradimento rappresentata da questo
artefice.

Nelle pitture de' greggi e di ogni genere di *Animali.*
animali valse Carlo Cane forse più che in quel- CARLO
le degli uomini. L'Orlandi celebra come mara- CANE.
viglioso in tal genere Angiolmaria Crivelli, di *ANGIOL-*
cui nulla vidi onde confermargli tanto elogio. *MARIA*
Questi a Milano è chiamato il Crivellone a dif- *CRIVELLI.*
ferenza di Jacopo suo figliuolo, il cui talento JACOPO
principale fu negli uccelli e ne' pesci: assai la- CRIVELLI.
vorò per la corte di Parma; ed è mancato di
vita nel 60 di questo secolo. Più a noi vicino
di tempo è stato un Londonio, che assai ragio- LONDO-
nevolmente dipinse armenti; e presso i Sigg. NIO.
Conti Greppi, e in altre nobili case se ne veg-
gon quadri pastorali. Vi ebbe in Como un Ma- *Fiori.*
derno singolare in rappresentar rami di cucina MADERNO.
sul gusto de' Bassani, co' quali lo confondono
i men periti. Ne ho veduti quadretti assai belli presso i Conti Giovio. Fu anche fiorista di
merito, e più di lui un Mario de' Crespini suo MARIO DE'
allievo; le cui opere sono sparse e quivi e per CRESPINI.
le città vicine. Di altri professori d'inferior nota ho sparse memorie in più luoghi.

Resta che si parli di una terza Accademia *Nuova Ac-*
fondata in Milano nel 1775 dalla immortal So- *cademia.*
vrana Maria Teresa, e promossa con sempre
nuove beneficenze da' due Figli Giuseppe e Leopoldo Augusti, e dal successore dell'Impero e
degli Stati loro Francesco II, che anche fra i
tumulti della guerra non dimentica mai le belle arti della pace. Gli stabilimenti, co' quali
questa nuova Accademia comparve adulta fin

CPSIA information can be obtained
at www.ICGtesting.com
Printed in the USA
LVHW10s1445071018
592736LV00003B/137/P